梁徐街道志

泰州市姜堰区梁徐街道志编纂委员会 编

南京出版传媒集团
南京出版社

图书在版编目（CIP）数据

梁徐街道志 / 泰州市姜堰区梁徐街道志编纂委员会编. -- 南京 : 南京出版社, 2025. 6. -- ISBN 978-7-5533-5142-1

Ⅰ. K295.35

中国国家版本馆 CIP 数据核字第 2024U1X287 号

书　　名　梁徐街道志
编　　者　泰州市姜堰区梁徐街道志编纂委员会
出版发行　南京出版传媒集团
　　　　　　南 京 出 版 社
社　　址　南京市太平门街53号
邮　　编　210016
联系电话　025-84515971、83283897（发行）　025-83283866（镇村志编辑部）

策划统筹　杨传兵
责任编辑　徐　辰
责任印制　杨福彬

排　　版　南京凯德印刷有限公司
印　　刷　南京凯德印刷有限公司
开　　本　787毫米×1092毫米　1/16
印　　张　19　　插页 10
字　　数　360千字
版　　次　2025年6月第1版
印　　次　2025年6月第1次印刷
书　　号　ISBN 978-7-5533-5142-1
定　　价　168.00元

序

在姜堰区委、区政府关心重视与区史志办的指导下，历时2年，经编写人员辛勤编纂、精心琢磨，《梁徐街道志》终于纂修成书，出版问世。《梁徐街道志》逢盛世付梓，是梁徐街道社会精神文明建设的又一重要成果，为人们了解梁徐的历史和现状，提供较为翔实的资料。

梁徐地处姜堰城郊，地理位置独特，自然环境优越。梁徐历史悠久，文化积淀深厚，物资丰富，人杰地灵，素有“电器之乡”“教育强镇”之美称。先后获得国家级生态乡镇、国家级卫生镇、江苏省文明镇、江苏省体育强镇等荣誉，成为苏中大地上一颗璀璨的明珠。

《梁徐街道志》记载了梁徐街道饱经战乱、兴衰往复的悠悠历史，记述了梁徐人民为中华民族解放事业前仆后继、英勇奋战的革命史。在抗日战争和解放战争时期，全街道在民政部门登记的革命烈士就有163人。人民与新四军、解放军鱼水相依，并肩战斗，共同谱写绚丽的历史篇章。

中华人民共和国成立后，人民翻身当家做主人，各行各业恢复活力。1978年以后，沐浴着中共十一届三中全会改革开放的春风，面貌发生巨变，经济日趋繁荣。进入21世纪，梁徐实现新的崛起，街道以经济工作为主线，大力招商引资，施行城镇化、工业化战略，不断推进社会主义新农村建设进程。至2021年，三业总产值已经超过50亿元。

梁徐人才辈出，历代精英不乏其人。《梁徐街道志》中所收录的人物，有钱桂森、林馨山为代表的晚清名臣，有林良周、林秀兰等为代表的革命英烈，有杨元喜、曹福亮、陆夕云3名院士为代表的科技精英，有献身国防建设的4名将军，有为体育事业作出突出贡献的一批体育健儿，等等，他们有的施政一方政绩卓著，有的坚守平凡岗位，为人民默默无闻地奉献。无论是身居斗室的科教文卫工作者，还是在车间、田头辛勤劳动的工人、农民，抑或是分布在国内外的仁人志士，都为建设祖国立下不朽的功勋。

盛世修志，旨在帮助我们认识和研究国情、地情，记述历史规律和成败得失。《梁徐街道志》坚持以中共十一届三中全会以来的道路、方针、政策为准绳，实事求是地记述街道自然、社会、政治、经济、文化、人文、风土等方面的历史与现状，系统地反映街道全貌，是全街道的百科全书。纵观全志，资料广博，反复修订，据事实录。寓成功过失，分是非曲直，彰盛事、志伟绩，展示经验教训，反映客观规律。《梁徐街道志》文字简明通俗，真实地反映时代特征、地方特色和行业特点，是一部进行乡情教育的好教材。

愿与梁徐4.3万人民一起，以史为鉴，同心同德、与时俱进、开拓创新，用勤劳和智慧创造更加美好的将来。

是为序。

中共泰州市姜堰区委梁徐街道工作委员会

泰州市姜堰区人民政府梁徐街道办事处

2024年12月

《梁徐街道志》编纂委员会

《梁徐街道志》编纂人员

主　　编　缪荣学

副 主 编　杨明山

编　　辑　郑荣树　郑根虎　杨元珠　胡建洲

陈金华　林文华　姚余德

终审单位　泰州市姜堰区史志办公室

终审人员　窦银芳　俞华生　周冰洁

验收单位　泰州市姜堰区史志办公室

验收人员　窦银芳　顾　伟　周冰洁

特约编审　钱厚亮　葛旭东

批准出版单位　中共泰州市姜堰区委梁徐街道工作委员会

泰州市姜堰区人民政府梁徐街道办事处

凡例

一、以马克思列宁主义、毛泽东思想、邓小平理论、“三个代表”重要思想、科学发展观、习近平新时代中国特色社会主义思想为指导，坚持辩证唯物主义和历史唯物主义的立场、观点和方法，客观记述梁徐街道发展的历史与现状。

二、重点记述梁徐街道的历史与发展，传承乡土历史文化，为新型城镇化建设提供历史智慧和现实借鉴。

三、为全面反映入志事物发展脉络，记述上限追溯至事物发端，记述下限至2021年，个别事项延至2025年3月。记述地域范围以2021年梁徐街道境域为主。

四、采用纲目体，横排门类，纵述史实，述而不论。设类目、分目、条目三个层次。

五、综合运用述、记、志、传、图、表、录等体裁，以志为主。除引用文字和附录文献资料外，统一使用规范的现代语体文和第三人称记述，表格统一编排序号。

六、人物传略记载已故人物，人物简介记载在世人物，均为本籍有重大影响和贡献的人物。名人履痕收录有影响的客籍人物，主要记述其在当地的活动片段。人物名录收录革命烈士、先进模范人物。入志人物皆以出生年月排序。

七、清代及其以前使用朝代年号纪年，括注相应的公元纪年，在同一条目中只首次括注相同朝代年号的公元纪年。中华民国、中华人民共和国采用公元纪年。

八、计量单位和数字的使用，执行国家新闻出版相关规定，原则上使用法定计量单位。历史上使用的计量单位以及地名、机构名称，则如实记载。考虑到社会使用习惯，全书中亩不统一换算。

九、采用统计部门公布的数据，统计部门没有统计的则采用主管部门或主管单位正式提供的数据，各类数据一般保留到小数点后两位。

十、本志所用资料来自相关文献、档案，均经核实，不再一一注明出处。

梁徐街道地图

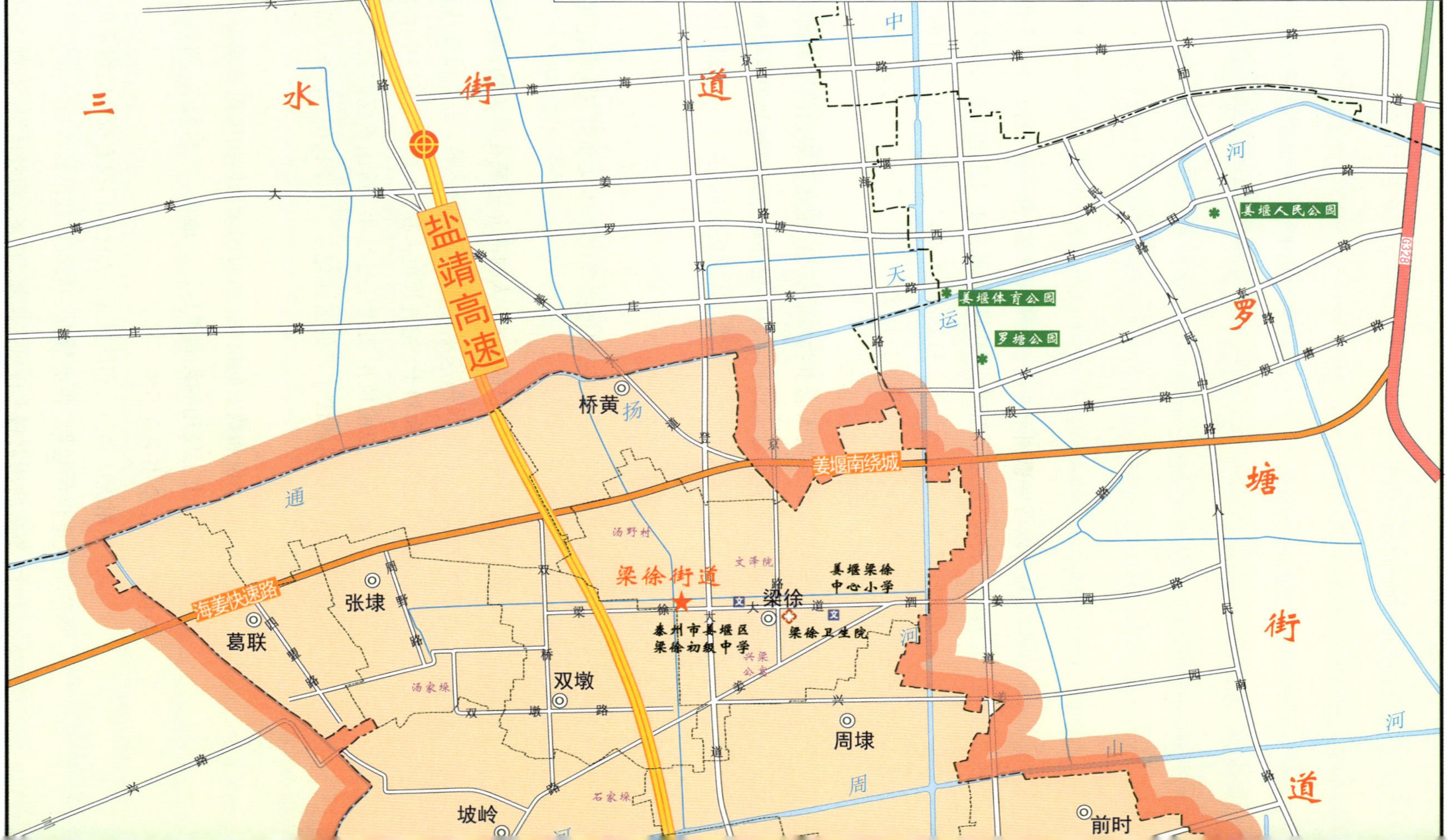

三水街道
罗塘街道
梁徐街道
盐靖高速
姜堰南绕城
海姜快速路
G328
姜堰人民公园
姜堰体育公园
罗塘公园
姜堰梁徐中心小学
泰州市姜堰区梁徐初级中学
梁徐卫生院
梁徐
桥黄
张埭
葛联
双墩
周埭
坡岭
前时
汤野村
文泽院
兴梁公寓
汤家垛
石家垛
新通扬运河
中天河
周山河

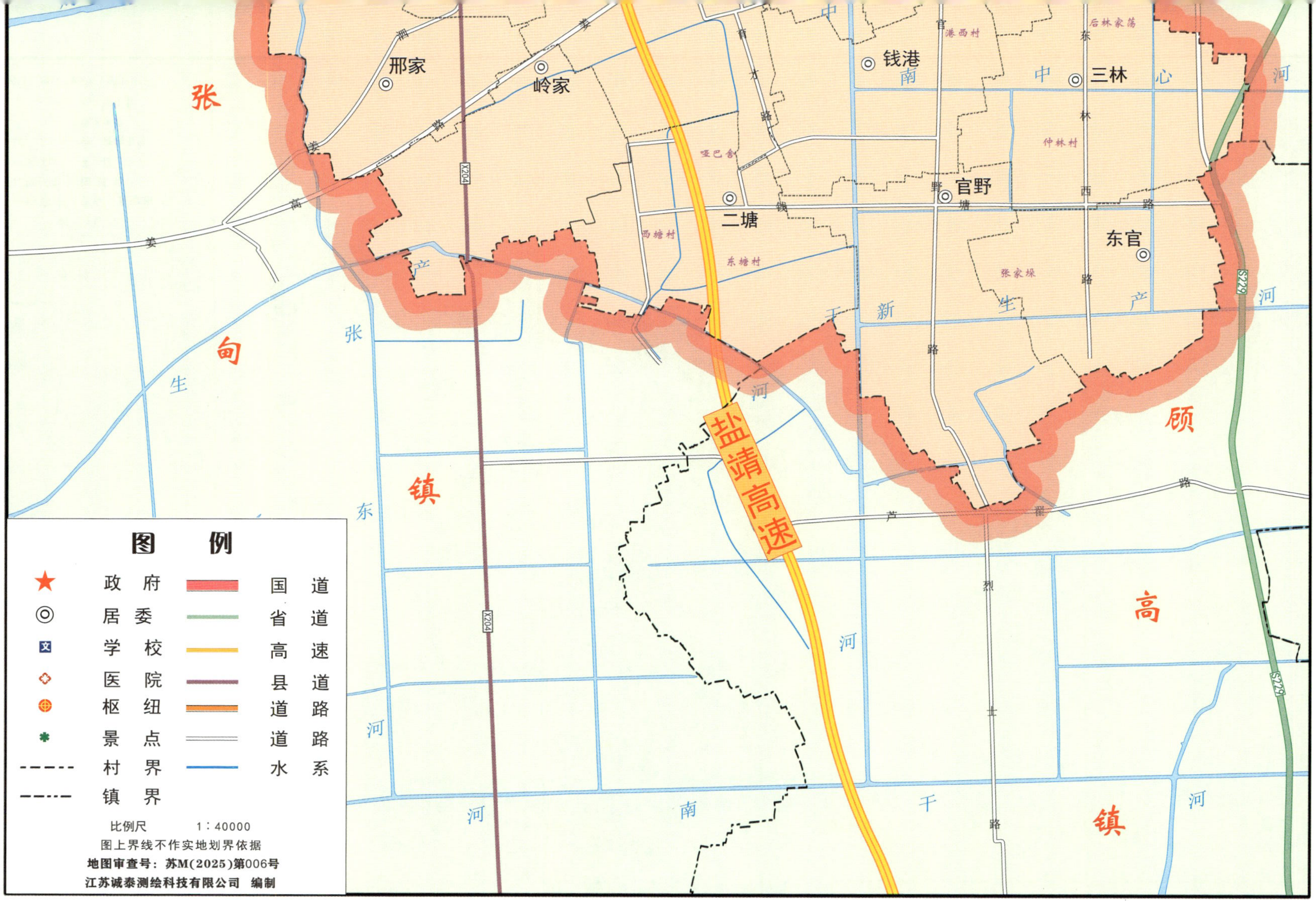
邢家
岭家
钱港
三林
官野
二塘
东官
后林家荡
港西村
仲林村
哑巴舍
西塘村
东塘村
张家垛
张
甸
镇
颀
高
镇
盐靖高速
S229
X204
中心河
南中心河
新生产河
张东河
生河
南干河
烈士路
芦荡路
东林西路
图例
政府
居委
学校
医院
枢纽
景点
村界
镇界
国道
省道
高速
县道
道路
道路
水系
比例尺 1：40000
图上界线不作实地划界依据
地图审查号：苏M(2025)第006号
江苏诚泰测绘科技有限公司 编制

梁徐街道在江苏省的位置图

梁徐街道在泰州市的位置图

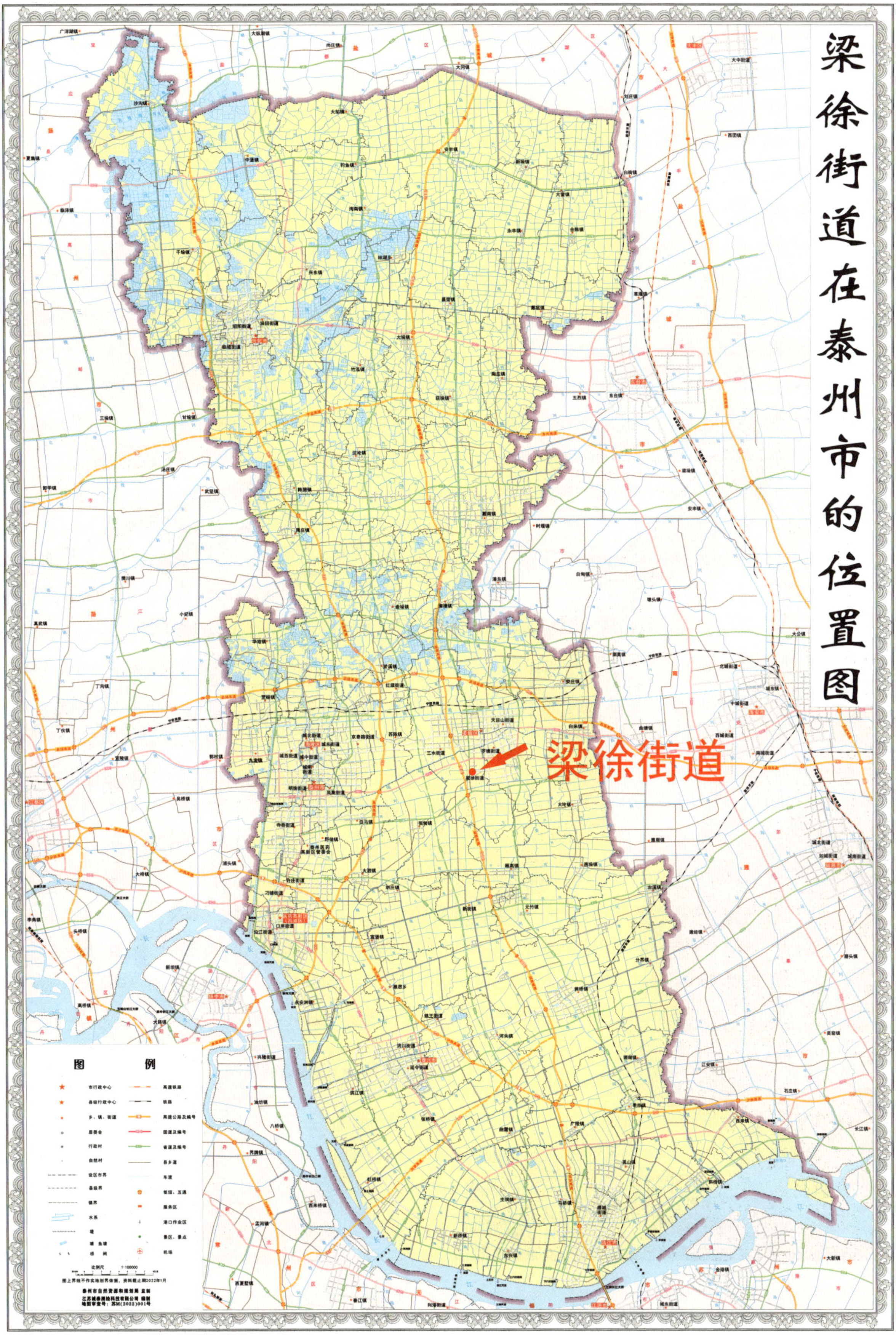

梁徐集镇清华溪院小区

双登电缆股份

双登电缆股份有限公司

海姜快速路梁徐桥黄段

海姜快速路梁徐立交

梁徐荣誉

王石乡被国务院命名为“建筑之乡”（1983）

国家全民健身先进单位（2005）

国家级生态乡镇（2014）

国家级卫生镇（2020）

江苏省科学技术工作先进乡镇（1985、1995）

江苏省群众文化先进乡镇（1986、1997）

江苏省体育先进乡镇（王石）（1997、1999）

江苏省老年工作先进单位（2003）

江苏省体育强镇（2008）

江苏省生态镇（2011）

江苏省公共文化服务体系示范区（2012）

江苏省文明乡镇（2016）

江苏省第二批生态文明示范乡镇（街道）（2018）

江苏省“扫黄打非”先进集体（2018）

江苏省卫生乡镇（2019）

泰州市十佳工业先进乡镇（2010）

目　录

概　述

梁徐街道位于姜堰西南，紧邻姜堰城区，地处东经120° 07'—120° 16'、北纬32° 39'—32° 49'之间，东与罗塘街道接壤，南与顾高镇交界，西与张甸镇相邻，北与三水街道毗连。梁徐属亚热带北缘，全年四季分明，无霜期长，雨水充沛，日照充足，气候宜人，物产丰富，是典型的鱼米之乡。

五代十国之前，境内曾为淮夷地、吴国地、越国地、楚国地，继属海陵县、建陵县、吴陵县。清道光年间，域内属泰州东南隅。1912年，泰县划分为8市40乡，域内分属姜堰市、周家埭乡、黄沙沟乡、东尹庄乡管辖。1929年8月，泰县废乡行政局，建区乡（镇）公所，划为15个区438个乡镇，域内乡镇分属姜堰区（第五区）和蒲津区（第六区）管辖。1950年6月前，域内大部分地区属姜南区，1950年6月更名为江村区。1957年撤区并乡，域内大部分地区属江林乡和梁徐乡。1958年9月成立人民公社，域内部分生产大队分别属梁徐人民公社、顾高人民公社和张沐人民公社。1959年5月，从梁徐、张沐、顾高人民公社划出部分大队组建王石人民公社。1960年，梁徐人民公社辖19个生产大队，164个生产队；王石人民公社辖13个生产大队及1个副业部，114个生产队。1962年，实行以生产队为核算单位后，梁徐人民公社辖29个生产大队及1个农科所，王石人民公社辖23个生产大队及1个农科所。1983年，政、社分设，梁徐人民公社、王石人民公社分别改设梁徐乡、王石乡。2000年3月，撤乡建镇，实行镇管村体制，梁徐乡、王石乡合并组建梁徐镇。2019年，撤镇设街道，梁徐镇改为泰州市姜堰区人民政府梁徐街道办事处。2020年，村改为社区。2021年，梁徐街道面积

55.01平方千米，16个社区，265个村民小组，14057户，42584人。

4000多年前，梁徐还是一个荒凉无人居住的旷野之地，经历了历史变迁，人口逐渐增多。元朝末年，由于长期战乱，人口大幅度减少。明朝初年，“洪武赶散”，大批苏州一带的江南人被迫迁到江北，大部分梁徐人的祖先就是从江南迁徙于此的。后又经过多年的演变，将一个古老的村庄，建成了繁华的集镇。

梁徐街道自古重教崇文、英雄辈出。这里有晚清时期的进士林馨山、钱桂森，他们通过科举考试进入朝廷为官；有为国家科技发展作出突出贡献的中国科学院院士杨元喜、陆夕云和中国工程院院士曹福亮，以及中国农业机械化研究院党委书记曹曙明等一批科技人才；有献身国防建设的4名将军；有为体育事业作出突出贡献的一批体育精英；以及一大批为社会主义革命和建设作出突出贡献的模范人物。在抗日战争和第三次国内革命战争时期，这里的人民怀着对日伪和国民党反动派的仇恨，激发了保家卫国的情愫，拿起武器与日伪、国民党反动派进行殊死斗争。日本宣布投降后，人民渴望和平，反对内战，休养生息。国民党为了独吞革命果实，挑起内战，地主还乡团也乘机反攻倒算。为了梁徐这块土地的彻底解放，人们奋起反抗，许多革命先烈的鲜血浸润着这片红色的土地，他们如夜空的星辰，颗颗都闪烁着耀眼的光亮。在区乡牺牲的领导人中，有遭国民党反动派用铁丝穿透掌心、铁棍打飞她的头皮而不向敌人低头的姜南区妇抗会主任林秀兰；有为掩护战友而牺牲的姜南区委副书记林良周；如此等等。全街道被民政部门确认的革命烈士就有163人。红色土地孕育着伟大的民族精神，革命先烈的精神永远激励着生命不息、奋斗不止的梁徐人民。

梁徐有史以来以种植、养殖业为主。这里资源充裕、物产丰饶，人们在这里开拓荒地、引水浇田、饲养畜禽，悠悠地享受着自己的劳动成果。在漫长的农业社会，由于生产力低下，加之天灾人祸发生频繁，大部分人连温饱问题都无法解决。帝王时代、民国时期，遇到自然灾害，民不聊生，被迫背井离乡，乞讨为生。20世纪70年代后，梁徐、王石人民公社投入大批劳动力，进行筑渠修路、开河挖沟、平田整地，大搞基本农田建设，除配合开挖中干河等县级河道外，还开挖了12条乡级河道。通过大规模的基本农田建设，改善了灌排条件。通过推广扩大水稻种植，实行旱水轮作，打破了单一旱谷种植的模式，粮食产量稳步上升。20世纪80年代实行家庭联产承包责任制后，激发了广大农民种田的热情，粮食产量又上了一个新台阶。2000年，梁徐、王石2个乡合并后，梁徐镇党委、政府指导农民适时调整产业结构，农业向集约化、规模化、机械化发展，土地向种田能手、种植大户转移，同时大力发展设施农业种植。2021年，全街道粮食总产量3688万千克，平均亩产量是20世纪50年代的6倍。

明朝初年，被强驱出来的江南人，把原居住地的生存本领带到他们移居的地方，带来了一些手工业制作技巧和经商理念，在域内兴办了酒坊、油坊等小作坊和小商铺。1958年后，梁徐、王石人民公社先后办起了农具厂、五金厂、食品加工厂等技术含量很低的小型工业企业。1978年，中共十一届三中全会后，社队工业蓬勃发展。1984年，乡、村、校办企业有89家，产品品种236个。1989年至1998年，梁徐、王石乡增加技术改造投入，进行新品研发，生产能力不断提高，梁徐蓄电池厂、王石毛纺厂一跃成为当时泰县的重点企业。乡、村、组、户办工业四轮齐转，工业经济发展迅速。2000年3月，随着梁徐、王石2个乡的合并，新兴产业快速崛起，梁徐镇党委、政府引导企业调优产品结构，先后建成三个工业园区，一些新产品落户到园区内。通过对产品升级换代，蓄电池、电缆、铁芯等产品在国内市场不断拓展，梁徐镇（街道）工业经济增速列姜堰区前茅，其中双登集团股份有限公司年纳税额进入泰州市前10名。2021年，全街道主要产品有电池电力、铁芯电器、船舶设备、机械配件、包装材料、纺机配件、针织服装等。另外，锯木加工、坡岭制绳、稻米加工等产业具有梁徐特色。2021年，全街道完成工业纳税销售额41.34亿元。

中华人民共和国成立前后，域内的木、瓦、油漆工以及各类匠人多为个体经营，没有专门的组织。1965年后，梁徐、王石人民公社先后组建建筑站并组织建筑施工队外出施工。经过多年的磨炼，过去的泥瓦匠变成技术过硬的施工骨干，一座座高楼在他们手中拔地而起。由于技术水平的不断提高，装备设施的不断更新改造，建筑施工安装能力的不断增强，工程质量越来越高。从

1980年起，梁徐、王石建筑站先后承建一批重点工程，连续多年获得优良、全优样板工程，鸿佳集团有限公司承建的北京新保利大厦、中国电信大厦等工程先后获得中国建筑最高奖——鲁班奖。1983年，王石乡被国务院命名为“建筑之乡”。从1992年起，梁徐、王石建筑公司先后被省、市授予“最佳企业”“先进企业”“明星企业”“十强企业”“多元经营十佳企业”等荣誉称号。

中华人民共和国成立前后，境内农村的住房以泥土草房为主。20世纪70年代末，农民开始建砖木结构的五架梁瓦房。20世纪90年代后，多数人家翻盖了砖混结构的小洋楼。进入21世纪，农户新建的房屋大多是框架结构的小别墅。中华人民共和国成立前，梁徐、王石只是两个较大的自然村庄。1958年以后，梁徐、王石成为乡（公社、镇、街道）办公机构所在地，逐步形成政治、经济、文化中心。2000年乡镇合并后，政府对镇村建设进行统一的规划，全街道的发展方向为：东接，南展，西拓，北连，形成“两心、两宅、两轴”的空间布局结构。梁徐集镇的桃园新寓商住楼、文泽院、清华溪院、兴梁公寓等居民小区拔地而起，建筑面积138350平方米，工业区、商业区、居民区、文体区布局合理。街道内的供电、供水、通信、银行、学校、金融、商贸、卫生等机构一应俱全。

20世纪50年代，域内只有姜（堰）泗（大泗）、姜（堰）八（圩）两条泥土公路，路面窄，路况差。20世纪90年代后期，政府加大投入，加快城乡一体化的基础配套设施建设。纵横交错的公路网，使梁徐的交通更加便捷，区位优势更加明显。境内的姜泗公路、姜八公路、盐靖高速、海姜快速路、姜高路、双登大道、兴姜路的建成，极大地缩短了与周边城市的距离，方便了与外地的联系。2021年，全街道有镇村、村组硬质化公路105条，长171.11千米，解决了人们出行“晴天一身土、雨天一身泥”的难题。良好的交通环境，为梁徐街道的经济发展和人民群众的生产生活提供了保障。

梁徐街道文化底蕴深厚。梁徐文艺宣传队每年都参加市、区及以上举办的各类重大主题演出比赛活动，相声、小品、戏曲、双簧、方言韵白、舞蹈、说唱等节目大多是自编自演。一些节目分别获市（区）文艺调演一等奖、“优秀表演奖”。传统文化历史悠久，舞龙、舞狮、打莲湘、斗七巧等节目流传久远。一些匠人、作坊的技艺具有地方特色，他们个个身怀绝技，为方便人们的生活发挥了积极的作用。人们在长期的生产和生活中创作的一些劳动号子、民间说唱，丰富了人们的文化生活。来自民间的民谣、歇后语，诙谐幽默，集中反映了梁徐人民的睿智和文化素养。

梁徐街道素有兴学重教的优良传统。1912年，坡岭林馨山（林桂荣）一心以教救国，创办了域内第一所小学——坡坽小学。1920年，东官许承霖、许作霖兄弟合资兴办姜堰南部地区第一所完全小学。中华人民共和国成立后，学校数量有所增加。1958年，儿童入学率达到90%以上。1969年小学全部实行5年一贯制。生产大队普遍兴办小学或耕读班，完全小学附设初中班，耕读小学改为全日制。1990年，全街道有小学29所。1957年，域内创办了泰县最早的民办中学——坡岭民办初级中学。20世纪70年代至90年代，从梁徐中学毕业的学生中，有2名成为中国科学院院士，还有的在社会主义建设中成为出色的人才。

梁徐街道体育工作成绩斐然。梁徐中学张惠入选国家女子篮球队后，作为国家队主力队员，先后获亚洲女篮冠军、第23届奥运会第二名，被誉为中国女篮秘密武器；张俊明获全国自行车赛冠军。1987年，梁徐中学被列为泰县体育传统学校（足球）。梁徐中心小学在体育教育方面是泰州市的一面旗帜。从20世纪80年代到2010年，梁徐中心小学有10人选送到国家和省队。梁徐中心小学有11人46次在全国、亚洲和世界级比赛中获奖。王晓雪多次参加江苏省和国家女子足球队并作为主力队员出场，先后获2013年、2021年全运会女足冠军和2022年女足亚洲杯冠军。2007年，卫晓慧等5人被评定为一级运动员。王石中心小学学生钱佳睿在2018年雅加达亚运会上获得女子佩剑冠军。中华人民共和国成立后，梁徐、王石乡政府（公社）十分注重群众体育工作，鼓励人民群众积极参加体育活动。1956年，江村区周陈、新生农业社青年社员与姜堰搬运工人进行篮球比赛。1997年、1999年，王石乡两次被江苏省体育运动委员会命名为“省体育先进乡镇”。截至

2007年，全镇所有村（社区）都有健身活动场地，配齐体育器材。

20世纪50年代，政府将民间医生集中起来，组建联合诊所。20世纪60年代至70年代，每个生产大队都有赤脚医生给社员看病。20世纪80年代后，政府对梁徐卫生院和王石卫生院不断投入资金，新建门诊大楼、病房大楼，购进先进的医疗设备，改善医防条件。1995年后，政府对合作医疗不断增加投入，报销的范围、比例不断扩大提高，制度不断完善。2021年，全街道新型农村合作医疗参保率99.8%，居民可在定点医疗机构享受医疗费用报销，12个卫生室全部建成标准化卫生室。20世纪50年代，汤野村卫生工作成绩突出，1958年7月江苏省副省长管文蔚到汤野村参观后大加赞扬，当年汤野村被评为全国农村卫生先进单位。1959年，“汤野经验”在全国推广。

大力开展文明创建活动。20世纪80年代，梁徐、王石乡党委、政府开展评选“五好家庭”活动。乡镇合并后，从2012年起，全街道（镇）开展文明村镇、文明社区、文明行业、文明单位、文明家庭等群众性精神文明创建活动，教育人民群众“增强道德意识，提高文明素质”。到2021年，全街道16个社区全部创建成姜堰区文明社区（村）。街道党工委利用“百姓大舞台”“道德讲堂”“乡土能人馆”“农家书屋”等平台，在人民群众中开展社会主义精神文明教育，宣传先进典型。通过文明创建，全街道涌现出一批道德模范和先进个人，为梁徐经济和社会事业的发展提供强大的精神动力。

社会保障全覆盖。政府按时对二级以上的残疾人发给残疾金，五保人员老有所养，城乡低保应保尽保。60岁以上的老年人由政府给予一定的生活补贴。

昔日多灿烂，今朝更辉煌。改革的春风把充满活力的梁徐带进了新时代高速发展的快车道，构成了今天政治、经济、社会、文化、生态和谐发展的一曲交响乐，让这个新的集镇生机盎然，充满希望。梁徐人民正在习近平新时代中国特色社会主义思想指引下，解放思想，实事求是，积极探索，勇于创新，艰苦奋斗，自强不息，为建设一个经济繁荣、文化昌盛、科学进步、生活小康的新梁徐而奋斗！

大事记

1918年

坡岭村林馨山带头集资创办泰县坡纶庄小学。

夏，梁徐乡张家巷农民翟新林、翟新余兄弟，反抗地主陆载之强行夺佃、抢收成熟麦子。翟新林被关进县大牢。

1924年

改建黄村闸，为上、下河运粮通道。

1948年

年底，梁徐解放。

1949年

3月27—28日，域内组织数千民工抢修姜（堰）黄（桥）公路。

1952年

江村村农民高玉富在开展“千村万户爱国丰产竞赛”活动中获省表彰。

1953年

江村区梁徐乡移兴村被江苏省人民政府评为“拥军优属模范村”。

1956年

春，前时、前进带头建立农业社，域内开始升（初级社升高级社）、并（小社并大社）、扩（把农业社周围单干户扩进来），入社农户占总农户的95.2%。

1958年

7月9—10日，江苏省副省长管文蔚到梁徐汤野检查卫生工作，当年汤野被评为“江苏省卫生模范村”。

9月，建立梁徐人民公社。

1959年

5月，建立王石人民公社。

秋，泰州县在梁徐公社前进大队成立万亩果场。

1962年

10月，泰县坡岭民办中学种植的“南京大萝卜”，重达10千克，寄给中央报喜，中共中央办公厅来函予以表扬。

1963年

7月，泰县组织123人工作队，开始在梁徐人民公社进行社会主义教育运动试点，年底结束。

1965年

5月，良周小学教师郑同琪出席江苏省教育、文化、卫生、体育工作代表大会，获“先进工作者”称号。

是年，在全国农业学大寨运动中，泰县人民政府号召“上河学五星（1983年更名为曹黄），下河学河横”，梁徐公社五星大队被树立为农业学大寨典型。

是年，坡岭大队社员汤桂英在学雷锋活动中成绩突出，被推选出席江苏省贫下中农代表大会。

1967—1969年

3年中，先后有部分亚洲、非洲国家的青年驻张巷、五星、柳家大队学习游击战争战略和战术。

1983年

10月，人民公社实行政社分设。撤销梁徐人民公社，设立梁徐乡人民政府和梁徐人民公社经济联合委员会；撤销王石人民公社，设立王石乡人民政府和王石人民公社经济联合委员会。

是年，部分村更名，梁徐乡：前进村改为坡前村，红旗村改为赵桥村，东方红村改为蒋家村，五星村改为曹黄村。王石乡：红星村改为钱舍村，薛家村改为薛舍村，前进村改为前黄村。

1985年

梁徐乡获“江苏省科技工作先进乡镇”称号。

1986年

梁徐乡获“江苏省群众文化先进乡镇”称号。

1988年

9月，在扬州市召开的中低产田改造现场会上，与会代表到梁徐现场观摩。

11月9日，江苏省副省长凌启鸿视察梁徐，并对江苏省“七五”农业攻关科研课题“新型耕作栽培技术及其应用研究”项目进行指导。

1989年

9月7日，全国南方13省农业水利现场会召开，水利部副部长侯捷带队参观梁徐现场。

1990年

8月31—9月1日，受15号台风袭击，降雨31小时，雨量243毫米，域内三分之一水稻倒伏。

1992年

1月，全省乡级首部乡土文学作品《龙溪》由梁徐乡人民政府编写出版。

1993年

3月27日，遭寒潮袭击，气温从25日的15℃突降至零下2.5℃，域内二分之一的三麦受冻害。

1994年

梁徐“麦茬小苗单季稻节本高产高效栽培技术”科技成果获

联合国技术信息系统（LPS）中国国家分部“发明创新科技之星”称号。

1995年

是年，梁徐乡被江苏省人民政府命名为“科技先进乡（镇）”。

是年，姜堰市果林场的斗塘、张家、缪家3个农业组合并组建通南村，并划归梁徐乡管辖。

1996年

新田村与通南村合并组建新南村。

1997年

3月，梁徐乡被江苏省人民政府命名为“群众文化先进乡（镇）”。

12月11日，王石乡被江苏省体育运动委员会命名为“江苏省体育先进乡（镇）”。

是年，梁徐建筑公司承建的中日友好环保中心工程获国家“鲁班奖”。

1999年

4月18日，江苏隆源双登电源有限公司被江苏省人民政府表彰为“环保先进单位”。

10月16日，参加全国稻麦两熟地区超高茬麦田套播观摩会代表参观梁徐现场。

2000年

3月，梁徐乡和王石乡合并组建梁徐镇，原梁徐乡的冯垛、林田、曹黄、翟家4个村划归姜堰镇管辖，原梅垛乡的岭家村划归梁徐镇管辖。

2001年

1月23日，江苏隆源双登电源有限公司总经理杨善基获“全国轻工系统劳动模范”称号。

3月30日，江苏隆源双登电源有限公司被江苏省人事厅、省计经委批准为省首批博士后技术创新中心。

6月3日，省委副书记李源潮考察江苏隆源双登电源有限公司。

6月13日，梁徐镇22岁姑娘陈霞，因患原发性耐药型白血病，在苏州大学附属第一医院接受治疗，经台湾慈济骨髓捐赠中心帮助，在台湾青年志愿者中找到配对骨髓。当日，台湾青年骨髓经台湾、香港、大陆接力传递，骨髓移植手术成功。香港凤凰卫视、江苏卫视等对手术进行全程跟踪直播。

12月11日，江苏隆源双登电源有限公司设立企业博士后科研工作站，这是姜堰市设立的首家国家级企业博士后科研工作站。

12月30日，梁徐镇坡岭村103岁的陆桂英被江苏省老龄委授予“健康长寿之星”称号。

2002年

10月，江苏隆源双登电源有限公司更名为江苏双登集团有限公司。

2003年

8月13日，梁徐镇5000头无公害畜禽产地被江苏省农林厅认定为省第二批无公害农产品生产基地。

是年，梁徐镇被江苏省老龄工作委员会表彰为“老年工作先进单位”。

2004年

6月19日，江苏双登集团有限公司“双登”商标被国家工商行政管理总局认定为中国驰名商标。

2005年

2月1日，江苏省委书记李源潮到江苏双登集团有限公司考察。

是年，梁徐镇获国家体育总局“全民健身先进单位”称号。

2006年

8月28日，江苏双登集团有限公司被江苏省委统战部、江苏省经济贸易委员会、江苏省国税局、江苏省地税局、江苏省工商业联合会命名为“民营企业纳税大户”。

9月28日，2006年全国小城镇综合发展水平1000强名单公布，梁徐镇（第860名）入选。

2007年

10月18日，江苏双登集团有限公司技术中心被国家发展和改革委员会、科技部、财政部、税务总局和海关总署认定为第14批国家级企业技术研究中心，成为泰州市继春兰、扬子江之后第三家国家级企业技术研究中心。

11月12日，江苏双登集团有限公司被科技部认定为国家火炬计划重点高新技术企业。

11月16日，江苏双登集团有限公司入选“中国科技名牌500强”。

12月30日，2007年泰州市企业国税收入排名榜公布。江苏双登集团有限公司入选“2007年泰州市外商投资企业国税收入排名”前十名，居第七位。

是年，从梁徐中学毕业、出生于双墩村的杨元喜当选为中国科学院院士。

是年，新南村划归姜堰经济开发区管辖。

2008年

1月16日，江苏双登集团有限公司获“2007年度江苏省质量奖企业”称号。

2月19日，梁徐镇获“江苏省体育强镇”称号。

7月17—18日，江苏省农村改厕现场会在姜堰召开，与会代表参观梁徐镇三林村改厕现场。

8月18日，江苏双登集团有限公司获“国家环境友好企业”称号，为国内蓄电池行业唯一获此殊荣的企业。

9月5日，江苏双登集团有限公司被江苏省经济贸易委员会、环境保护厅、对外经济贸易合作厅列为“全省第二批循环经济试点单位”。

10月11日，二塘村村民陈庆露在开挖鱼塘时，挖出2只陶罐、1只瓷碗和91枚古钱币。经文物专家鉴定，2只陶罐为宋代经瓶、瓷碗为明代青花民窑碗、古钱币分别为南明弘光年间和清顺治年间钱币。

12月8日，由世界杰出华商协会组织评选的“2008年全球华商高科技500强”企业名单揭晓，江苏双登集团有限公司名列第250名。

12月18日，江苏双登集团有限公司以30亿元的销售额、171项专利技术等指标，名列全国第22届电子信息百强企业第55名，比上年提升30个名次。

2009年

1月5日，江苏双登集团有限公司通过“江苏省AAA级标准化良好行为企业”考核验收。

1月7日，江苏省人民政府授予江苏双登集团有限公司自主创新研发的“风力发电变桨用超级电容器储能系统”2008年度江苏省科技进步奖二等奖。

5月6日，梁徐镇邢家村被江苏省人民政府确定为“2009年环境整治试点村”。

7月9日，江苏双登集团有限公司再次获“全国电子信息百强企业”称号（第49名）。

10月31日，由江苏双登集团有限公司自主开发，利用集太阳能、风能、地热等新能源于一体的全国第一座生态大楼投入使用。

2010年

1月5日，江苏省知识产权局、财政厅表彰江苏双登集团有限公司自主研制的狭长型阀控密封铅酸蓄电池正极铅膏配方及固化工艺（ZL02138284.4）为第六届江苏省专利奖优秀奖。

3月1日，梁徐镇获泰州市“十佳工业先进乡镇”称号。

4月5日，美国俄亥俄州特洛依市代表团一行考察江苏双登集团有限公司。

4月19日，江苏双登集团有限公司新能源基站亮相上海世博会。

7月10日，总投资301亿元的大唐集团姜堰燃机热电联产项目落户梁徐镇。

7月26日，投资1000万元的梁徐镇鸿佳绿化工程有限公司花卉苗木公司开工。

9月8日，江苏双登集团有限公司卷绕式铅酸电池获5项国家专利。

10月23日，江苏省委、省人民政府授予江苏双登集团有限公司“江苏省优秀民营企业”称号。

11月14日，梁徐中心小学五年级学生汤嘉诚发明的“机器人灭火”项目获得在厦门举行的“未来伙伴杯”第十一届智能机器人大赛一等奖。

是年，梁徐派出所被江苏省公安厅表彰为“全省公安机关‘迎国庆，保平安’大巡防活动先进集体”。

2011年

6月12日，江苏双登集团有限公司获“2011年中国电子信息百强企业”称号（第78名）。

9月15日，江苏双登集团有限公司获“2010年度江苏省质量信用等级A级企业”称号（第78名）。

12月，江苏双登集团有限公司更名为双登集团股份有限公司。

是年，梁徐镇计划生育服务站被江苏省人口和计划生育委员会评为“‘十一五’时期计划生育药具工作先进集体”。

是年，梁徐镇水利管理服务站被江苏省水利厅评为“2009—2010年度全省水利系统文明单位”。

是年，梁徐派出所被江苏省公安厅评为“二级派出所”。

是年，梁徐镇被江苏省环境保护厅评为“江苏省生态镇”。

是年，梁徐中心小学被共青团江苏省委、江苏省教育厅、中国少年先锋队江苏省工作委员会评为“江苏省优秀少先队集体”。

2012年

10月11日，江苏省委、省人民政府授予双登集团股份有限公司企业技术创新奖。

是年，梁徐镇前时村被江苏省民政厅评为“全省和谐社区建设示范社区（村）”。

是年，梁徐镇被列为“江苏省公共文化服务体系示范区”。

2013年

是年，梁徐镇被江苏省科技厅列为“第三批江苏省创新型试点乡镇”。

是年，梁徐镇被泰州市委、市政府评为“泰州市2013年度争创经济工作‘十强乡镇（街道）’活动先进单位”。

2014年

6月3日，在南京召开的江苏省民营经济表彰大会上，双登集团股份有限公司被表彰为“江苏省优秀民营企业”。

是年，梁徐镇被中华人民共和国生态环境部命名为“国家级生态乡镇”。

2015年

是年，梁徐镇邢家村被江苏省依法治省领导小组命名为“江苏省民主法治示范村”。

是年，梁徐镇葛联村、双墩村被江苏省爱国卫生运动委员会评为“江苏省卫生村”。

是年，双登集团股份有限公司化成车间被共青团江苏省委、江苏省安监局评为“2014年度江苏省‘青年安全生产示范岗’”。

是年，梁徐镇被江苏省新闻出版广电局评为“2015年度江苏省实施农家书屋提升工程试点工作先进乡镇”。

是年，出生于官野村的曹福亮当选为中国工程院院士。

2016年

9月28日，双登集团股份有限公司富朗特锂离子电池智能制造项目竣工投产。

是年，梁徐中心小学被教育部命名为“2015年全国青少年校园足球特色学校”。

是年，梁徐镇被江苏省文明委命名为“2013—2015年度江苏省文明乡镇”。

是年，梁徐镇张埭村被江苏省文明委命名为“2013—2015年度江苏省文明村”。

是年，梁徐镇二塘村被江苏省民政厅命名为“江苏省和谐社区建设示范村（社区）”。

是年，双登集团股份有限公司被江苏省委、省人民政府评为“江苏省优秀企业”，获江苏省人民政府“2015年质量奖”。

2017年

2月4日，在泰州市“新春第一会”上，江苏双登富朗特新能源有限公司新型高能锂离子电池智能制造项目获泰州市“十佳重大工业投资项目”，双登集团股份有限公司董事长、总裁杨善基获“十大功勋企业家”称号。

是年，双登集团股份有限公司被工业和信息化部评为“2017年第一批绿色工厂”。

是年，梁徐镇获江苏省委组织部“2016—2017年度省农村基层党建工作突出贡献奖”。

是年，梁徐镇张埭村、黄村村被江苏省人力资源和社会保障厅评为“第一批省级创业型社区”。

是年，梁徐镇前舍村卫生室被江苏省卫生计生委评为“2017年度省示范村卫生室”。

是年，双登集团股份有限公司被江苏省商务厅评为“2017—2019年度省级国际知名品牌企业”，“双登”商标被评为“2017—2019年度江苏省重点培育和发展的国际知名品牌”。

2018年

是年，林野村划归罗塘街道管辖。

是年，梁徐中心小学被中国少年儿童发展服务中心、中国青少年宫协会、中国少年科学院列为“中国少年科学院科普教育示范基地”。

是年，双登集团股份有限公司获中国国际储能大会组委会“2018年度中国储能产业最具影响力企业奖”，获国家知识产权局“2018年度国家知识产权示范企业”称号。

是年，梁徐镇统计站被江苏省第三次农业普查小组办公室评为“农业普查先进集体”。

是年，梁徐镇获得江苏省生态环境厅“第二批生态文明建设示范乡镇（街道）”称号。

是年，梁徐镇张埭村被江苏省司法厅列为第十三批省级“民主法制示范村”。

是年，梁徐镇张埭村被江苏省爱国卫生运动委员会评为“2018年江苏省卫生村”。

是年，梁徐镇前时村、官野村、坡岭村被江苏省人力资源和社会保障厅评为“第二批省级创业型社区（村）”。

是年，梁徐中心小学获江苏省少年工作委员会、少年儿童研究院“第四届省优秀少年科学院”称号。

是年，梁徐中心小学获江苏省教育厅“江苏省健康促进学校金奖”。

是年，双登集团股份有限公司被江苏省科学发展战略研究院、科技情报研究所列为“2017年江苏省创新型企业100强”。

是年，梁徐镇被江苏省“扫黄打非”工作领导小组评为“先进集体”。

2019年

11月20日，梁徐镇举行撤镇设街道揭牌仪式。

是年，梁徐街道黄村村与桥林村合并为桥黄村。

是年，新九、王石、前舍3个村划归罗塘街道管理。

是年，双登集团股份有限公司被中国化学与物理电源行业协会评为“2018年度中国电池行业百强企业”。

是年，梁徐街道官野村被江苏省统计局评为“2018年全省村（社区）统计规划建设‘千佳单位’”。

是年，梁徐街道建设档案室被江苏省住房和城乡建设厅评为“2019年全省特级村镇建设档案室”。

是年，双登集团股份有限公司被江苏省科技厅、高性能化学电源工程技术研究中心评为“2019年省级工程技术研究中心建设项目”。

是年，梁徐街道东官村、岭家村被江苏省爱国卫生运动委员会评为“江苏省卫生村”。

是年，双登集团股份有限公司被江苏省科技发展研究院评为“2018年江苏省百强创新型企业”。

是年，梁徐街道被江苏省爱国卫生运动委员会评为“江苏省卫生乡镇”。

是年，从梁徐中学毕业、出生于梁徐村的陆夕云当选为中国科学院院士。

2020年

是年，梁徐街道被国家爱国卫生运动委员会评为“国家级卫生镇”。

是年，梁徐街道所辖村全部更名为社区。

是年，梁徐中心小学“良周中队”被共青团中央、教育部、全国少年工作委员会表彰为“2020年度‘全国优秀少先队先进集体’”。

是年，梁徐街道被江苏省爱国卫生运动委员会评为“2019年省卫生镇（乡）”。

是年，梁徐街道东官社区、岭家社区被江苏省爱国卫生运动委员会评为“2019年省卫生村”。

是年，梁徐街道三林社区、坡岭社区被江苏省爱国卫生运动委员会评为“2020年省卫生村”。

是年，梁徐街道离退休干部党支部被江苏省委老干部局、离退休工委评为“全省离退休干部‘六有一提升’示范党支部”。

是年，梁徐街道统计站被江苏省统计局评为“全省乡镇（街道、园区）统计规范化建设‘百佳单位’”。

是年，梁徐中心小学获江苏省少年工作委员会“2019年江苏省少先队优秀科研成果二等奖”、研制的“防鸟偷食器”的建议获二等奖（低年级组），研制的滑槽式慢弹回伸缩TSA安全防盗窗的建议获“2020年‘我为高质量发展献一计’江苏省少年科学院科学建议一等奖（低年级组）”。

是年，王石卫生院获江苏省老年工作委员会“2020年江苏省老年健康科普及促进项目活动优秀组织奖”。

2021年

4月，江苏双登富朗特新能源有限公司总经理钱友网被江苏省委、省人民政府授予“江苏省劳动模范”称号。

是年，双登集团股份有限公司被工业和信息化部节能与综合利用司评为“2021年绿色供应链管理企业”。

是年，江苏双登富朗特新能源有限公司被江苏省工业和信息化厅评为“江苏省绿色工厂”。

是年，泰州天力铁芯制造有限公司被江苏省工业和信息化厅等5部门评为“2021年省级企业技术中心”。

是年，大唐泰州热电有限责任公司被江苏省精神文明工作指导委员会评为“2019—2020年度江苏省文明单位”。

是年，东官社区、二塘社区、桥黄社区创建成“江苏省卫生村”。

是年，钱港社区获评“江苏省计生协会工作成绩突出单位”。

是年，张埭社区获评“2021年度江苏省基层工会服务职工优秀项目”。

是年，梁徐街道用水协会被农业农村部等8部门评为“2020年全国农民用水合作示范组织”。

梁徐街道办事处

街道概览

梁徐街道地处姜堰南郊，2000年3月由梁徐乡、王石乡合并而成。梁徐街道区位优势明显，境内水陆交通便利，328国道、宁靖盐高速、姜八公路、229省道、姜高公路等穿境而过，周山河、中干河等纵横全境。相传明初洪武年间，有梁、徐两姓人家先后从苏州阊门迁于此拓荒，开始取地名叫"梁家缺"，两姓人家经几代人艰苦开拓，均成富甲一方的大户，梁、徐两家后人商议将"梁家缺"更名为"梁徐庄"。1957年后，梁徐一直是乡（公社、镇、街道办事处）驻地。梁徐人文历史深厚、经济发达、文化繁荣、生态文明、社会保障完善，人民生活水平不断提高，幸福指数持续攀升。

历史沿革

地名由来

相传明初洪武年间，洪水成灾，洪泽湖决口，淹没周围十余县，泰县亦在其中。劫后余生者纷纷扶老携幼四处逃命。此后数年，万顷良田成了杂草丛生的荒芜之地，时有梁、徐姓人家先后从苏州阊门迁于此拓荒。两姓人家分别建宅于现梁徐社区东首和西首，取地名叫“梁家缺”。两姓人家经几代人艰苦开拓、辛勤耕耘，逐渐将四周的大片荒地改造成百亩良田，均成富甲一方的大户，梁徐二家的地盘慢慢连成一片。梁徐两家后人商议将“梁家缺”更名为“梁徐庄”，梁徐由此而得名。

建置沿革

五代十国之前，境内曾为淮夷地、吴国地、越国地、楚国地，继属海陵县、建陵县、吴陵县。清道光年间，域内属泰州东南隅。1912年，泰县全县划分为8市40乡，域内分属姜堰市、周家埭乡、黄沙沟乡、东尹庄乡管辖。1929年8月，泰县废乡行政局，建区乡（镇）公所，划为15个区438个乡镇，域内乡镇分属姜堰区（第五区）和蒲津区（第六区）管辖。1942年9月，域内乡镇分属姜南区和张甸区管辖。1947年10月，姜南区和张甸区划入泰兴县，1949年5月仍划归泰县管辖。1956年，域内乡镇分属蒋垛区和江村区管辖。1957年2月，撤销江村区，同年泰县撤区并乡，域内主要有梁徐乡、江林乡、太宇乡。1958年9月22日，梁徐人民公社成立。1959年5月，从顾高、梁徐、张沐3个人民公社中划出部分大队组建王石人民公社。1960年，梁徐人民公社辖梁徐、江村、坡岭等19个生产大队，164个生产队；王石人民公社辖王石、前进、薛家、九东、林野、前时、钱港、太平、东官、西官、前官、李野、红旗等13个生产大队及1个副业部，114个生产队。

1962年，核算单位下放到生产队，部分生产大队进行了调整。到1967年，梁徐人民公社辖梁徐、德兴、汤野、东方红、周陈、张巷、柳家、张埭、四盟、联合、双墩、周野、江村、小江、河南、坡岭、前进、邢家、邢北、同心、黄村、油坊、葛港、红旗、双林、五星、翟家、冯垛、林田等29个生产大队及1个农科所；王石人民公社辖郭家、林野、王石、新生、九东、前进、薛家、前林、后林、仲林、前时、吴野、湾塘、港西、红星、东一、东二、东三、前官、西官、李野、西塘（原名太平）、东塘等23个生产大队及1个副业部（1964年改为农科所），156个生产队。1976年，泰县农业试验站机构从腰庄迁出，腰庄更名为新田大队，划归梁徐人民公社管辖。

1983年，梁徐人民公社改为梁徐乡，王石人民公社改为王石乡；生产大队改称村。同年部分村更名：梁徐乡的前进村改为坡前村、红旗村改为赵桥村、东方红村改为蒋家村、五星村改为曹黄村；王石乡的红星村改为钱舍村、薛家村改为薛舍村、前进村改为前黄村。

1995年，姜堰市果林场的斗塘、张家、缪家3个农业组划归梁徐乡管辖，组建通南村。

1996年，新田村、通南村合并组建新南村。

2000年3月，梁徐乡和王石乡合并，建立梁徐镇。同时，原梁徐乡的曹黄、翟家、冯垛、林田等村划归姜堰镇管辖，原属梅垛乡的岭家村划归梁徐镇管辖。2001年行政村合并后，梁徐镇辖22个村民委员会。

2007年，新南村划归姜堰经济开发区管辖。

2013年1月开发区与梁徐镇、桥头镇实行“区镇合一”管理，以区为主，深度融合，同时对开发区的企业实行“属地管理”。

2019年，梁徐撤镇，设立街道办事处；林野村、王石村、新九村、前舍村划归罗塘街道管辖；桥林村和黄村村合并设立桥黄村。

2020年，撤销葛联村，设立葛联社区；撤销张埭村，设立张埭社区；撤销双墩村，设立双墩社区；撤销梁徐村，设立梁徐社区；撤销周埭村，设立周埭社区；撤销江村村，设立江村社区；撤销坡岭村，设立坡岭社区；撤销邢家村，设立邢家社区；撤销岭家村，设立岭家社区；撤销三林村，设立三林社区；撤销东官村，设立东官社区；撤销二塘村，设立二塘社区；撤销官野村，设立官野社区；撤销前时村，设立前时社区；撤销钱港村，设立钱港社区；撤销桥黄村，设立桥黄社区。

2021年，梁徐街道辖16个社区，265个村民小组。

2001年部分行政村合并情况一览表

表1

合并后村名	合并前村名	合并后村名	合并前村名
林野村	郭家村、林野村	周埭村	周陈村、张巷村、柳家村
王石村	王石村、农科所	张埭村	张埭村、四盟村
前舍村	前黄村、薛舍村	江村村	江村村、小江村、河南村
三林村	前林村、后林村、仲林村	坡岭村	坡岭村、坡前村、农科所
前时村	前时村、吴野村	邢家村	邢家村、邢北村
钱港村	钱舍村、湾塘村、港西村	岭家村	岭家村、同心村
东官村	东一村、东二村、东三村	新南村	新田村、通南村
官野村	前官村、西官村、李野村	黄村村	黄村村、油坊村
二塘村	西塘村、东塘村	葛联村	张联村、葛港村
新九村	新生村、九东村	桥林村	赵桥村、双林村
梁徐村	梁徐村、德兴村、汤野村、蒋家村	双墩村	双墩村、周野村

社区

前时社区 前时社区位于梁徐集镇东南，距梁徐街道办驻地约6千米。2001年，由前时村、吴野村合并组成新的前时村，2020年更名为前时社区。前时社区东与林野社区交界，南与钱港和三林社区交界，北至周山河，西止中干河。姜高路横穿东西，水陆交通便利。2021年辖前时、时东、时西、竹园、吴西野等自然村；面积2.44平方千米，耕地面积2247亩；14个居民小组，674户，2021人。主业是小麦、水稻、玉米、花生、大豆、油菜、荞麦、山芋、芋头等粮油作物及小杂粮的种植。2021年，社区集体总收入90.76万元。

钱姓占前时庄的总户数的90%，明永乐年间钱氏二弟兄从苏州阊门北迁泰州东隅垦殖，生活逐步富足。后来时姓二姐妹嫁给钱姓两兄弟，从此便有了时庄的庄名。婚后年年添丁，经营良田数万亩，为便于管理，以一条小河为界，兄弟二人各守南北，故而有了前时庄和后时庄。钱姓重文，1945年，沈昌元在时庄开办私塾馆，门下钱姓徒子数十人。1956年泰县时庄中心小学创办，2000年合并到王石中心小学。

稻米加工是该社区的主要产业特色，全社区有万福康源等6个稻米加工厂，加工的优质大米销往全国各地。

三林社区 三林社区位于梁徐集镇东南，距梁徐街道办驻地约8千米。2001年5月，由后林、前林、仲林村3个村合并组成三林村，2020年更名为三林社区。三林社区东与前舍社区、西与钱港社区、南与东官社区及顾高镇、北与前时社区接壤。王石河、中心河、李野河横贯东西，姜（堰）八（圩）公路贯穿南北。2019年辖大仲野、小仲野、前林家荡、后林家荡、东林家荡、王家舍、张家舍等自然村落；面积4.19平方千米，耕地面积3875亩；22个村民小组，1038户，3158人。主业是水稻、小麦、花生、油菜、大豆等粮油作物的种植，其次有山芋、芋头、蚕豆、荞麦等小杂粮作物的种植。2021年，有工业企业8家，实现产值6800万元；种植大户3家，面积4440亩；规模养殖户6家，家禽年饲养量70万只。2021年，社区集体总收入79.39万元。

钱港社区　钱港社区位于梁徐街道东南，距梁徐街道办驻地约7千米。2001年由港西、湾塘、钱舍三个行政村合并组成钱港村，2020年更名为钱港社区。钱港社区东与三林社区、西与二塘和江村社区、南与官野社区、北与前时社区接壤，中干河从社区中间穿过。2021年辖港西野、周家垛、鲤鱼垛、钱家舍、李家舍、湾塘、滕家舍等自然村；面积3.16平方千米，耕地面积3150亩；17个村民小组，733户，2068人。钱港社区主业主要是水稻、小麦、花生、油菜等粮油作物以及山芋、玉米等旱谷杂粮的种植。2021年年底，社区集体总收入57.3万元。

东官社区　东官社区位于梁徐集镇东南，距梁徐街道办驻地约9千米。2001年由东一村、东二村、东三村合并而成。东官社区东与顾高镇夏庄村、西与官野社区、南与顾高镇复兴村和官野社区、北与三林社区接壤，生产河、李野河横贯东西。东官社区在1959年5月前为顾高人民公社二大队。1959年王石人民公社成立，二大队从顾高人民公社划归王石人民公社管辖，更名为东官大队。1962年，东官大队划分为东一大队、东二大队和东三大队。2021年辖东官垛、野田、西北野、臧家垛、林家舍等自然村；面积3.13平方千米，耕地面积3124亩；16个村民小组，787户，2300人。主业为小麦、水稻、玉米、花生、大豆、油菜、荞麦、山芋、芋头等粮油作物的种植；有粮食规模种植大户2户，种植面积2100亩；有规模养殖户5户，每年肉鸡出栏20万只。2021年，社区集体总收入86.6万元。

东官社区许姓人口约占人口总数70%，其他还有曹、窦、肖、凌、臧、张、林、徐等姓氏。许氏自古以来就重视教育，1920年，由许承霖、许作霖兄弟2人合资兴办第一所完小，在姜堰通南地区很有名气。

官野社区　官野社区位于梁徐集镇东南，距梁徐街道办驻地8千米。2001年由前官、西官、李野3个村合并组成。官野社区东与东官社区和三林社区、南与顾高镇的翟庄村、西与二塘社区、北与钱港社区接壤，生产河贯穿东西，中干河从西擦边而过。2021年辖前官垛、西官垛、洪家舍、沐家舍、孙家舍、李家舍、曹家舍等自然村落；面积4.59平方千米，耕地面积4533亩；19个村民小组，973户，2822人。主业以小麦、水稻种植为主，另外有玉米、山芋、芋头、蚕豆、大豆等旱谷作物的种植。2021年，社区集体总收入105.11万元。

官野人历来重视教育，1945年西官垛就有3个私塾馆。中国工程院院士曹福亮、姜堰中学原校长缪湘、全国高考数学出题人曹海涛都是官野社区人。

二塘社区 二塘社区位于梁徐集镇正南方，距街道办事处驻地约7千米。2001年由东塘村、西塘村合并而成。二塘社区东与官野社区、西与张甸镇的三野村、南与顾高镇翟庄村、北与江村社区接壤。2021年辖哑巴舍、杨家桥、东塘家荡、西塘家荡、陈家垛、太平庄等自然村落。1958年9月，东塘、西塘属梁徐人民公社江塘大队。1959年5月，王石人民公社成立时，二塘从梁徐人民公社江塘大队划出，建立太平大队。1961年下半年，太平大队划分为东塘、太平2个大队。1962年太平大队更名为西塘大队。2021年，二塘社区面积3.84平方千米，耕地面积3298亩；有17个村民小组，811户，2544人。以小麦、水稻种植为主业，另外有玉米、山芋、芋头、蚕豆、大豆等旱谷作物的种植；鱼、蟹养殖户和大棚蔬菜种植户3家；木器加工企业7家。2021年，社区集体总收入109.47万元。

社区以陈、黄、申、钱、俞、朱、杨姓人口居多。该社区曾患白血病的陈霞康复后反哺社会，积极投身公益事业，在全国各地建立爱心站41家，被授予江苏省“爱心大使”称号。

梁徐社区 梁徐社区是梁徐街道办事处所在地，紧邻姜堰城区，是姜堰城区

梁徐社区

南大门。2001年，由梁徐、蒋家、德兴、汤野等4个村合并而成，称梁徐村。2020年撤村建居后，称梁徐社区。梁徐社区东与罗塘街道曹家社区、南与周埭社区、西与双墩社区和桥黄社区、北与果林场接壤。328国道、海姜快速路、南绕城高架、兴姜大道、姜园路（梁徐大道）横穿东西，南京路由姜堰城区直达梁徐，中干河、盐靖高速纵贯南北。2021年辖蒋家庄、卫家埭、陆家舍、汤家野等自然村落；面积4.84平方千米，耕地面积2966亩；24个居民小组，1666户，5130人；有3户从事特色种植业，主要种植草莓等水果；从事肉鹅养殖的2户，年收益50万元以上；家庭农场2个，流转土地870亩。2021年，境内主要农作物有水稻、小麦、玉米、山芋、芋头、大豆、花生、油菜等；工业企业82家，从业人员1732人，主要产品有纺机配件、电线、电缆等。2021年，社区集体总收入266.61万元。

周埭社区　周埭社区位于梁徐集镇南边，距街道办事处驻地约2千米。2001年，由周陈、张巷、柳家3个村合并组成周埭村，2020年改称周埭社区。周埭社区东与姜堰区高新开发区接壤，南临姜高公路，西靠双登大道，北与梁徐社区毗邻。周山河横穿东西，中干河贯通南北。2021年，辖周家埭、陈家埭、柳家埭、张家巷、翟家垛等自然村落；面积3.38平方千米，耕地面积2592亩；17个居民小组，896户，2669人。农业是以水稻、小麦、花生、油菜等粮油作物的种植为主。2021年，社区集体总收入105.1万元。

张埭社区　张埭社区位于梁徐集镇西部，距梁徐街道办2千米。2001年由张埭、四盟两个村合并组成，2020年更名为张埭社区。张埭社区东与双墩社区、西与葛联社区、南与坡岭社区、北与桥黄社区接壤。328国道、泰姜快速路横穿东西，梁徐中心河由东向西从社区经过。2021年辖张南、汤家垛、石家垛、徐家垛、王家垛、新庄等自然村落；全境总面积2.03平方千米，耕地面积1774亩；10个居民小组，514户，1608人。主要种植水稻、小麦、玉米、荞麦、山芋、芋头、大豆、花生、油菜等粮油作物。有家庭农场2个，流转土地922.51亩。2021年，社区集体总收入58.03万元。

境内有紫竹禅寺，战争年代被毁，2002年重建。

张埭社区2013年被评为“江苏省和谐社区建设示范村”，2017年被评为“省级创业型社区（村）”，2016年被评为“江苏省文明村”。

双墩社区　双墩社区位于梁徐集镇以西，距梁徐街道办事处约1千米。2001年由双墩村、周野村合并组成新的双墩村；2020年更名为双墩社区。双墩社区南与坡岭社区、西与张埭社区、北与梁徐社区、东与梁徐社区和周埭社区接壤。姜泗公路横穿东西，盐靖高速纵贯南北，周扬河从庄东穿过。2021年辖大墩、小墩、周野、孙家舍、杨家舍、蒋家舍等自然村落；面积2.33平方千米，耕地面积1689亩；10个居民小组，582户，1818人。社区以农业为主，主要从事水稻、小麦、玉米、大豆、花生、油菜、荞麦、山芋、芋头等粮油作物和旱谷杂粮的种植；有6个家庭农场，流转土地960亩。2021年，社区集体总收入107.73万元。双墩社区人才辈出，中国科学院院士、北斗卫星导航系统副总设计师杨元喜，原泰县县长宋春霞，姜堰地区名校长陈祥雨，二炮后勤部原副部长孙余才少将等都出生于该社区。

双墩社区2020年被评为“江苏省民主法治示范村”，2021年被评为“江苏省卫生健康村”，获得“江苏省红石榴家园”等称号。

江村社区 江村社区位于梁徐集镇南部，距梁徐街道办驻地约2千米。2001年由江村、小江、河南3个村合并而成。江村社区北临周山河，南与二塘社区、西与岭家、坡岭和邢家社区交界，东靠中干河。东西向的臭河、南北向的盐靖高速从村中经过。2021年辖大江村、小江村、梅家垛、陈家垛、王家垛、李家垛、钱家垛等自然村落；面积4.26平方千米，耕地3077亩；18个居民小组，983户，2864人。主业是水稻、小麦、花生等粮油作物的种植；工业企业21家，从业人数近600名。2021年，社区集体总收入126.83万元。

江村社区

江村原名“张村”，晚清重臣钱桂森修钱氏家谱时将“张村”庄名改为“江村”。江村钱姓居多，有大钱、小钱之分。大钱居住在庄西，称为大江村；小钱居住在庄东，称为小江村。1955年之前，江村为泰县江村区公所、江村乡政府所在地，在江村建有粮站、供销社和联合诊所。这一时期，江村是泰县南部地区最繁荣的大乡村。臭河北岸有一条东西小街，约100米，每月都有集市，主要交易苗猪、羊羔、牛仔以及农副产品等，1970年停办。1958年9月，梁徐人民公社成立，江村和二塘合并为江塘大队。1959年5月，二塘从江塘大队划归王石人民公社管辖后，大江村、小江村合称江村大队。1962年，江村大队划分为江村、小江、河南3个大队。

民国时期，江村大户钱述先创办了泰县江村小学。20世纪40年代，泰县姜南区政府在小江村东南建立钱港学校。1950年6月，泰县江村区委将泰县江村小学、钱港学校合并，建立泰县江村中心小学。

坡岭社区 坡岭（旧称坡圵庄）社区位于梁徐集镇西南，距梁徐街道驻地约3千米。2001年，由坡岭村、坡前村、梁徐农科所合并成新的坡岭村，2020年改为坡岭社区。坡岭社区东与周埭社区、东南与江村社区、南与邢家社区、西南与张甸镇三兴村、西与葛联社区、西北与张埭社区、北与双墩社区接壤。姜泗公路由东北向西南穿境而过，周山河横穿东西，盐靖高速、葛港河分别从东、西擦边而过。2021年辖坡岭、郑家垛、石家垛等自然村落；面积3.57平方千米，耕地面积3091亩；15个居民小组，792户，2294人。主要农作物有水稻、小麦、玉米、山芋、芋头、大豆、花生、油菜等粮油作物；建有家庭农场5个，流转土地1800亩；药材（元胡）种植面积80亩，年产量2万千克，产值30万元。有工业企业7家，从业人数78人，主要生产电池配件、绳网、矽钢片等，季节性结网人数300人。2021年，社区集体经济总收入84.54万元。

坡岭人重视教育，1912年，清末武进士、御前侍卫、武功将军林桂荣告老还乡创办坡圵小学，1949年更名为良周小学。1957年，创办的坡岭民办初级中学是泰县第一所民办中学。

邢家社区 邢家社区位于梁徐集镇西南，距离梁徐街道办事处驻地约5千米。2001年邢家、邢北2个村合并后仍叫邢家村。2020年撤村建居，改称邢家社区。邢家社区东与江村社区、南与岭家社区、西与张甸镇沙梓村和梅网村、北与坡岭社区接壤。姜梅公路贯穿南北，姜高路、姜泗公路横穿东西，周山河、葛港河从村边经过。邢家社区面积3.13平方千米，耕地面积2708亩；15个居民小组，888户，2773人；家庭农场5个，流转土地1400亩。私营企业8家，从业人员600余

邢家社区古井旧址

人，主要从事建筑业。2021年，社区集体总收入167.31万元。

岭家社区 岭家社区在梁徐集镇西南，距梁徐街道办约5千米。2000年3月前，岭家村属梅垛乡管辖，同兴村属梁徐镇管辖。2000年3月，岭家村从梅垛乡划归梁徐镇。2001年，岭家村与同心村合并建成新的岭家村。2020年更名为岭家社区。岭家社区东与江村社区、东南与二塘社区、西与张甸镇沙梓村、西南与张甸镇丁高村、南与张甸镇三野村、北与邢家社区相邻；姜高路横穿东西，兴张路纵贯南北，老生产河、臭河从村中经过。2021年辖梁家垛、王家垛、缪家垛等自然村落；面积3.28平方千米，耕地面积3159亩；有20个居民小组，797户，2451人。主要有水稻、小麦、玉米、荞麦、山芋、芋头、大豆、花生、油菜等粮油作物；

有家庭农场4个，流转土地1628亩。草莓是该社区特种经济作物，有草莓园150多亩，每亩年纯收入超1万元。2021年，社区集体总收入176.15万元。

葛联社区 葛联社区位于梁徐集镇西北，距梁徐街道办约3千米。2001年葛港、张联2村合并，从2村的村名中各取一字称葛联村，2020年撤村建居，称葛联社区。葛联社区西临葛港河、南与坡岭社区、东与张埭和桥黄社区接壤，北临老通扬河。328国道、泰姜快速横穿东西，广州路纵贯南北，通扬河、葛港河在此交汇。2021年辖五一、张垛、茆舍等自然村落；面积2.05平方千米，耕地面积1660亩 ；10个居民小组，562户，1718人。主要有水稻、小麦、玉米、荞麦、山芋、芋头、大豆、花生、油菜等粮油作物。有家庭农场4个，流转土地1200亩。2021年，社区集体总收入94.81万元。

葛港渡口是泰州东南乡人去泰州城区办事的必经之地，中华人民共和国成立前后，葛港村一周姓人家几代人在此摆渡为生，到20世纪70年代才撤除。葛港村对岸有一古龙王庙，当年是葛港村人投资建造，所在地虽属苏陈镇，至今仍称葛港龙王庙，庙外有1株古银杏树，距今已有1000多年。

桥黄社区 桥黄社区位于梁徐集镇西北，距梁徐街道办驻地约3千米。2001年，黄村、油坊2个村合并组成黄村村，赵桥、双林2个村合并为桥林村。2020年，桥林、黄村再次合并，同时撤村建居，成立桥黄社区。桥黄社区地处姜堰西郊，东西长6千米，南北最宽处1.2千米，南与梁徐社区、西与葛联社区、东与果林场接壤、北靠老通扬河；双登大道、盐靖高速、科技路纵贯南北，328国道、海姜快速路横穿东西；老通扬河与黄村河在此交汇。2021年辖刘庄、肖垛、卞桥、油坊头、桃园、冒庄、杨家舍等自然村落；面积4.81平方千米，耕地3095亩；21个居民小组，1361户，4346人。桥黄社区以农业为主，主要从事水稻、小麦、玉米、山芋、芋头、花生、大豆、油菜等粮油作物的种植；特种经济作物有果园100亩。境内有大唐电厂、园鑫包装厂等年产值超亿元的企业，合资企业天阳服饰带动近300人就业。2021年，社区集体总收入231.49万元。

自然环境

地貌

梁徐地处长江三角洲冲积平原，六七千年前是浅海，约在西汉时期（前206—8），由长江冲积物持续聚集而成陆，逐步演变为高沙土平原区，属海相沉积平原。地势平坦，最高标高5.5米，最低标高4.5米，北部略低。

土壤

梁徐地处通南高沙土地区，历史上属长江自然堤部分。长江客水携带的泥沙，在海浪的作用下，堆积于河口，由于组成的物质较粗，砂粒和砂粉粒的含量较高。

境内大部分区域以灰潮土的高沙土为主，另有部分小粉土分布在原梁徐乡老通扬河以南的沿线村。20世纪七八十年代，由于进行大规模的平田整地，域内扰动土面积占65%。耕层土壤质地大多是沙壤至轻壤，对土壤的水、肥、气、热和农业生产影响很大，主要表现在漏水漏肥严重、养分不易积累。

辖区内历史上主要种植旱谷作物。中华人民共和国成立以后，随着耕作制度的改革，通过"旱改水"实行水旱轮作，水稻栽培面积扩大，土壤得到培肥。冲积平原自然沉积的分布规律为人们的平田整地、客土、有机质积累等生产活动所打破，土壤发生质的变化，部分潮土型的土壤向水稻土类方向发育，向渗育型水稻土过渡。

河流

梁徐境内河流属长江水系。20世纪50年代前，境内河道多弯曲浅窄，虽自然成网，但缺乏顺通提携之"纲"，旱时引水困难，涝时排泄不畅。历史上最高水位4.96米（1954），最低水位0.98米（1968）。

20世纪50—80年代，先后疏浚了老生产河、葛港河，开挖了周山河、中干河和新生产河等6条县级以上河道，其中东西走向4条，南北走向2条；开挖了12条乡级河道，形成新的河网，从此灌排顺畅。

老通扬运河　老通扬运河旧称运盐河、上河、上官河、上官盐河、通扬运河等。河道底宽15米，河底真高-0.5米，坡比1∶4。境内全长5.4千米，流经桥黄、葛联等2个社区。2010年，从七里河向东的油坊、黄村段开始护坡。2011年，从七里河向西的黄村、赵桥、双林、葛港段进行护坡。老通扬运河是姜堰地区主要航运河道之一。

周山河　东起大坨土山姜黄河口，西至周家庄南官河口，故名周山河。1958年人工开挖，河道底宽14米，河底真高-1.0米，坡比1∶4。境内全长5.83千米，流经前时、周埭、江村、邢家、坡岭等5个社区。1975年11月疏浚，2010年整治护坡。周山河是姜堰通南地区主要航运通道之一。

老生产河　老生产河呈东西走向，西起南官河，穿中干河、西姜黄河、运粮河，东接东姜黄河，全长43千米。从1957年起进行过3次疏浚。境内全长3千米，流经官野、二塘、岭家等3个社区，

新生产河　1978年11月至1979年1月挖掘，由中干河挖至运粮河，标准底宽8米，河底真高-0.5米，坡比1∶3。境内全长3千米，流经三林、东官、官野等

周山河梁徐段

中干河梁徐段

3个社区。

葛港河 明代称葛罡，有明兵驻守，是三泰地区入江通道之一。周山河口以南段河道底宽6米，周山河口以北段河道底宽8米，河底真高-0.5米，坡比1∶3。境内全长6千米，流经岭家、邢家、坡岭、葛联等4个社区。

中干河 1975年11月至1976年1月人工开挖周山河至老通扬运河段，1976年11月至1977年1月人工开挖周山河至南干河段，河道底宽15米，河底真高-1.0米，坡比1∶3。1983年疏浚周山河至老通扬河段；1989年疏浚周山河向北段并护坡；1992年疏浚周山河向南段并护坡；2008年整体疏浚。境内全长7千米，流经官野、二塘、钱港、江村、周埭、梁徐等6个社区。中干河是苏中地区上下河水上运输主要航运通道之一。

镇（街道）级河道统计表

表2

河道名称	流经区域（梁徐）	总长度（千米）	开挖时间（年）	河底宽（米）	坡比
油坊河	桥黄社区	0.6	1983	3	1∶2.5
双林河	桥黄社区	0.8	1983	3	1∶2.5

续表

河道名称	流经区域（梁徐）	总长度（千米）	开挖时间（年）	河底宽（米）	坡比
周扬河	梁徐社区、双墩社区、周埭社区	2.7	1976	5	1∶3
北中心河	梁徐社区、双墩社区、张埭社区	4.5	1978	5	1∶3
跃进河	坡岭社区、邢家社区	0.9	1973	4	1∶3
岭家后河	江村社区、岭家社区	1.5	1971	4	1∶3
姜塘河	二塘社区	2.2	1980	4	1∶3
王石河	前时社区、三林社区	4.9	1979	6	1∶3
李野河	官野社区、东官社区、三林社区	2.5	1976	4	1∶3
东林河	前舍社区、三林社区、东官社区	3.0	1976	4	1∶3
		1.2	1978		
南中心河	钱港社区、三林社区	4.2	1975	4	1∶3
西港河	前时社区、三林社区、官野社区、东官社区、钱港社区	1.4	1974	4	1∶3

气候

梁徐属于季风性气候区，雨量充沛，雨日多，年平均降水量1000毫米左右，年雨日120天左右，约占全年的三分之一。由于历年季风强弱及其进退时间不一，降水量变化甚大。

降水年际变化大。1954年至1984年，年平均降水量1041毫米。降水最多的1634.1毫米（1956）与最少514.8毫米（1978）相差3倍多。洪涝年出现过（1954、1956、1962、1972）4次，概率七年一遇。1954年特大水灾，7月雨量717毫米，境内水位4.95米；雨涝年自1954年以来出现过（1957、1958、1965、1970、1974、1975、1980）7次，约三年一遇；干旱年自1954年以来出现过（1958、1966、1967、1978）4次，概率七年一遇，如1978年的年降水量514.8毫米，是近几十年来雨水最少的一年。1988年至2007年，年平均降水量1016.5毫米。最多的1991年，为1671.6毫米，最少的1994年为569.5毫米，变幅1120.1毫米。汛期（6—9月）雨量集中，平均雨日30天，其中最多的1991年为46天；最少的1994年为14天。历年连续降雨日数8天，总雨量105.4毫米；连日最大降雨量234.8毫米（1998年6月25日至7月5日）。6—9月为暴雨（日雨量大于50毫米）集中期，平均暴雨日3天，最多的1991年为7天。一天中最大降雨量出现在1995年9月8日，为153.9毫米。2021年的年降水量1304.1毫米，比常年平均值偏多284.5毫米。

降水季节变化明显。1—7月降水量呈逐月递增趋势，从8.8毫米增至448.9毫米；8—12月呈逐月下降趋势，从317.8毫米降至2.3毫米。冬季气候干冷少雨；夏季暖湿多雨，汛期降雨量约占全年的60%。降水分布不均匀，常集中于春雨期、梅雨期、秋雨期3个雨季。

年平均蒸发量1365.1毫米。一年中蒸发量以8月份最大，平均为180.8毫米；以1月份最小，平均46.6毫米。年平均蒸发量与年平均降水量的差值为365.1毫米，就全年而言，蒸发量大大超过降水量。

自然灾害

水灾 1954年，入梅后连续阴雨，江淮并涨，海潮顶托，田间积水持续50天，境内70%以上农田受淹，上万亩农田无收，粮食减产，房屋倒塌上千间。1956年5—7月连降暴雨，计837毫米。1991年5月21日—7月16日，境内连遭暴雨袭击，降雨量801.1毫米。1991年6月21日18时30分—22日7时，境内普降大暴雨，降雨量213.1毫米。

旱灾 1956年5月—7月上下旬，46天无雨；1961年6月7日—7月23日无雨；高田作物受灾严重。

强寒潮 1955年1月4—6日，48小时最大降温17.1° C，最低气温-19.2° C。2016年1月24—25日，最低气温-10.1° C。

野生动植物

野生动物 哺乳类有鼬鼠（俗名黄鼠狼）、刺猬等。

鸟类有鹰、鸥、乌鸦、喜鹊、白头翁、啄木鸟、八哥、百灵、黄莺、麻雀、燕、翠鸟、杜鹃、戴胜、野鸡、野鸭、鸬鹚、秧鸡、鹭等。

爬行类有壁虎、菜花蟒、赤链蛇、乌梢蛇、蝮蛇、乌龟、鳖、蛙、蟾蜍等。

鱼类有鲤鱼、鲫鱼 、鳊鱼、翘嘴鱼、白鲢、青鱼、草鱼、鳙鱼、鳜鱼、鳗鱼、泥鳅等。

野生植物 草本植物有芦竹、黄麻、红麻、芦苇、蒲草、艾草、野慈姑、菖蒲、水蓼、节节草、水苋菜、灰灰菜（野灰条）、芥菜、肠草、三棱草、鸭舌草、牛毛毡、碱草、稗草、白茅、雀麦、玉竹、麦冬、枸杞、蔷薇、蒲公英、莞、荆三棱、马鞭草、芦笋、黄花菜、天门冬、酸浆、灯芯草、刺芥、万年青、谷精草、巩兰、小藜、铁苋菜、刺苋、毛茛、大巢菜、繁缕、菟丝子、小施花、车前草、狗脚缨、蛤蟆草、益母草、婆婆纳、猪殃殃、香附子、朱蕉、狗牙根、狗尾草、看麦娘草、凤尾草等。

木本植物有梓树、枸骨树、白杨、垂

杨柳、杨柳、小叶黄杨、大叶黄杨、榆、栾树、榉树、湖桑、檀、洋玉兰、玉兰、海桐、法国梧桐、紫穗槐、龙爪槐、刺槐、合欢、紫荆、皂荚树、香椿、苦楝、冬青、枫、泡桐、樟树、女贞、桂花、山茶花、观音柳、山栀、绣球花、柘、柞、橘、银杏、马尾松、罗汉松、铁树、雪松、五针松、水杉、池杉、柳杉、刺杉、松柏、龙柏、扁柏、柿、猕猴桃、无花果、桃、梨、苹果、杏、枇杷、石榴、红豆杉、紫薇等。

区位面积

区位　梁徐街道位于姜堰南郊，地处通南地区，2000年3月由梁徐乡和王石乡合并而成。南部为高沙土地区，其余为沙壤土地区。地面真高4.5—5.5米。北临通扬河，南邻顾高镇，西依张甸镇，东连罗塘街道，街道办事处设在梁徐集镇。梁徐街道地理位置优越，水陆交通便捷，宁靖盐高速公路、328国道、229省道、姜高路、海姜快速通道穿境而过。中干河贯通南北，老通扬运河、新生产河横贯东西。境内中小河道纵横成网，农田水利设施齐全，灌排配套，适宜种植各类水旱作物。

面积　1988年，梁徐乡土地总面积32平方千米，其中水面2.47平方千米，耕地面积3.11万亩；王石乡土地总面积32平方千米，其中水面2.52平方千米，耕地面积2.34万亩。2021年，全街道土地总面积55.01平方千米，耕地面积4.60万亩。

人口姓氏

人口总量

1988年，梁徐、王石2个乡总户数18009户，总人口62247人。

1999年，梁徐、王石2个乡总户数17977户，总人口60924人，其中男31240人、女29684人，男女性别比105∶100。

2008年，梁徐镇总户数17258户，总人口53534人。

2018年，梁徐镇总户数16972户，总人口51801人。

2021年，梁徐镇总户数14057户，总人口为42584人，其中：男性21541人，占总人口的50.6%，女性21043人，占总人口的49.4%，男女性别比为102∶100。

人口密度

2021年，梁徐街道16个社区中，人口最多的是梁徐社区，5130人；人口在4001—4500人的是桥黄社区；人口在3001—3500人的是三林社区；人口在2500—3000人的有官野、周埭、江村、邢家、二塘等5个社区；人口在2000—2500人的有前时、钱港、坡岭、东官、岭家等5个社区；人口在1500—2000人的有张埭、双墩、葛联等3个社区。

1988年，梁徐、王石2个乡人口合计平均每平方千米有1004人，其中梁徐乡平均每平方千米有1137人，王石乡平均每平方千米有871人。2008年，梁徐街道人口密度为每平方千米803人。2021年，梁徐街道人口密度为每平方千米774人；与1988年相比，人口密度每平方千米减少230人；与2008年相比，人口密度每平方千米减少29人。人口密度最高的是梁徐社区，每平方千米1060人；其次是桥黄社区，每平方千米904人；人口密度最低的是官野社区，每平方千米615人。

人口构成

年龄构成　2021年全街道总人口中：0—18岁人口4588人，占总人口的

梁徐街道工作人员慰问邢家社区百岁老人树章英（中）

10.77%；19—60岁人口25140人，占总人口的59.02%；61岁及以上人口12856人，占总人口的30.21%。2021年，全镇95岁以上的44人。

文化构成 2021年，全街道小学及以下文化程度的14847人，占总人口的34.9%；初中文化程度的13377人，占总人口的31.4%；中专及高中文化程度的8311人，占总人口的19.6%；大专以上文化程度的5934人，占总人口的13.9%；研究生学历的115人，占总人口的0.2%。

民族构成 2021年末，全镇有少数民族23个，269人。各少数民族人口分别为：土家族63人，壮族41人，苗族52人，侗族11人，仡佬族5人，瑶族7人，彝族11人，黎族3人，布依族3人，哈尼族3人，蒙古族38人，藏族1人，满族16人，傈僳族1人，景颇族1人，畲族1人，回族2人，白族2人，朝鲜族1人，土族3人，傣族2人，布朗族1人，仫佬族1人。

2021年梁徐街道95岁以上老人一览表

表3

姓　名	性别	出生年月	家庭住址
宋庆英	女	1917.01	钱港社区十三组23号
杨爱珍	女	1919.02	江村社区十组56号
张粉英	女	1920.11	桥黄社区三组55号
顾凤英	女	1922.04	前时社区十组3号
钱杨氏	女	1922.08	江村社区四组29号
夏桂根	男	1922.11	江村社区二组49号
元凤英	女	1923.01	前时社区十二组3号
黄秀英	女	1923.01	官野社区四组35号
杨元庠	男	1923.04	邢家社区八组6号
树章英	女	1923.04	邢家社区三组18号
陈巧英	女	1923.09	岭家社区十五组21号
王桂英	女	1923.10	前时社区二组25号
王士珍	女	1923.11	前时社区一组5号
尤有珍	女	1923.11	梁徐社区十三组
秦桂英	女	1924.01	钱港社区三组17号
王长英	女	1924.02	钱港社区一组23号
乔桂英	女	1924.03	周埭社区八组15号
徐桂英	女	1924.07	张埭社区七组
殷扣英	女	1924.08	前时社区二组15号
钱根英	女	1924.08	张埭社区四组
徐红英	女	1924.09	三林九组13号
刘桂英	女	1924.12	桥黄社区十九组50号
张凤英	女	1925.01	二塘社区十二组
肖元吉	女	1925.02	桥黄社区九组12号
陈桂英	女	1925.03	钱港社区十七组40号
陈秀珍	女	1925.05	张埭社区二组
钱存英	女	1925.06	江村社区二组2号
卞巧罗	女	1925.07	桥黄社区九组49号
吴广凤	女	1925.09	前时社区三组29号
蒋宏宝	男	1925.10	梁徐社区十四组
王常英	女	1925.12	岭家社区二组29号
缪荣付	男	1926.03	岭家社区十二组42号
徐明英	女	1926.05	钱港社区四组25号
张庆美	男	1926.05	桥黄社区十六组9号
李桂珍	女	1926.06	前时社区十二组16号
钱红英	女	1926.06	三林十七组26号

续表

姓　名	性别	出生年月	家庭住址
丁存英	女	1926.07	邢家社区十四组56号
夏淑云	女	1926.08	双墩社区八组46号
陈倚英	女	1926.08	二塘社区十组
冒徐英	女	1926.08	桥黄社区三组29号
王存芳	男	1926.09	钱港社区十五组17号
杨朝毫	男	1926.09	邢家社区十二组21号
章瑞芳	女	1926.11	梁徐社区二十三组
陈桂日	男	1926.12	周埭社区十三组5号

姓氏

2021年，梁徐街道有294个姓氏（包括欧阳1个复姓）。294个姓氏中，12姓逾千人，6姓逾五百人，46姓逾百人，230姓百人以下，其中59姓仅1人，每姓1人的多为迁入人口。

全街道钱、陈、杨3姓人数最多。钱姓4637人，占总人口的10.9%，主要居住在江村、前时、二塘等社区；陈姓4103人，占全街道总人口的9.6%，主要居住在双墩、二塘、周埭等社区；杨姓3389人，占总人口的8%，主要居住在邢家、岭家、二塘等社区。其余各姓按人数多少依次统计如下：2000人以上的有林、王；1000—1999人的有曹、张、陆、徐、周、李、刘；500—999人的有许、郑、黄、蒋、汤、吴；200—499人的有丁、宋、于、俞、凌、朱、段、陶、余、肖、高、柳、梁、孙、缪、窦、申、唐、冒、翟、魏、戴、鲍、米、薛；100—199人的有袁、赵、韩、夏、卫、茆、石、卞、殷、顾、孔、沈、臧、仲、姚、章、马、干、白、潘、郁；100人以下的有胡、谭、滕、万、沐、费、葛、邓、武、罗、田、洪、严、毛、姜、单、董、郭、杭、邢、程、包、冯、江、蔡、谢、乔、邱、树、梅、吉、苏、花、何、叶、孟、史、秦、熊、戚、施、彭、崔、金、杜、韦、校、廖、游、祝、范、景、钟、华、移、毕、樊、储、季、吕、龚、茅、贾、井、仁、汪、颜、栾、阮、翁、付、卢、倪、时、奚、房、鞠、沙、庄、邹、常、莫、戎、盛、赵、方、雷、童、宦、纪、龙、邵、曾、芦、桑、向、卜、查、侯、焦、鲁、郜、尹、尤、代、豆、拜、仇、靳、阚、庞、全、修、左、岑、成、刁、丰、凡、宫、贺、柯、兰、路、骆、麻、牟、穆、闵、裴、祁、强、瞿、任、舒、水、铁、伍、项、褚、狄、符、傅、管、冠、耿、郝、琚、康、匡、郎、明、农、欧阳、蒲、齐、冉、尚、索、郤、仝、文、席、胥、岳、闫、燕、易、宗、卓；

每姓1人的有安、艾、阿、柏、贲、柴、朵、端、贡、甘、刚、杲、国、赫、惠、巫、霍、虎、计、况、寇、邝、岭、鹿、赖、隆、麦、糜、苗、聂、来、庞、朴、皮、泉、阙、侍、双、释、佘、檀、屠、涂、沃、祥、辛、姓、宣、仙、应、印、於、虞、苑、喻、元、詹、湛、字。

附：梁徐街道部分姓氏溯源

钱氏 祖先历居姑苏，因遭靖难之变，迁至时庄。

陈氏 江西吉水陈道新，避陈友谅乱至泰兴马甸，后子孙迁至泰县地区；陈小山由江西清江迁到泰县；陈仲明由苏州迁入姜堰地区。

杨氏 祖籍维扬五洲杨家桥正阳公分出，迁居泰州东南隅邢家庄。

林氏 元末明初，在福建莆田泉州任朝廷命官的林氏后裔林放，因兵乱纷起，随燕王朱棣迁至泰州海陵，其后人林学翼从海陵举家迁入王石三林村。

许氏 1406年，许氏钦公从苏州吴县举家迁入黄沙沟。许元于宋代由如皋迁徙泰州。明嘉靖末年，许仓自泰州西郊迁任家庄。

张氏 姜堰张弼成，原福建莆田岁贡，经浙江、扬州迁入泰县；张振候从江都迁入；张福元于明初由姑苏桂花亭迁泰。

王氏 所出颇多：河北昌黎王元屏因任泰守御所迁泰；王栋祖先由苏州阊门迁安丰后析居姜堰；太原王荪于元代迁梅垛、孙家庄。

刘氏 苏州刘福寿，明永乐年间为官迁泰；刘华盛于明嘉靖年间由苏州迁泰；刘舜年始祖奉城，明时由苏迁泰；江西刘国柱，游学入泰；北京刘枫桥于明亡时散徙来泰。

周氏 成都周洗白后裔。周敬述，宋代在泰为官；周溥，明代由余杭迁入；安徽周姓因业盐迁泰。

黄氏 一系来自福建莆田；一系明初由苏州迁入。

缪氏 元朝末年至正年间（1341—1370），缪侃（字古兴）由浙江嘉兴县迁入。

曹氏 分两系。官垛曹氏祖良，世居苏州，明永乐年间避乱江北，域内曹氏大多由官垛迁入；一系为清嘉庆年间钱姓嗣曹而从曹姓。

吴氏 吴元谅从新安迁泰；又吴嵩泰于清康熙年间自高邮迁泰。

郑氏 坡岭郑姓始祖太集公，出生于安徽歙县，明朝初年，因避燕王之乱，太集公携眷而至坡坨（今坡岭）。

经济发展

经济总量与结构

经济总量 1988年，原2个乡镇三大产业总产值6052万元，其中：梁徐乡3345万元，王石乡2707万元。2008年，全镇三大产业总产值170332万元。2018年，全镇三大产业总产值499730万元。2021年，全镇三大产业总产值55.73亿元。

1989年至1998年，梁徐、王石乡增加投入，进行农业综合开发。1998年，王石乡分3个阶段对134公顷中低产田改造，填平废沟塘25条，增加土地面积67公顷，投入资金100万元。加速推广新成果、新技术，农民也不断探索新的发展途径、方法和项目，农业产值呈稳步增长趋势。1988年，梁徐、王石乡粮食总产28352吨，人均441千克。1998年，2个乡镇粮食总产量36132吨，人均675千克。与1988年相比，人均增加234千克。

2000年，乡镇合并后，政府加大农业投入，通过秸秆还田，土壤得到培肥，耕作条件得到改善。2013年以后，农民的承包地逐步向种田大户流转，新品种、新农艺大力推广，粮食产量稳步提高；养殖业开始向规模化、专业化方向发展。2021年，全镇粮食总产量3688万千克，人均868千克，与1988年相比，人均粮食产量增加427千克，增长96.8%。

第三次国内革命战争时期，泰县人民政府在黄村兴办了黄村布厂，这是梁徐地区最早的工厂。1953年，梁徐乡开始兴办工业企业，但规模较小。1978年，中共十一届三中全会后，社队工业蓬勃发展。到1984年，乡、村、校办企业达到89家，产品品种236个。1988年，工业产值0.41亿元。1989年至1998年，梁徐、王石乡增加技术改造投入，进行新品研发，生产能力不断提高，乡、村、组、户办工业四轮齐转，工业经济发展迅速，产值大幅增长。1998年，2个乡通过改制，工业上完成了产权制度改革。2000年，乡镇合并后，镇党委、政府加强工业园区建设，通过对产品进行升级换代，名牌产品增加，蓄电池、电缆等产品在国内市场

双登集团股份有限公司自动化生产车间

不断拓展，全镇（街道）工业经济增速列姜堰区前茅。2021年，全街道完成工业纳税销售额41.34亿元。

1989年至1991年，服务业处于计划经济向市场经济体制过渡阶段，第三产业发展较慢。1992年以后，各乡镇开始重视第三产业的发展，以国营商业为主体，集体、个体一齐上，以搞活流通为关键，加快市场经济体系的培育和发展，第三产业发展步伐加快。乡镇合并后，给第三产业带来生机和活力。随着居民收入的不断增长，人们不断追求生活质量，消费水平逐年提高，服务行业营业额增速较快。

双登电缆股份有限公司自动化生产车间

经济结构 1988年，梁徐、王石2个乡的三大产业总产值中，第一产业占19.5%，第二产业占68.7%，第三产业占11.8%。1989年至1998年，由于第二产业和第三产业的发展加快，第一产业占比有所下降。2000年乡镇合并后，随着城镇化水平的推进，农业稳步发展，第三产业发展步伐加快。2008年，三大产业总产值各业占比为：第一产业占6.5%，第二产业占80%，第三产业占13.5%。2009年至2017年，第三产业继续稳步上升。2018年，三大产业总产值各业占比为：第一产业占6.3%，第二产业占74.2%，第三产业占19.5%；三大产业结构比趋于合理。

农业

梁徐地处通南高沙土地区，地势平坦，气候温宜，历史上以种植旱谷为主。20世纪60年代至70年代，通过大规模的农田基本建设，改善了灌排条件，推广扩大水稻种植，实行旱水轮作，打破了单一旱谷的种植模式。

作物栽培 历史上域内粮食作物种植的品种有小麦、大麦、元麦、玉米、谷子、高粱、山芋、胡萝卜、荞麦等旱谷作物。经济作物主要是棉花。油料作物主要有大豆、油菜、花生等。1955年前，农户大多用自留种，品种老化。土种小麦有“大黄皮”“白玉花”；大麦有“白芒”“紫六棱”；元麦有“洋六棱”“三月黄”等品种。土种穗小粒少，不耐肥，易倒伏，产量很低，一般每亩产量在100千克左右。1955年，实行农业生产合作化，陆续有生产队引种新品种。1958年，建

二塘社区千亩稻麦示范方

立人民公社后，生产队大力推广良种种植，农作物品种不断更新。20世纪80年代后，引进的杂交稻品种有：南优系列、汕优系列、协优63号等品种；引进的小麦品种有扬麦系列1—6号；另外还引进花生、大豆、油菜等作物新品种；高粱、玉米全部使用杂交种。2015年后，农民的承包地逐步向种植大户转移。为了提高经济效益，他们采用良种良法种植，水稻品种有武育粳、南粳9108、南粳5055、泰香粳1402等；小麦品种有农麦88、苏隆麦128、扬麦25等；玉米品种有苏玉30、苏玉34等；花生品种有泰花10号等泰花系列；大豆品种有苏豆21、齐黄34等；油菜有沣油737等杂交种。优良品种的大力推广，使粮食产量大幅提高，正常年景，水稻每亩600千克左右，小麦每亩500千克左右，玉米每亩600千克左右，花生每亩250千克左右。2000年后，推行统一供种，常规种子纯良化，很少使用自留种。

耕作 中华人民共和国成立前后，种植方法原始，三麦大多是点播，个体群体不协调。农业集体化后，三麦大多是散播，后发展为条播，加之病虫害得到控制、肥料充足、合理密植，2021年与20世纪50年代相比，粮食产量提高了4—5倍。中华人民共和国成立前后，耕作技术原始，农田耕作主要靠耕牛和旧式犁耙。1960年前，梁徐地区农业生产主要靠人力、畜力和简式农机具作业。20世纪80年代，虽然有所发展，但人工种植、人工收割、半机械化脱粒是普遍现象。20世纪60年代初，梁徐、王石人民公社先后建立农机站，负责全公社的农业机械购置、技术指导、维修和管理。1971年，梁徐公社购买了第一台手扶拖拉机，域内开始推广使用机械耕作。2000年，新合并组建的梁徐镇政府出台《加快推进农业机械化进程的实施意见》，村民购置新式农机具，镇财政再给予一定的补助。2021年，全街道机械耕作面积达95%，机械收割面积达90%，机械插秧面积达100%；种田大户对水稻、小麦全部采用机械化化学除草和施肥。示范应用无人机等自动化、智能化器械进行田间管理。

肥料 20世纪90年代前，粮食生产靠家积肥，来源主要是畜禽的粪便。历史上域内农户有养殖畜禽的传统，主要是猪、牛、羊、鸡、鸭，其中以猪为最多，域内民间有“养猪不赚钱，回头望望田”说法。农业生产集体化前，一般的农户全年都有2—3头生猪出栏，条件较好的人家全年出栏生猪在10头以上。猪既是家庭的主要经济收入，猪粪也是农作物的主要肥源。一些贫困户养不起猪，他们在夏秋季节铲青草、秋收时节把山芋藤、胡萝卜叶切碎，放进粪坑沤熟后作肥料。另外，每家每户都有灰汪塘，平时把清扫的生活垃圾和草木灰倒进去，经沤制后，成上好的肥料。20世纪70年代后，每个生产队都有大粪缸，平常把各家的人畜粪肥收集起来，储存到集体的大粪缸中备用；每个生产队都有养猪场，根据生产队的大小，全年生猪出栏量在30—100头不等。2000年以后除大户养殖外，只有少部分农户饲养畜禽。

除畜禽的粪便外，生产队还组织社员积各种土杂肥。一是换墙泥。20世纪80年代前，农民大多住的是茅草土墙房屋，七八年的土墙有一定的肥效，可以换下来作肥料。二是铲千脚土。铲室内地面多年未换的土作肥料。三是罱河泥或清理沟塘污泥。四是派人到泰州、姜堰城区收集生活垃圾。五是沤制草泥塘。夏秋季节用青草、水草、树叶、粪、磷肥加水，经充分拌和沤制，一般为三麦种植的基肥。1965年，域内开始使用肥田粉。20世纪60年代至70年代，梁徐公社与南京肉联厂合作，进行以工换肥，当时从全社抽调100多名社员到肉联厂工作，肉联厂的下脚料按用工多少分给有关大队做肥料。20世纪70年代初，化学肥料开始大面积使用，初期以碳酸氢铵、硝酸铵、废弃氨水、过磷酸钙为主。2000年以后，施用的一般是复合肥、缓释复合肥、专用高浓度复合肥等，有机肥的施用量减少，普及秸秆全量还田。

农技推广　1964年，梁徐和王石人民公社分别成立农科所，为公社直属单位。1972年，梁徐公社在五星大队（罗塘街道曹家社区）成立公社农科站，成为梁徐农业技术引进、试验、示范、新品种繁育推广基地。1983年，梁徐、王石人民公社分别成立农业技术服务公司。梁徐公社在冯垛、梁徐等9个生产大队建立示范推广基地。20世纪80年代至90年代，梁徐成为江苏省、扬州市和姜堰市农业科研成果最多的乡镇基层单位之一，并获得各级人民政府多项科技成果奖。1994年，获联合国“发明创新科技之星奖”。乡镇合并后，2001年梁徐镇承接实施“国家节水增收示范县”项目；2013年和2017年分别承接实施“小型农田水利建设”项目；2014年承接实施“水土保持建设”项目；2015年承接实施“国家农业综合开发高标准农田建设”

DIPLOMA
發明創新科技之星獎
THIS IS TO AWARD FOR THE REMARKABLE ACHIEVEMENTS IN SCIENCE & TECHNOLOGY INVENTION & INNOVATION
爲了表彰在科學技術發明創新方面做出的卓越成就
特頒發此證書
獲獎項目：麦茬小苗单季稻节本高产高效栽培技术
獲獎者：泰县梁徐乡农业服务公司
陈新华　严宏生　陈祥凤　胡建州　王连喜
蒋玉平　郑培善　胡安定　王明其
Awarded by:
National Bureau in China
Technological Information Promotion System
United Nations
Signed by:
簽名：

联合国颁发的“发明创新科技之星奖”

项目；2016年承接实施“沿江沙土综合开发”项目和“高标准农田建设项目”；2018年承接实施“国家农业综合开发”项目；2019年承接实施“省级农村河道整理”工程项目；2021年承接实施“江苏省绿色高质高效农产品创建”项目。通过连续多年的项目实施，打破了传统种植模式，改变了生态环境，完善了基础设施，推广了农业新技术，提高了机械化水平，基本实现了高标准农田（吨粮田）目标。

平田整地　20世纪50年代以前，梁徐域内土地瘠薄、沟塘纵横、地块零碎，垛子田、龟背田较多，易旱易涝，粮食产量低而不稳。为了改变这种状况，20世纪60年代至80年代，梁徐、王石人民公社利用冬春季节，组织社员开河修渠，平田整地，兴修水利，把垛子田、半帮田、斜角田、废沟塘变成方整化、能连片种植的良田。土地平整，灌排畅通，原来的旱田改成了水田，实现水旱作物轮作，粮食产量比原来提高了1倍多。其中梁徐公社五星大队被泰县树立为典型。为了提高抗御自然灾害的能力，1983年梁徐、王石乡组织开展“中低产田改造”，完善外三沟配套，畅通灌排体系。1989年7月，全国南方13省市水利现场会在梁徐召开，水利部副部长侯捷参加，梁徐“中低产田改造”的经验向全国推广。从1983年到1993年，历时十年，全域“中低产田改造”工程基本完成。

工业

20世纪40年代初期，当时的姜南区委在黄村筹办了织布厂，这是梁徐地区创办最早的工厂。1943年，为粉碎日伪封锁，响应中共中央精兵简政、开展大生产的号召，姜南区委决定将织布厂分散迁到江村和九东，江村织布厂命名为江村棉织厂，厂址在江村河南的钱德永、钱德根家，有13名工人，每天能生产120码（100米）布，纯盈利20米的布左右，工厂越办越兴旺。后来江村区政府又将江村棉织厂迁至梁徐，厂址在粮管所的东边。1961年，县政府撤销梁徐、夏朱、官庄3个布厂，建立姜堰益民布厂。1963年，姜堰益民布厂并入“泰县胜利布厂”，后又更名为“泰县东方红布厂”。

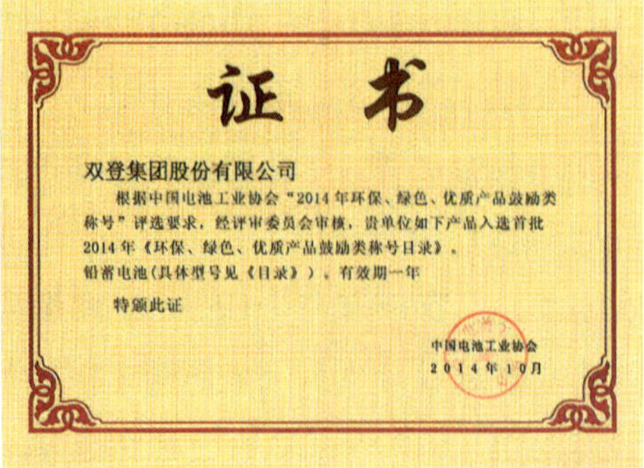

梁徐第一工业园区

1957年，撤区并乡后，梁徐乡政府在梁徐村创办了梁徐乡铁木业生产合作社，就是后来的泰县梁徐公社农具机械厂；创办初期，工人主要是招收的社会上的木匠、铁匠等。1958年，梁徐公社先后还创办了梁徐制绳厂和梁徐油米加工厂等企业。1963年，江村大队创办了全公社最早的队办厂泰县梁徐公社江村大队砂轮改制厂，后又改名为泰县梁徐公社江村大队砂轮厂，之后被并入了泰县梁徐公社农具机械厂。王石乡最早的工业企业是20世纪50年代创办的王石铁木业生产合作社，1959年后改为王石农具厂。农具厂的产品主要是铁木农具，由上级有关部门分配原材料，产品销售给生产队的社员。后来，梁徐、王石农具厂的部分职工的身份变成大集体性质。

在公社化的推动下，特别是到了20世纪70年代初，梁徐、王石公社有很多社办单位和生产大队开始生产砂轮、油石、钨钢刀头、纺织、五金、农具机械等产品。小型作坊式的工厂应运而生，如当年的梁徐青货组创办生产锭杆、锭翼、锭叶等产品的纺机配件厂，后来更名为泰县纺机配件二厂；当年的公社炕坊创办泰县电器开关厂；这两个厂当时

梁徐街道第三工业园区一角

都是梁徐公社的重点企业。

1978年，中共十一届三中全会后，在大力调整农村产业结构精神指引下，社队工业蓬勃发展。为加强对社队工业的管理，各公社建立了工业办公室。梁徐公社先后创办了泰县梁徐五金厂、泰县羊毛衫厂、泰县梁徐服装厂等企业，梁徐公社的社办企业达到8家，村办和校办企业超过30家。梁徐公社农具机械厂生产的“红星牌”皮匠刀，因质量好，一直畅销上海市场。王石人民公社先后创办了油厂、五金织带厂、毛纺厂、羊毛衫厂、砖瓦厂、石灰厂等社办企业。

1983年，社队企业改为乡村企业，工业办公室改称工业公司。1984年，乡村企业实行“一包三改”，全面“推行经济承包责任制”，改干部的任免制为选聘制，改工人的录用制为合同制，改固定工资制为浮动工资制。“一包三改”时梁徐乡和王石乡共有乡、村、校办企业84家，其中乡办企业24家，村办企业50家，校办企业10家，实现工业总产值941万元，在职职工人数3328人。

1987年，经过多年的发展，有一批乡

村企业的产品上了规模、档次，一些规模企业应运而生，脱颖而出，梁徐乡的泰县电子灶具厂和王石乡的泰县毛纺一厂在全县乡办企业中属于重点企业。毛纺一厂创建于1978年，到1987年有职工320多人，年产值760万元。1998年，梁徐乡和王石乡共有各类企业204家，实现工业总产值4090万元，比1980年的389万元增长593%。

1997年下半年起，乡（镇）村办工业企业产权制度改革全面展开，针对不同企业采取不同形式进行改革，有股份制、股份合作制、破产、兼并、租赁、承包和拍卖出售等多种形式，从此，各类企业为自主经营、自负盈亏、自我发展、自我约束的生产经营模式。通过改制，政企分开，产权明晰。截至2000年底，乡镇村工业企业产权制度改革基本结束，改制企业达95%。

2008年，梁徐镇有工业企业30家，实现工业总产值（当年统计口径）614413万元。其主要发展措施是在2000年乡镇合并后，镇政府加大招商引资力度，把加快工业经济发展作为第一要务，先后于2001年筹办和创建了第一工业园区（又称双登工业园区），园区位于双登大道（溱湖大道）与南京路之间。于2005年筹办和创建了第二工业园区，位于原王石乡的林野桥北。第三工业园区创建于2008年，位于江村社区至邢家社区之间的姜高公路两侧。三个工业园区自建立后，各类企业纷纷入园。第二工业园区的中日合资双叶毛巾厂和第三工业园区的泰州市天力铁芯制造有限公司发展迅速，其中天力铁芯制造有限公司实现年销售4亿元以上，工业园区带动了整个街道的工业生产的快速发展。

2021年，因行政区划调整，部分企业划出，全街道有工业企业314家，实现纳税销售收入41.34亿元，利税3.5亿元，1000万元以上技术改造项目6个，竣工的500万元以上项目6个。双登集团实现纳税1亿元，双登集团股份有限公司获中国国际储能大会组委会颁发的“2018年度中国储能产业最具影响力企业奖”。

建筑业

中华人民共和国成立前后，域内的木匠、瓦匠、篾匠、织布匠、石匠等俗称“五匠”，多为个体经营。“五匠”没有专门的组织，一般以父子、兄弟、好友、师徒等二三人组成的小班子，从事民房、学校、单位、店房以及庙宇等生产生活所需房屋和用品的施工、维修和制作。匠人一般由主家管饭，按日计算工钱，少数情况也做包工。1965年，梁徐、王石公社先后组建了手工业管理站，后又改名为建筑运输站。1968年前后，建筑、运输分开，分别建立运输站和建筑站。建筑站刚建时，组成人员多为本地技术较好的木瓦工和一些能工巧匠，主要承担本地民房、学校、工厂、店铺以及小型排灌设施的建筑施工和维修。1983年，梁徐、王石乡建筑站更名为梁徐建筑安装工程有限公司、王石建筑安装工程有限公司。

鸿佳集团有限公司 1968年，梁徐建筑站单独挂牌成立。梁徐建筑站成立后，梁徐公社各大队的瓦木工纷纷打报告入站，职工人数不断增加，除满足本公社需要外，还组织人员到县城的泰县铸钢厂、泰县光华毛巾厂、泰县无线电厂等企业施工。

1970年，为了支援"三线建设"，建筑站组织400多人先后参加了湖北咸宁工业区武汉自行车厂、湖北通用机械厂、武汉化工厂、鄂南化工厂等单位的援建，每年的人工工资和管理费收入达20多万元。

1977年开始，梁徐建筑站用以工换肥名义进入南京肉联厂，后受邀到南京航标厂、南京煤气公司施工。为南京煤气公司建设的8层营业楼，是当时南京市的地标建筑，被评为"南京市全优样板工程"。

1983年，梁徐建筑站更名为梁徐建筑工程有限公司。由于业绩突出，1984年在扬州市乡镇建设建安工作会议上，梁徐建筑工程有限公司作为典型做了介绍。1985年，梁徐建筑工程有限公司，注册资金2180万元，并取得建筑施工企业相应资质，经营模式从单一的数人头点工到包清工提升到包工包料，企业管理水平得到质的飞跃。到1988年，公司开辟了泰州、南京、锦州、海拉尔等地的建筑市场，职工从建筑站初期的60余名发展到859名，专业技术人员20余名，年收入190余万元。

1991年，公司开辟北京建筑市场，参建一大批高层次、大体量的项目。被誉为"长安第一街，京门第一楼"的恒基中心工程高28层，建筑面积28万平方米，被评为20世纪90年代"北京市10大建筑"之首；国家环保局中日友好环保中心、京盛广场、中国电信大厦、北京新

鸿佳集团有限公司承建的北京新保利大厦获鲁班奖

保利大厦等5项工程获得国家优质工程“鲁班奖”；金地国际花园等14项工程获得长城杯奖。北京工地负责人钱善和分别被授予“全国建筑企业优秀项目经理”“中国优秀外来务工青年”“北京市劳动模范”等荣誉称号。

从1992年起，企业先后被省、市授予“最佳企业”“先进企业”“明星企业”“十强企业”“多元经营十佳企业”等荣誉称号，被中国建设银行江苏省分行评为“AAA级资信企业”。

2000年，企业进行体制改革，由股东持股经营。

2006年，梁徐建筑安装工程有限公司更名为江苏鸿佳建设有限公司。

2013年，改名为鸿佳集团有限公司。形成以房屋建筑工程施工总承包为主业、覆盖多行业的集团有限公司，有江苏鸿佳景观工程有限公司、辽宁鸿佳建设有限公司、江苏金佳国际贸易有限公司、江苏银佳市政工程有限公司、泰州市姜堰区钰佳建筑设备租赁有限公司等多家子公司。具有房屋建筑工程施工总承包壹级资质及市政公用工程、建筑装修装饰、起重设备安装、钢结构、环保工程、园林绿化、园林古建筑等专业承包资质。并拥有境外工程签约权。公司拥有员工3000多名，其中技经管理人员300多名，中、高级职称人才60多名，国家一级注册建造师20多名，二级注册建造师30多名。经营范围覆盖土建、设备安装、装修装饰、市政路桥、钢结构、园林绿化、园林古建筑、花卉（苗木）种植、环保工程、设备租赁、进出口业务、境外工程施工、实业投资等众多领域，构建起“产业多元，融合发展”的大建筑业格局。

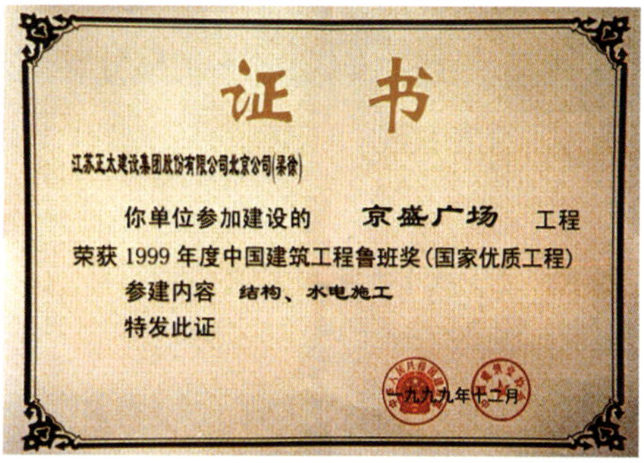

王石建筑公司 王石建筑公司的起步是在1966年，当时的王石公社手工业管理站组织工程队到大丰农场施工。经逐步发展，到1988年，王石建筑公司有10个工程队，1356名职工，其中技术人员45人，全年总收入305万元，人工工资277万元。

20世纪80年代至90年代，王石建筑公司是泰县建筑业骨干企业，在大庆、沈阳、徐州、大丰、南京、白城、靖江、锦州、北京、克拉玛依等地都有建筑施工队伍。公司坚持以质量求发展的指导思想，赢得社会信誉。1979年，建筑工程一队承建的大庆住宅楼获黑龙江省“银杯奖”。1980年，建筑工程三队承建的徐州矿务局大礼堂工程获国家颁发的“鲁班奖”。1981年，建筑工程六队承建的沈阳黎明宾馆获辽宁省“最优工程奖”。1982年，建筑工程六队承建的沈阳工业学院图书馆获辽宁省“最优工程奖”。1983年，建筑工程六队承建的沈阳传媒大学办公楼获“鲁班奖”。1983年，建筑工程二队承建的徐州工程机械厂办公楼获“优质工程奖”。

1983年，王石乡被国务院命名为“建筑之乡”。

商贸服务业

供销社　1954年，泰县每个区政府所在地设有一个供销合作社，域内最早的是江村供销合作社。开始是租用农户的住房，后来在大江村和小江村之间建了5间瓦房，供销合作社迁到新址营业，营业的规模有所扩大，商品品种有所增加。1958年，成立人民公社，梁徐供销合作社在公社驻地梁徐设立；1959年，王石供销合作社在公社驻地王石设立。1959年，供销合作社改称人民公社供销部，1962年仍称供销合作社。供销合作社主要经营百货、纺织品、日用杂品、文体用品、五金交电、化工、煤炭、煤油、柴油、农业生产资料、副食品、农副产品、食盐、卷烟等商品的零售，同时负责收购蚕茧、狗皮、羊皮、黄鼠狼皮、半夏、蟾酥、废旧物品等。为方便群众，20世纪70年代，供销合作社在边远的生产大队设门市部，并提供农业技术推广服务。20世纪90年代后，供销合作社的经营范围又增加了化肥、农用薄膜、农药、种子、中小农具、农药器具等的零售。1979年12月，梁徐、王石商业社成立，并在各生产大队设下伸点。主要经营百货、纺织品、针织品、日用杂货、副食品、农具、喷雾器、禽蛋收购等。

20世纪80年代，梁徐供销合作社迁到梁徐大道路北，王石供销合作社设在王石公社驻地的西侧。

20世纪70年代至90年代，供销合作社除经营正常的商品外，还有“双土厂”、竹篾加工、棉絮加工、炕坊、招待所和饭店等。

供销社创建初期，由农民入股经营，农民入股后，每年可以得到供销社的分红，一直延续到80年代初。1994年，姜堰市供销系统将梁徐供销合作社列为首批抽本承包的公有民营改制单位，1998年改制为有限责任公司；同年，王石供销合作社改制为股份合作制企业。2001年，梁徐供销合作社和王石供销合作社进行了改制。2001年末，梁徐、王石供销合作社完成清理社员股金、落实银行债务、实施职工安置和资产优化重组的改制目标。

粮油管理所 域内最早的粮食部门筹办于1948年，当时县政府决定在油坊头建粮库（称国库），主要是筹集军粮和地方备荒用粮。1956年，建立江村粮油管理所，地址在原江村大队第1生产队的6间瓦房内。1958年，成立梁徐人民公社，粮管所由江村迁至梁徐，改名为梁徐粮油管理所，地址在梁徐公社驻地东隔壁的6间大瓦房内。中心河、周扬河开挖后，为便于粮食运输，1977年将梁徐粮油管理所迁至中心河与周扬河交叉口的中心河南、周扬河东，占地面积13500平方米，建有仓库、露天粮囤和办公用房。

1959年，王石人民公社成立，王石粮油管理所同时建立，地址在姜八公路东侧、新王石河北岸，占地面积14000平方米，建成后，仓储容量4000吨，另有露天粮囤可储备粮食500吨，有办公等附属用房1300多平方米。

中华人民共和国成立后，国家对粮食实行统购统销。粮油管理所主要负责收缴公粮（农业税）和收购余粮、向城镇居民供应计划粮油和向农民供应统销粮、保管国家的战备粮。20世纪60年代初，为方便农民交公粮和购买统销粮，梁徐、王石粮油管理所曾在时庄、九东、江村和邢家等大队设立粮站。

1984年后，国家取消粮食统购统销，粮食工作的职能逐渐走向市场。2000年，粮油管理所全部进行了体制改革。

食品站 梁徐食品站建于1978年，地点在梁徐西大桥西侧德兴大队的中心河南、周杨河西，占地面积3500平方米。王石食品站建于1980年，位于王石大队4组、王石河南、东林河东，占地2000平方米，建有猪舍、屠宰场、水房（塔）、办公用房、食堂、宿舍等。食品站主要是收购生产队集体和农户饲养的生猪和禽蛋，多的时候每个食品站每天收购生猪200多头，然后销往各地。王石食品站每年向上海、无锡等大中城市销售禽蛋15万斤。为了确保买卖双方利益不受损害，每个站都配有2—3名有经验的司秤员对生猪进行定价。为满足本地区人民群众的生活需求，食品站也负责全公社（乡）的生猪屠宰和鲜肉批发，梁徐、王石两个食品站每天的生猪屠宰量在10头左右，多时在20多头，逢年过节宰杀量更大，各生产大队代销点每天到食品站拿（批）肉，鲜肉由县食品公司统一定价。20世纪90年代末，农户饲养的生猪越来越少，食品站业务逐渐萎缩。1994年，食品站管理权下放给乡政府，食品站不再经营生猪、禽蛋收购，仅从事生猪集中屠宰和生猪检疫，其间站内人员统一买断工龄，实行一次性补助，食品站土地、房屋统一归政府管理。2000年以后，食品站停止营业。

银行 1953年，国家号召成立“三大合作社”（即农业合作社、信用合作社和供销合作社）以支持农村建设。域内最早的信用合作社是江村信用合作社，1954年建立，体制形式是股份合作制，每股为人民币2元。1962年，梁徐信用合作联社建立。1976年，增设泰县农业银行梁徐、王石两个营业所。1988年，基层营业所与农村信用合作社分开办公，基层营业所更名分理处。2000年，行政区划调整后，农业银行王石分理处撤销，农业银行梁徐分理处更名为双登分理处。2004年，梁徐、王石农村信用合作社依然分立；2007年11月，梁徐、王石农村信用合作社分理处更名为姜堰市农村商业银行梁徐支行、姜堰市农村商业银行王石支行。

梁徐信用合作联社原址在梁徐老街道的东北，不久就迁至梁徐公社所在地的大门西边，后来又迁至老羊毛衫厂北、影剧院的路对面。1997年后，迁至梁徐府前路与梁徐大道交叉口东北侧。

1959年，王石信用合作联社建立，地址在王石河北（铁木社旁）、姜（堰）八（圩）公路以东的老瓦房内。1970年，王石铁木社改为王石农具厂并另建厂房。信用合作联社在铁木社原址扩建。1995年，王石集镇整治，将王石信用合作联社迁至新九路与229省道岔口路西南50米处。

信用合作联社初成立时，主要是吸收民间储蓄，代办农户和生产队集体存款。发放水利、耕畜、肥料、种子、农机具以及抗灾贷款，也向乡镇（社队）企业发放贷款。改革开放以后，农村商业银行的经营范围有所扩大，主要是吸收人民币公众存款、发放人民币短期、中期和长期贷款、办理国内结算等业务。

居民生活

居民收入

中华人民共和国成立后，经过土地改革，农民人均占有的耕地在一个区域相对平衡。农民的收入来源主要是粮食和部分经济作物、牲畜及家禽的销售收入，全年人均经济收入在50元左右。

1962年，中共中央发布文件规定，农村人民公社一般以生产队为核算单位，实行按劳计酬、按劳分配的政策。当时，农民的主要经济来源是工分计酬、按担计价的家积肥、自家饲养的家禽家畜收入，还有部分五匠外出务工收入。男劳动力每年的工分报酬在80元左右，女劳动力每年的工分报酬在60元左右。

20世纪70年代，一些经济收入较好的生产队，人均分配水平上升较快。梁徐公社的冯垛大队、林田大队、蒋家大队、五星大队、王石公社农科所以及梁徐大队的梁东、梁西2个生产队，每个男女劳动力的年工分报酬在250—300元。

20世纪80年代，农业推行家庭联产承包责任制，一些富余劳动力向第二、第三产业转移。在外出务工的人员中，从事建筑业的占50%以上，全年的劳务收入人均1500元左右。

1988年，梁徐、王石两个乡从事工业的人数2453人，从事建筑业人数2848人。畜禽养殖业发展较快，农村万元户陆续增多。

1988年，农业生产总值1962万元，当年人均收入3140.7元。2008年至2018年，农村家庭的主要经济收入是外出务工，外出务工人数占农村总劳动力的85%左右，人均工资性收入16000元。2018年，第一产业增加值3.17亿元，农民人均收入6119元。2021年，全街道居民人均收入32000元，与1988年相比，人均收入翻10倍。

居民支出

20世纪60年代至70年代，农村居民支出主要是生活费用支出，每年人均45—55元，其他综合性支出人均20元左右。

1980年，农村改革全面推行，农村部分富余劳动力向第二、第三产业转移，工资收入有所增加，生活费用的支出也有所增加，主要用于建房、添置家具和家用电器等，人均支出在700元左右；其中，生产性支出占25%左右，生活性支出在75%左右。1998年，人均年支出2515元，其中生活费用占20%，生产性支出20%，提统筹费税占20%。其他费用占40%。

2008年至2018年，农村家庭主要消费支出是房屋翻建、到城区购置商品房、购买小汽车、添置新式家具、购买家用电器、子女上学以及其他消费。其中生活费用占15%左右，生产性支出20%左右，建房、购置商品房等其他费用占60%以上。2018年，人均消费19460元。由于农户承包的土地大多转包，农民省去购买农药、化肥、耕作等费用，生产性支出下降到2%，生活费用占15%，70%以上的费用用于购车、购商品房等。2021年，全街道人均消费支出23106元，其中生活费支出4300元，生产性支出占1.5%，购房、购车、子女上学、旅游消费、大病合作医疗保险及商业性保险等费用支出占70%以上。

社会保障

1953年，政府对无依靠的孤寡老人和孤儿实行定额补助。农业合作化后，对生活没有依靠的孤寡老人和残疾社员、孤儿由集体给予“五保”，即保吃、穿、住、医、葬（教），有的供给实物，有的补贴工分参加分配。20世纪60年代，政府规定五保户供养标准不低于当地一般社员生活水平。1982年，针对农村实行家庭联产承包责任制的新情况，规定“五保”分别由大队、生产队或个人承包供养，有劳动能力的可分配责任田助耕助种。1987年，实行“以乡统筹、分级负担”的供养方式。1985年、1992年，王石、梁徐2个乡分别建立了敬老院。

2018年，全镇“五保”户177人，每月发放五保经费12.75万元；全镇核定低保户689户，880人，每月发放低保金34.92万元；934名残疾人申报两项补贴，月补贴金额34.03万元。

2021年，全镇失业保险覆盖率97.8%。享受低保221户，314人。

1992年，梁徐、王石分别建立社会养老保险事业管理处，隶属乡民政科，开展农村社会养老保险试点（称农保），开始是每月缴纳2元起步，上不封顶。梁徐乡采取的是村、组干部先行缴纳，王石乡采取的是村、组干部加农户缴纳，保险金交泰县劳动局。1994年，生育保险在村定职干部中试行，每户缴纳300元，到时每年可领到200多元；村定职干部缴纳养老保险金实行三个一点，即村定职干部自己缴一点，村集体负担一点，乡财政按工龄补一点。

2002年，镇政府成立劳保所，在全镇推行农村社会养老保险（简称新农保），每人一次性缴纳8250元，最多每人可缴2份，到退休时每月可领取相应数额的退休金。2007年，实行定人、定时、定额缴纳，坚持个人缴纳为主，政府补贴为辅的原则，缴费标准为每人每年550元，参保人员在60周岁以前连续缴纳15年，到退休时可按月领取相应数额的退休金。2012年，全镇参加城乡居民养老保险19785人，新增五大保险参保人数2056人，城乡低保应保尽保。2013年，根据政策规定，家庭中如子女已缴纳社会保险的，父母60周岁后，可领取一定数额的基础养老保险金。2021年，居民基本养老保险覆盖率95.13%，人均基本养老金比2012年增加1085元，增长203%。

2012年，全镇参加新型农村合作医疗42078人，参保率100%。2016年，新型农村合作医疗人均筹资标准提高到555元，参保率100%。2021年，基本医疗保险覆盖率99.8%。

社区卫生服务中心为敬老院老人体检

按江苏省人民政府规定，被征地的农户也享受“即征即保”的待遇，享受标准671—715元/月。

敬老院 1992年，梁徐乡政府把原梁徐村移西组的仓库、养蚕室进行装修，作为梁徐敬老院，占地面积3400平方米，设计床位40张。1992年4月，五保人员入住，当年集中供养28人。敬老院集中供养的五保人员生活费用由村民小组、乡政府、市民政局共同筹集，五保人员所在的村民小组为五保老人每人每年提供450斤原粮，乡政府、县市民政局为五保老人每天提供菜金1—2元。为提高生活质量，敬老院管理人员通过种植蔬菜、养猪、养禽等作为补充。2004年，因创建工业园区，梁徐敬老院和王石敬老院合并后搬迁到原黄村小学内，占地面积7000多平方米，房屋建筑面积3000多平方米，设计床位140张，最多年份供养60人。2021年，有管理人员7人，其中2名医务工作人员；五保老人442人，其中在敬老院集中供养的32人，每人每天的伙食费20元，另外每人每月发给一定的零用钱；居家养老的410人。

王石敬老院建于1985年9月，地址为原前时村的6组的蚕室，占地0.9亩，最初入住6人，最多时15人。1994年7月，迁至原仲林小学内，有食堂（5间）、办公用房、仓库、老年活动室、健身器材、电视机（10台），占地面积11亩。

文化体育

文化机构

文化站 王石文化站。原王石乡的大部分地域在1958年9月以前属江林乡，江林乡建有江林文化站，地址在江林乡政府所在地三林村。1959年5月，王石人民公社成立，王石文化站于同年建立。开始是在公社大院外办公，1959年迁到公社大院内。文化站有固定的办公用房、群众文化活动场所和文化活动器材，活动较为正常，活动经费有所保障，文化设施能基本满足当地人民群众文化娱乐生活需求。2000年3月，乡镇撤并时与梁徐文化站合并。

梁徐文化站始建于1949年冬，被称为江村区文化站。站长由当时的区宣传干部兼任。文化站设在梁徐庄陆氏祠堂内，设3个活动室（图书阅览室、棋牌娱乐室、剧目排演室），建有一个由20多人组成的业余剧团，主唱扬剧，代表剧目有《不屈的李三嫂》《渔民恨》等，演出内容深受域内及周边群众喜爱。1953年夏建立梁徐乡文化站，1958年9月更名为梁徐人民公社文化站，1970年更名为梁徐文化站，1983年更名为梁徐乡文化中心。2000年3月，乡镇撤并时建立梁徐镇文化站。梁徐镇文化站建筑面积985平方米，活动面积760平方米，内设文化成果展示厅、多功能厅、健身房、老年活动室、青少年活动室、图书阅览室、教育培训室、古今乡贤馆、文艺文史创撰室等文化活动室。2019年11月，梁徐撤镇设立街道办事处，梁徐镇文化站更名为姜堰文化馆梁徐分馆。2000年后，文化站每年都要承担省264场电影下村（社区）和58个固定放映点的放映任务，放映片目和放映人员工资均由省“三送工程”办公室负责提供，数字化放映设备及放映人员由镇文化站负责提供和选聘。每逢重大节日、庙会、纪念日都要举办各类主题演展赛文化活动。2014年至2016年，举办大中型文体活动25场，用于舞台灯光音响、电子字幕、服装道具、演员生活补助等活动支出38万元。

1998年10月，梁徐乡文化中心被评定为“江苏省二级文化站”。1999年3月，获“泰州市优秀文化站”称号；2009年，荣获“泰州市十佳文化站”称号；2012年至2013年，被泰州市纪委、泰州市监察局、泰州市人民政府纠风办评为“作风建设三星级基层站所”。

广电站 1958年至1959年，梁徐、王石人民公社先后成立广播放大站；1961年相继撤销，1968年开始建设户户通广播工程，1969年广播放大站重新恢复。1970年1月，两个公社均架设了广播专用讯号线路，广播放大站拥有较大功率扩音机、输出配电柜、控制台、中小型柴油发电机、座式新闻采访录音机、收音机、唱片机设备。1994年，梁徐、王石两个广播放大站同时更名为乡广播电视站。2003年，实现全镇有线电视网络全覆盖。2010年7月，开通有线数字电视网。2018年，有线电视入户率达97%。

影剧院 王石影剧院。1984年7月建成，建筑面积2680平方米，设观众席位1099座，放映距离33米，拥有16-4A放映机4台套，195、295柴油发电机各1台，功率8kW、20kW。年放映400余场，年接纳各种剧团30多个，演出50余场。影剧院工作人员6人，企业性质为乡办集体，自负盈亏，行政主管隶属乡宣传文化部门，业务主管为县文化局影剧管理公司。1994年改制后，影剧院承包给个人经营。2008年1月，被消防安全部门列为危房建筑整改单位，镇政府组织拍卖并拆除。

梁徐影剧院。1982年2月建成。建筑面积3500余平方米，设观众席位950座，放映距离30.7米，拥有16-4A放映机2台套，195、295柴油发电机各1台，功率8kW、20kW。年放映电影450场左右，年接纳各种剧团30多个，演出50多场。有工作人员8人，性质为乡办集体，自负盈亏。2000年8月进行改制，影剧院承包给个人经营。2007年1月，镇政府为贯彻落实省关于“乡镇文化站达标验收细则”文件要求，终止对外发包，投入220万元对影剧院进行整体改造。重点用于专线变压器的增容、电线线号的加大，灯光音响设备提档升级，木质座席改沙发，吊式电风扇改空调，机械放映改数字化放映，“三化工程”（美化、亮化、绿化）改造，室外百姓大舞台建设，污水管道改道等。建成后，统一由文化站管理和使用。

村（社区）文化活动室 村级文化活动室建设始于2008年，文化室活动项目不少于8项（棋牌麻将、电视机、卡拉OK、乐器、乒乓球、跑步机、羽毛球、石锁、哑铃等）。2021年，16个社区全都验收达标。

群众文化

业余文艺宣传队 又称广场舞表演队。2010年至2015年，梁徐、江村、张埭、周埭、坡岭、二塘、东官、前时等村陆续成立业余文艺宣传队。初期有十几个人，他们每天晚饭后借助有照明的地方，随着录放机播放的音乐节奏，跟着领队的动作，练习舞蹈。通过几年的刻苦磨炼，日渐走向成熟，表演整齐划一。随着队伍规模的不断扩大，灯光、音响、演出服装、道具逐步齐全，在编导人员的指导下，他们已能表演小品、戏曲、快板、表演唱、小演唱、伞舞、扇舞等多种形式的文艺节目，并经常到社区进行演出。他们演出的节目，既贴近生活，又喜闻乐见，深受群众喜爱。其演出活动经费也得到一些私营企业老板、社会名流的赞助，以及村（社区）提供的补助。

农民龙狮表演队 梁徐辖区内有8支农民龙狮表演队，分别是邢家龙狮1队、邢家龙狮2队、岭家龙狮队、江村龙狮队、汤野龙狮队、黄村龙狮队、油坊龙狮队、薛家龙狮队，参加表演人数最多时1300余人。这些龙狮队纯属自发组织、自我装备、自我理财、自由活动的民间组织，活动黄金期多为新春佳节和一年一度的"关帝盛会"（会期：农历正月十三日、五月十三日、十月十三日）和一些重大工程奠基或一些开张庆典活动，他

梁徐街道文艺志愿服务队文艺演出

邢家社区老年文艺宣传队排练节目

们舞龙摆狮、踩高跷、挑花担、打腰鼓、摇花船、扮八仙，敲锣击鼓，走村串巷进行表演。他们经常参与政府组织的一些社会公益活动，不计报酬，不讲条件，召之即来。汤野、黄村、邢家、江村龙狮队先后在全市（区）“龙腾姜堰”舞龙大赛中获“最佳表演奖”。2005年7月1日，他们代表姜堰市参加了泰州火车站通车庆典舞龙表演活动。

文化宣传队 梁徐文化站组织的文化宣传队，每年都参加市（区）群众文化艺术节、溱潼会船节以及市、区以上举办的各类重大主题演赛活动，相声、小品、戏曲、双簧、方言韵白、舞蹈、说唱等节目大多是自编自演。1989年5月，《梁徐这十年》在全市庆祝改革开放10周年大型图片展大赛中获特等奖；戏剧小品《抬杠》获县文艺调演特等奖；京剧《智斗》获全市（区）戏曲演唱大赛特等奖；相声《孝顺记》获泰州市团队调演银奖；舞蹈《中国梦》《公仆赞》《堰上春色》《再唱山歌给党听》《国旗颂》、民乐合奏《丰收乐》分别获市（区）文艺调演一等奖；《家乡记忆·梁徐筛花生号子》获市“优秀表演奖”。2008年12月，梁徐文化站选送的农民代表钱友祥、陶荣书在参加泰州市委宣传部举办的“十大百姓名嘴”大赛中，双双胜出，获泰州市“十大百姓名嘴”殊荣。

文化作品 2007年5月，坡岭村村民郑应松所著的《百年坡岭村》由社会科学文献出版社出版，这是江苏省第一部由个人编纂的村史著作。退休干部郑荣树所著的《坡岭的那些事儿》、陈希祥所著的

《古庄江村纪事》对传承乡土记忆，留下宝贵财富。

体育活动

学校体育　中华人民共和国成立前及初期，学生大多数在私塾读书，私塾没有体育教师，也没有体育场所和器材。1950年，私塾逐步被小学取代。域内各小学添置木质单双杠、篮球架等体育器材，体育课没有专职体育教师，大多是其他各学科的教师代上，正常体育活动就是每天一次早操。

1957年，学校贯彻德智体全面发展的教育方针，每周两节体育课，每天做早操或课间操。20世纪60年代以后，每天增加2次眼保健操；学校组织学生开展课外体育活动，进行体育训练，每学年召开1—2次田径运动会。“文化大革命”结束以后，学校体育教学逐步恢复正常。

梁徐中心小学学生开展体育游戏活动

社区居民健身踢毽子比赛

域内各中小学十分重视体育教学工作，注重培养各类体育人才。

梁徐中心小学在体育教育方面是泰州市的一面旗帜。从20世纪80年代到2010年，梁徐中心小学体育队有10人入选江苏省女子足球队（陆萍、王晓慧、杨宏萍、俞卫民、张艳丽、王媛媛、刘雅静、圣帅敏、卫瑶、王晓雪）；其中3人入选国家队（宋晓丽、卫瑶、王晓雪）、3人入选国家青年队（陆萍、宋晓丽、卫晓慧）、2人入选国家少年队（张艳丽、卫瑶）、有1人输送到浙江省队（肖雅），1人输送到省橄榄球队（杨敏）。梁徐中心小学有11人46次在全国、亚洲和世界级比赛中获奖。其中杨敏获2014年亚洲七人制橄榄球锦标赛第一名、2014年第14届仁川亚运会七人制橄榄球第一名、2015年亚洲七人制橄榄球锦标赛第一名。王晓雪多次代表江苏省和国家女子足球队，并作为主力队员出场，分别获2013年第12届全运会女足冠军、2021年第14届全运会女足冠军、2022年女足亚洲杯冠军。2007年，卫晓慧、俞卫民、陆

梁徐初级中学获“泰州市民间传统体育项目特色学校”称号

萍、宋晓丽、杨宏萍等5人被评定为一级运动员。

2007年，王石中心小学学生钱佳睿入选国家佩剑队，在2018年雅加达亚运会上，获得女子佩剑冠军。

1987年，梁徐中学被列为泰县体育传统学校（足球）。1987年7月，梁徐中学女子足球队代表扬州市队，参加在盱眙举行的江苏“希望杯”女子足球赛，获得第四名。梁徐中学张惠，1982年加入省女子篮球队，后又入选国家女子篮球队。她作为国家队主力队员，先后获亚洲女篮冠军、第23届奥运会第二名，被誉为中国女篮秘密武器。1984年国家体委授予张惠体育运动一级奖章。除篮球比赛冠军的后卫张惠外，还有全国自行车冠军赛的冠军张俊明。1988年，梁徐中学4名学生被南京清凉山少年体校抽调集训，代表江苏省备战全国女子足球比赛。

1998年5月，姜堰市体委组织教练员到梁徐乡对中小学体育达标进行抽测，查阅平时体育达标测验记录并随机抽测两个班级项目数据，各校全部达标。

2010年，梁徐初级中学将“腰鼓舞”传统项目引进校园。2014年，学校“腰鼓舞”兴趣小组参加泰州市首届“民间传统体育项目进校园”交流展示活动，获最佳

社区居民乒乓球友谊赛

表演奖。2015年，梁徐初级中学荣获“泰州市民间传统体育特色学校”称号，江苏省教育电视台、姜堰电视台等新闻媒体先后进行过专题报道。

群众体育 中华人民共和国成立前，农村没有专门的体育竞赛。农村儿童根据自身所处的环境创造一些有益身心健康的健身项目，主要有游泳、斗鸡、爬树、打六砖、打钱墩、抽陀螺、放地铃、扯铃、滚套儿、走五码儿、放风筝、放洋灯、走烂螃皮儿等；女孩儿玩的项目主要有踢毽子、跳绳、拿满儿（又叫天鹅生蛋）、解绷、打球（用棉纱缠绕起来的一种球，20世纪60年代后多用皮球）、格房子等。成年人基本没有什么健身项目。

中华人民共和国成立后，梁徐、王石乡政府（公社）注重群众体育工作，鼓励人民群众积极参加体育活动。1956年，江村区周陈、新生农业社青年社员与姜堰搬运工人进行篮球比赛。1997年、1999年，王石乡两次被江苏省体委命名为“省体育先进乡镇”。

2004年8月，姜堰市在梁徐镇举办“梁徐杯”乡镇棋类比赛，18支代表队102名代表参加比赛。2005年4月，姜堰市体育局在梁徐镇为村民进行为期5天的国民体质监测，先后监测504人，其中儿童（3—6岁）144人、成年人（20—59岁）288人、老年人（60—69岁）72人。2005年，梁徐镇获国家体育总局“全民健身先进单位”称号。2006年，梁徐镇举办职工乒乓球赛，并代表泰州市参加全国乒乓球乙级联赛。

2007年以后，根据姜堰市政府印发的《姜堰市村级体育健身工程实施方案》文件精神，全镇所有村（社区）都建有活动场地，配齐体育器材。

教育卫生

学前教育

域内的学前教育起步于人民公社化时期。1958年，根据政府的号召，各生产大队根据本地情况，在小学附近或者小学内办起了托儿所和幼儿园。大队指派有文化基础的年轻妇女担任保育员。把6岁以内的儿童集中起来入园，教他们唱歌和做一些传统的游戏。农忙季节，很多社员把婴幼儿送到托儿所、幼儿园。

1972年，梁徐和王石中心小学恢复了幼儿班。由于人们受传统观念影响，习惯于到学龄时才把孩子直接送去上一年级，因此，上幼儿园的儿童很少。另外，

梁徐中心幼儿园

梁徐中心幼儿园大班毕业典礼

专业幼儿教师很少，也是入园率低的原因之一。

从1979年起，根据要求，进一步发展幼儿教育事业。除梁徐、王石中心小学以外，其他的小学也都相继办起了幼儿园。到2000年前后，随着小学的逐步撤并，原附属在各小学的幼儿园也相继撤并。到2021年，全街道只保留了梁徐和王石2个幼儿园。

梁徐中心幼儿园 梁徐中心幼儿园创办于1980年，园区占地面积9388平方米，建筑面积4088平方米。2021年，有教学班5个，学生132人，教职工15人，幼儿园分大、中、小班。教学设计有了新的提升，从原来简单的语言、常识、计算、音乐、体育、美工等课程，逐步实现综合活动课程、多智能理论课程、多元运动探索课程，实现全日制管理模式。学校还立足农村本土自然资源和独特的人文资源，开展富有地方特色的水墨画教学研究。构建“乐在笔端，游戏水墨”的园本特色课程，寓教育于生活游戏之中，用浓墨淡彩表达童真、童趣、童慧，培养孩子初步的艺术素养和审美情感。梁徐幼儿园多年来入学率都在90%以上。优异的办学业绩得到了社会各界和幼儿家长的大力支持，2006年梁徐幼儿园获评“江苏省优质幼儿园”称号，被确立为泰州市课程游戏化建设基地。

王石中心幼儿园 王石乡的学前教育始于1962年，当时每个生产大队都要求有一个幼儿班，教师由生产大队确定，教师的报酬以记工分的形式为主，外加每月几元钱的津贴。到了1979年后，各生产大队的幼儿园基本上都附设在各小学里，具体业务由中心幼儿园统一管理。2000年前后，王石域内的小学全部撤并到王石中心小学，各小学附设幼儿园也随之合并到王石中心幼儿园。2021年，王石中心幼儿园的占地面积5亩，建筑面积800平方米，活动场地500平方米，绿化面积200平方米。中心幼儿园通过做做、玩玩、看看、想想等知识技能的学习。坚持常态化的游戏活动，努力使孩子们得到全面、和谐、健康的发展。

小学教育

中华人民共和国成立前，学生的学习以私塾为主。私塾一般分蒙学和经馆（又称京馆）两级。在官学体制中一般不包括蒙学教育，大多由民间蒙学承担。域内私塾基本上都是蒙学馆，较大的自然村庄都有1—2个私塾。私塾由庄上的富户承办，只有1—2个教书先生，不同层次的学生在同一教室，教书先生由学生家轮流供饭，教书先生的工资年终结算，全年每个学生两担左右的小麦或黄豆抵算。20世纪初至20世纪40年代，域内有名的私塾有：坡岭郑桂森在坡岭村创办的私塾，1925年曹福亮的祖爷爷在西官创办的私塾；时庄沈昌元创办的私塾；1930年王石魏金楚创办的私塾；1937年东官许监元创办的私塾；1943年薛家舍徐秀章创办的私塾；1945年秋天仲院人许金训在东官创办的私塾。

域内最早的小学建于1912年，由坡埨庄（坡岭村）人林桂荣创办。林桂荣是光绪十六年（1890）科武进士，官居御前花翎侍卫。他告老还乡后，集资新办坡埨庄小学，重金聘请饱学秀才沈问渠为第一任校长，他为了让更多的农民子女上学，免收学费，甚至倒贴书本费，学校共有4名教师，开设3个班级，为当时姜堰南乡唯一的完全小学。抗日战争时期泰州沦陷后，学校停办。1940年初，泰县抗日民主政府成立，学校也随之恢复。1943年，抗日民主政府实行精兵简政，但学校没有受到任何影响，反而优先充实了教师队伍。抗日民主政府的县、区

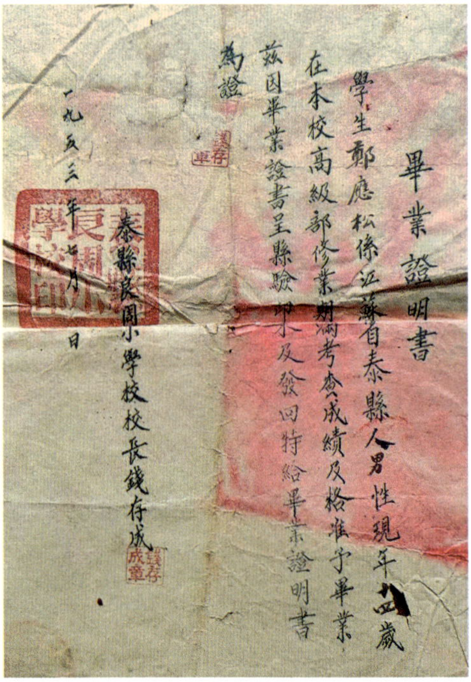
畢業證明書
學生鄭應松係江蘇省泰縣人男性現年十四歲
在本校高級部修業期滿考查成績及格准予畢業
茲因畢業證書呈縣驗印未及發回特給畢業證明書
為證
泰縣良園小學校校長錢存成
一九五三年七月 日

毕业证书

梁徐中心小学

领导经常关心学校教育。1943年，全县小学教师到县城集训，县长汪海粟亲自主持。当年正值抗日战争时期，学校坚持爱国主义教育，到处可以看到抗日救国的标语。抗日才能救国、救国必须抗日也是教学内容之一。1946年下半年，第三次国内革命战争开始，坡坨小学停办，直到1949年秋恢复，并以林良周烈士的名字为校名，改名为良周小学。学校校址由原来的胜因寺旁搬迁至御前侍卫府内，教师由几个私塾班的进步老师组成。为改善教学条件，后来良周小学曾两度迁址。1920年，许承霖、许作霖兄弟2人在东官合资兴办了一所小学，1—6年级各1个班级，在姜堰通南地区很有名气。邢家小学创办于1949年6月，也是中华人民共和国成立前域内屈指可数的农村小学之一。除上述3所学校外，其余的学校都创办于1950年以后。

中华人民共和国成立后，王石乡最早的小学是九王小学，创办于1952年，即后来的王石中心小学。一开始校址在林野村7组曹家荒田，1959年王石人民公社成立后，改为王石中心小学，校址迁至王石大队的庙上，1997年又将校址迁至王石村4组。2021年，学校占地面积14140平方米，操场面积1450平方米，校舍面积5062平方米。其后是1956年成立的时庄小学，1958年因开挖周山河，学校迁入新址，2000年并入王石中心小学。

1950年后，为贯彻“教育必须为国家建设服务，学校必须为工农开门”的总方针，大批农家子弟进入学校，学校数量有所增加。1952年，学校陆续建立少

梁徐中心小学学生到周埭社区葡萄园参加实践活动

先队组织。师资不足，即向社会招收部分知识青年补充。

1958年，教育“大跃进”，儿童入学率明显提升，入学率达到90%以上。三年困难时期，小学大量流生，三年困难时期过去后，生源逐步回升，教学工作步入正轨。1966年，“文化大革命”期间，小学教学工作受到冲击，教学工作处于半停顿状态。1969年小学全部实行5年一贯制。同时实行教育革命，按照“上小学不出队”的要求，生产大队普遍兴办小学或耕读班，完全小学附设初中班，耕读小学改为全日制。为贯彻“教育必须为无产阶级政治服务，必须与生产劳动相结合”的教育方针，中华人民共和国成立后到20世纪70年代，中小学生除放寒暑假外，还在夏、秋大忙季节放2次忙假，每次1—2周，让学生回家参加劳动。

1976年，“文化大革命”结束，学校教学工作恢复正常。1979年全部恢复小学6年制，小学附设初中班撤销。

2000年以前，原梁徐乡有沿河、蒋家、油坊、黄村、张埭、葛港、良周、邢家、岭家、江村、周埭、梁徐、同兴、果场、双墩等15所小学。原王石乡有九东、薛家、新生、前黄、仲林、东官、西官、前官、李野、二塘、钱港、前时、林野、仲野（初小）等14所小学。

乡镇合并后，梁徐镇党委、政府坚持从实际出发、坚持以教书育人为目标、坚持“德、智、体”全面发展，小学教育工作取得长足进步，获得很多荣誉。梁徐中心小学从2005年起，连续八年被评为姜堰区“素质教育考核优秀学校”。王石中心小学2009年获得素质教育质量综合优秀奖，2012年获“打造古诗文教育教学特色学校”称号；教师严爱兰被评为“姜堰市魅力班主任”。

梁徐中心小学 梁徐中心小学创办于1950年，当时为江村区一般小学。1957年撤区并乡时，经县人民政府批准改为梁徐乡中心小学。学校原址在梁徐大队移东生产队，后又搬至梁徐中学北边。2006年，各企事业单位和个人捐助资金150万元，征用置换土地30亩，将校址迁至梁徐村梁东组，建筑面积9000平方米；由南京航空航天大学艺术学院教授、南京艺术学院美术学院教授、博士生导师、坡岭村人郑奇题写校名。2020年，该校立足实际，顺势而为，构建了基于“求真文化”的科技教育特色课程项目——“基于‘求真’的农村小学科技教育课程的研发与实施”，建立了供学生学习、探究活动的相关课程基地，并做出了卓有成效的校本化表述。梁徐中心

梁徐中心小学学生展示小发明成果

小学教育教学和体育教学工作业绩突出，学校先后获评“江苏省青少年科学教育特色学校”“江苏省科普教育基地”“2018年江苏省优秀少年科学院”等称号，该校学生宋瑞阳获2021年世界机器人大赛总决赛ENJOY AI系列赛二等奖；在2021年至2022年度省级金钥匙“智能机器人”赛项目中，该校学生陆昱均和段俊泽获一等奖，杨慧萍被誉为“校园偶像明星”。

学校从2005年起，连续八年被评为姜堰区“素质教育考核优秀学校”，姜堰首届文学大奖赛获优秀组织奖；有14名老师的27篇论文在省级刊物评选中分别获一、二、三、特等奖；有55篇次论文和赛课在市内获奖，累计获5次国家级奖，12次省级奖，18次市级奖，12次区级奖。2020年，梁徐中心小学六（1）班的良周中队获评“全国优秀少先队集体”。

中学教育

梁徐地区最早的中学是坡岭民办初级中学，创办于1957年，后来更名为坡岭初级中学。1958年，王石初级中学创建；1962年，梁徐初级中学创建；后来王石公社又增设了西官初级中学。1969年至1979年，除坡岭小学外，梁徐、王石2个公社所有完全小学都附设了初中班，梁徐蒋家大队创办了庆九初级中学，基本达到了一个片一个初中的要求。1970年，梁徐初级中学、王石初级中学增设高中班，王石初级中学高中班到1981年停办；西官初级中学增设农业高中班，举办了两届后停办。1993年，西官初级中学并入王石初级中学，坡岭初级中学并入梁徐中学。1969年至1981年，初中、高中的学制都是2年。在这期间，为贯彻“教育必须同生产劳动相结合”的方针，师生频繁参加劳动，课堂教学断断续续，一时间学校工作处于低谷。此时，重视对中学生进行阶级斗争教育和前途理想教育，同时贯彻《江苏省全日制中小学若干问题的暂行规定（草案）》，加强教学管理。1977年后，学生入学率逐步回升，教学质量逐步提高。1993年后，政府加大对教育的投入，梁徐、王石两所中学新建了塑胶跑道、综合楼、物化实验室、学生活动中心，对校园进行了绿化、美化、硬化，彻底改变了办学条件。学校坚持以德立校，注重挖掘教育资源，改进教育方法，以师生心灵“零距离”建设为追求，从最底层做起，从最普通的事入手，促进老师、家长和学生心连心。确立“办规范加特色学校，育合格加特长人才”的办学方针，大力实施素质教育，深入开展第二课堂活动，培养学生动手操作和创新能力。通过一系列措施，教育教学成绩突出。王石初级中学连续8年获姜堰市（区）素质教学质量优良或优秀等级奖，先后获得“江苏省示范初中”“江苏省青少年科技教育先进学校”“泰州市德育先进学校”“姜堰市文明单位”“绿色学校”、综合督导评估“一类学校”等称号。

梁徐中学 梁徐中学创办于1962年，1970年增设高中部。2009年，高中部撤并到罗塘高级中学。2021年，学校占地面积1.4万平方米，建筑面积6305平方米。学校自创办以来，坚持以教学为主的办学方向，在“文化大革命”期间，教育教学秩序井然，学生的学业基本没有受到影响，成为县、市乃至省教育革命的样板试点单位。中科院院士、北斗导航系统副总设计师杨元喜和中国农业机械化研究院党委书记曹曙明等就是这一时期梁徐中学毕业的学生。1981年，中科院院士陆夕云也从梁徐中学毕业。

“文化大革命”结束后，学校坚持贯彻“德智体美劳”全面发展的方针，创造性地开展教学工作。1977年至1980年连续4年的高考录取率名列全县前茅。到20世纪90年代，高考录取率一直居全县前列。1977年，梁徐中学红旗分校创1个班74人录取59名的奇迹。黄村大队的冒日明、冒月明兄弟，张巷大队的陈文国、陈文录兄弟，江村大队的钱中海姐弟三人等都是这一年同时被高校录取的。1980年前，全国的高考录取率还不到10%，1978年梁徐中学的文科班36人录取17名，其中有8人被国内知名重点大学录取。

学校结合物理教学设计的“三机一泵”教程，曾在江苏全省广泛推广。梁徐中学注重狠抓学风建设，形成良好的教育教学环境和氛围，重视师德教育与培养，重视学生的思想政治工作，把激励机制引入学校工作的各个方面，形成你追我赶、奋发争先的良好风气。学校连年被评为省、市、县级先进集体。20世纪90年代的社会实践活动得到团中央和江苏省教委的嘉奖。《人民日报》《中国教育报》《新华日报》都曾专题报道。学校多次获“姜堰市高中教学质量优良奖、优秀奖”和泰州市、姜堰市（区）的“文明单位”称号。2012年，梁徐中学获“姜堰市综合素质考核优良奖”。

社会教育

扫盲教育 梁徐、王石的扫盲教育开始于1952年，当时的江村区成立扫盲办公室。扫盲课本为《成人识字阅读课本》。1953年江村区建立业余教育委员会，换用《农民识字课本》。1956年，根据县制定的第一个农民教育五年计划，本着“以民教民”的理念，换用《新农民识字课本》，1958年提出全公社“基本完成扫盲任务”的口号。

在1951年，泰县文教局扫盲办专门举办了扫盲教师培训班，扫盲老师可异地调度，服从安排。当年，各村成立扫盲初级班，乡成立扫盲高级班，初级班发给1500字的扫盲课本，推广速成识字法，高级班除学习生字外，加学应用文。

三年困难时期，农民教育工作停滞。1962年扫盲工作恢复，“文化大革命”期间又停滞。20世纪70年代初，扫盲工作恢复。1974年，域内扫盲对象全部脱盲，凡脱盲的大队由公社党委发给脱盲批复。

成人教育　1988年，梁徐成人教育中心校成立。2006年与文化站、基层党校、党员电教站、人口学校等整合为社区教育中心，办公室设在文化站内。2009年顺利通过泰州市级社区教育中心验收。2015年，梁徐社区教育中心创成省标准化社区教育中心。

根据社区教育的特点，梁徐社区教育中心非常重视在职教师队伍的继续教育，每年各类培训人数在60%以上，接受继续教育学时均在100学时以上。面向各从业人员开展各类针对性教育的培训率达70%。此外，根据新型职业农民的特点，突出培训重点，不断提高农民的种植、养殖专业技术水平。每年都举办“全民终身学习活动周”活动，编写社区读本二册，不断提高培训实效。

社会教育　组建老年大学及社区分校，组织老年舞蹈队、民乐队、说唱队、创作组等活动，老年教育培训率达60%。组织街道关工委、团委、妇联等部门对青少年开展爱国主义和革命传统等主题教育。重视现代远程教育，以双登集团为龙头，办好企业职工学校，不断为各类企业职工综合素质的提高做好服务工作。

卫生

中华人民共和国成立前，域内群众防、治病主要靠中医中药，境内大的自然村都有中医门诊，中医中有内科、外科和儿科，二塘村的儿科医生向明喜医技闻名三泰地区。中华人民共和国成立后，党和政府十分重视医疗卫生事业，从1953年起，政府把民间医生组织起来，建立联合诊所。到1956年，域内先后组建了油坊头、九林、时庄、江村、邢岭、林黄、东官、张家埭等8家联合诊所。到1969年，域内乡、村（公社、大队）医疗网络基本形成。

合作医疗　1969年，域内农村合作医疗由点到面全面推开。1975年，形成县、公社、大队三级医疗网。1976年前，各大队都配齐了赤脚医生。1982年，梁徐、王石2个公社基本实行合作医疗，80%的社员参加。1983年后，由于经费透支、资金筹集困难，合作医疗处于停顿状态。1995年后，政府不断增加投入，报销的范围、比例不断扩大提高，合作医疗制度不断完善，广大农民积极参加。2021年，全街道新农合参保率达99.8%，个人缴费每年420元，居民可在定点医疗机构享受医疗费用报销，报销比例最高达75%。

卫生防疫 寄生虫病防治。血吸虫病的防治。血吸虫病，俗称“水鼓胀”。20世纪60年代，梁徐、王石2家医院，把消灭血吸虫病列入日程，抽调医生，组织力量，深入各地主要污染河道查、灭钉螺，进行粪检。血丝虫病的防治。从1956年开始普查普治血丝虫病。1970年后，医疗部门进行了一次普遍血检，对查出的病人逐一登记，免费发放药品治疗。至1987年，血丝虫病基本消灭。疟疾的防治。疟疾，俗称“打摆子”，民国时期流行猖獗，中华人民共和国成立后，政府因地制宜，分类指导，开展群防群治，有效地控制了疟疾的流行，1987年发病率下降到1.3%，达省控制指标。1990年以后，疟疾基本根除。

地方病防治。主要是甲状腺肿、氟病和头癣病的防治。20世纪70年代初，头癣病发病率高达75%，儿童发病率更高。县、公社两级卫生部门组织力量进行普查普治，实行中西医结合、土洋结合、防治结合，主要药品灰黄霉素统一调配，保证10岁以内儿童使用，同时配服茵陈等药品，提高疗效，降低药费成本，成绩突出，至1975年，域内基本消灭头癣病。

抗击非典型肺炎。2003年，非典型肺炎流行，梁徐镇政府的医疗卫生部门组织力量，发动广大医务人员全力以赴，严把关口，在控制回归和外来人员的同时，对疑似人员进行严格检查检验，不让疫情入侵和扩散蔓延，全镇基本未发生人员感染。

预防新型冠状病毒感染。2020年至2022年疫情防控期间，街道办事处组织人员做好交通道口值守、防控物资放发、人员排查追踪、公共场所巡查、环境消毒整治、防疫知识宣传、困难群众帮扶等工作。对来自重点疫区人员集中隔离观察。根据姜堰区防疫要求，指导医疗机构分类管理就诊者，2020年1月26日确定王石卫生院为集中医疗观察点（1月31日对外停止诊疗活动），各卫生服务中心内设核酸检测点，组织了多次全员核酸检测。动员全员疫苗注射，第一针注射率达96.52%，第二针注射率达95.61%，第三针注射率达94.3%。

村卫生室 随着农村合作医疗由点到面全面推开，1988年梁徐、王石乡实行村村有卫生室，并坚持集体所有，乡村医生报酬主要由集体负担。1990年，政府再次提出集体办医，要求一村一室，村办乡管，逐步领换卫生许可证。1992年，开展创建甲级村卫生室活动，至1994年，合格村卫生室占73%，甲级村卫生室占50%。1999年，明确村卫生室由乡镇卫生院统一管理，制定村卫生室一体化建设管理标准、8项制度、各类人员职责，明确乡镇卫生院、村卫生室以及村医生权利、义务等相关职责。2002年，以村组撤并为契机，开展农村卫生资源优化配置，组织乡村医生竞聘上岗，经过4期系统学习和考核，至2005年，乡村医生持证上岗率100%，村卫生室合格率100%。2008年，对村卫生室进行精简撤并。2021年，全街道12个卫生室全部建成标准化卫生室。

王石卫生院 1959年10月，组建王石九林诊所。1973年，将王石九林诊所、东官诊所、东塘诊所、前时诊所、前官诊所、玉峰伤科诊所合并组建王石卫生院，地址在王石庙内。1973年12月，迁至姜八公路西侧、王石中学东侧。1983年12月，迁至王石农科所姜八公路西侧。1988年，有职工33人，其中卫生技术人员19人，占地4323平方米、建筑面积1300平方米，开放床位30张，门急诊4.52万人次，住院1152人次。1991年，更名为王石卫生院。1993年，新建门诊大楼887平方米。1997年，获一级甲等医院资质。1998年，新建住院大楼938平方米。2001年10月，改为民办，更名为王石医院。2020年，政府回收，改为公办，更名为王石护理院；有门诊楼、住院楼和行政楼各一幢，占地面积7300平方米，建筑面积4700平方米，医护人员27人，病床85张；设中医内科、西医内科、伤骨科、外科、五官科、小儿科、瘰疬科、妇产科和痔科等科室，其中痔科远近闻名。

梁徐街道社区卫生服务中心 1951年，江村区政府在江村成立联合诊所，地址在江村区政府前面的两间房内。1953年迁到梁徐陆林仙家中，有4名医生。1962年迁到陆峰家。1963年后又迁到陆兵武家。1965年，诊所又迁至供销社西边，原农具厂门市所属房屋内。1969年经上级批准成立梁徐公社卫生院。1977年，卫生院迁到梁徐大队南野生产队，也就是梁徐街道社区卫生服务中心现址。

1983年撤社建乡，原梁徐公社卫生院更名为梁徐乡卫生院。1988年，梁徐乡卫生院有在职职工29人，卫生技术人员26人，开放床位40张，年门诊4.9万人次，住院2098人次，占地面积5312平方米，建筑面积1800平方米，固定资产总值18.81万元。1994年获一级甲等医院资质。2000年，梁徐乡卫生院更名为梁徐镇卫生院。

2019年，梁徐撤镇设立梁徐街道办事处，梁徐镇卫生院更名为梁徐街道社区卫生服务中心。梁徐街道社区卫生服务中心位于梁徐街道商业街81号，占地面积5715平方米，建筑面积5699平方米。卫生服务中心核定床位30张，实际开放床位30张；在职职工50人，其中高级职称19人，中级职称8人。服务中心设有全科医疗科、内科、外科、妇产科、中医外科、口腔科、儿科、预防保健科等科室。中医外科、高血压专科为特色科室。医技科室有检验科、胃镜室、放射科、B超室、心电图室，拥有DR机、彩色B超机、全自动生化分析仪、电子胃镜、血细胞计数仪、血凝仪、心电监护仪等万元以上设备。负责辖区16个社区居民的基本医疗和公共卫生服务。

随着新农合的全覆盖和民生工程的全面实施。2012年起，镇政府组织镇医疗卫生部门医务人员对65周岁以上老人进行一年一度的免费体检，使许多老年人的病情及时发现，及时治疗。2021年，参检人数占应检人数的88%。

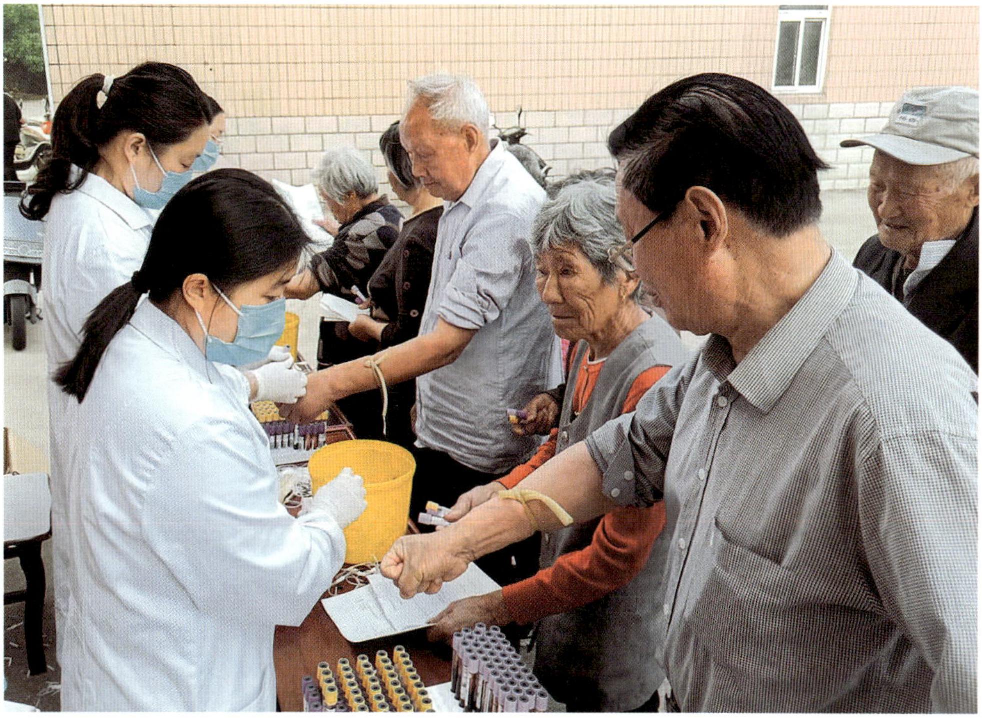

社区卫生服务中心医生为65岁以上老人免费体检

组织机构

党委

1950年，梁徐乡、江林乡（王石乡）隶属中共泰县江村区委。1957年撤区并乡，2月，设立中国共产党泰县梁徐乡委员会、中国共产党泰县江林乡委员会。1958年9月，成立梁徐人民公社，设立中国共产党泰县梁徐人民公社委员会。1959年5月，成立王石人民公社，设立中国共产党泰县王石人民公社委员会，其中"文化大革命"期间的1969年11月至1970年9月，建立泰县王石人民公社革命委员会党的核心小组；1970年1月至1970年8月，建立泰县梁徐人民公社革命委员会党的核心小组。1983年10月，中国共产党泰县梁徐人民公社委员会改为中国共产党泰县梁徐乡委员会，中国共产党泰县王石人民公社委员会改为中国共产党泰县王石乡委员会。2000年3月，梁徐、王石2个乡党委合并为中国共产党姜堰市梁徐镇委员会。2019年11月，梁徐撤镇设街道，改称中共泰州市姜堰区委梁徐街道工作委员会。

2021年，中国共产党姜堰区梁徐街道工作委员会下辖50个基层党组织，其中党总支14个、党支部36个；有中共党员1694人。

人民代表大会

1957年12月，撤区并乡，梁徐、江林乡分别设立乡人民委员会。1990年3月，梁徐、王石乡以及2000年合并后的梁徐镇，在人大闭会期间分别设立人大主席团，开始设乡镇人大主席团常务主席，后直设人大主席。2019年11月，梁徐撤镇设街道，改称人大工委主任。

人民政府

1957年撤区并乡，2月设泰县梁徐乡人民委员会、泰县江林乡人民委员会。1958年9月，成立泰县梁徐人民公社。1959年5月，成立泰县王石人民公社。

1968年至1981年，梁徐、王石分别设立人民公社革命委员会。1981年至1983年，梁徐、王石分别设立人民公社管理委员会。1983年10月，设立泰县梁徐乡人民政府、泰县王石乡人民政府。2000年3月，梁徐、王石乡合并为姜堰市梁徐镇人民政府。2019年11月，梁徐撤镇设街道，成立泰州市姜堰区人民政府梁徐街道办事处。

政协工作委员会

2014年8月，梁徐镇设立政协工作委员会。2014年8月，张学兵任梁徐政协工作委员会主任。2015年10月至2016年11月，曹爱国任梁徐政协工作委员会主任。此后，梁徐政协工委一直由副主任主持工作，直到2021年3月撤销。

1959—2000 年王石（公社）乡党委书记更迭情况一览表

表 4

姓　名	职务	任职时间
丁正芝	公社党委书记	1959.05—1960.10
夏迺忠	公社党委书记	1960.11—1961.05
朱玉仁	公社党委书记	1964.02—1967.01
王金淦	公社核心小组组长	1969.11—1970.09
陆金栋	公社党委书记	1973.10—1976.12
夏如海	公社党委书记	1978.11—1981.02
申开香	公社（乡）党委书记	1981.03—1984.06
戴永久	乡党委书记	1984.07—1988.02
申云昌	乡党委书记	1988.03—1992.11
夏月林	乡党委书记	1992.12—1994.12
杭金龙	乡党委书记	1995.01—1997.06
杭春发	乡党委书记	1997.07—1998.11
申厚圣	乡党委书记	1998.12—2000.02

1957—2000 年王石乡乡长（人民公社社长、主任）更迭情况一览表

表 5

姓　名	职务	任职时间
陈存裕	乡长（江林乡）	1957.02—1957.11
尹加干	乡长	1957.12—1958.09
窦广寿	公社社长	1959.05—1959.10
邢桂元	公社社长	1959.11—1960.04
智海春	公社社长	1960.05—1964.03
林良秀	公社社长	1964.04—1967.01
王金淦	公社革命委员会主任	1968.04—1973.10

续表

姓　名	职务	任职时间
王秀东	公社革命委员会主任	1973.11—1981.03
王秀东	公社管理委员会主任	1981.04—1982.06
戎恒贵	公社管理委员会主任	1982.07—1983.12
戎恒贵	乡长	1984.01—1987.03
李法进	乡长	1987.04—1991.03
茆玉森	乡长	1991.04—1992.03
李仁富	乡长	1992.04—1994.05
陈明冠	乡长	1994.06—1996.02
杭春发	乡长	1996.03—1997.04
张小兵	乡长	1997.05—1998.03
王余根	乡长	1998.04—2000.02

1990—2000年王石乡人民代表大会主席团主席更迭情况一览表

表6

姓　名	任职时间
申云昌	1990.03—1991.03
钱文根	1991.04—1996.04
秦国喜	1996.05—2000.02

1957—2022年梁徐乡（公社、镇、街道）党委书记更迭情况一览表

表7

姓　名	职务	任职时间
俞言品	乡党委书记	1957.02—1957.11
许仁波	乡党委书记	1957.12—1958.09
鲍存百	公社党委书记	1958.10—1959.02
张　克	公社党委书记	1959.03—1959.11
鲍存百	公社党委书记	1959.12—1961.11
许仁波	公社党委书记	1961.12—1967.01
蒋宏德	公社核心小组组长	1970.01—1970.08
许仁波	公社党委书记	1970.09—1975.08
杭寿庆	公社党委书记	1975.09—1983.07
张忠桂	乡党委书记	1983.08—1985.12
袁宝根	乡党委书记	1987.03—1988.12
严宏生	乡党委书记	1989.01—1992.04
蒋玉平	乡党委书记	1992.05—1998.02
杭春发	乡党委书记	1998.03—2000.02

续表

姓　名	职务	任职时间
张智勇	镇党委书记	2000.03—2002.10
王兆斌	镇党委书记	2002.11—2004.03
花长开	镇党委书记	2004.04—2006.02
胡建华（女）	镇党委书记	2006.03—2007.11
丁家余	镇党委书记	2008.01—2013.10
孙大明	镇党委书记	2013.11—2015.12
石佳生	镇党委书记	2016.01—2018.10
许　兵	镇党委书记	2018.11—2019.10
许　兵	党工委书记	2019.11—2019.12
宋华卿	党工委书记	2020.09—2022.03
左　丞	党工委书记	2022.04—2025.02
毛贤惠	党工委书记	2025.03—

1957—2024 年梁徐乡乡长（人民公社社长、主任、镇长、办事处主任）更迭情况一览表

表 8

姓　名	职务	任职时间
陆吉祥	乡长	1957.02—1958.04
俞言品	乡长	1958.05—1958.09
郑金元	公社社长	1958.10—1959.04
鲍存百	公社社长	1959.05—1959.10
郑章元	公社社长	1959.11—1961.07
游善钊	公社社长	1961.08—1962.02
丁家谋	公社社长	1963.05—1966.02
卞学富	公社社长	1966.03—1967.01（兼）
蒋宏德	公社革命委员会主任	1968.04—1970.12
许仁波	公社革命委员会主任	1971.01—1975.08
杭寿庆	公社革命委员会主任	1975.09—1981.05
曹章林	公社管理委员会主任	1981.06—1983.10
曹章林	乡长	1983.11—1985.06
莫鹏程	乡长	1985.07—1989.12
钱文根	乡长	1990.01—1991.01
蒋玉平	乡长	1991.02—1992.04
陈祥凤	乡长	1992.05—1994.02
杭长福	乡长	1994.03—1996.04
杨善基	乡长	1996.05—1998.10
王玉才	乡长	1998.11—2000.02
陈中华	镇长	2000.03—2002.04

续表

姓　名	职务	任职时间
王兆斌	镇长	2002.05—2002.10
花长开	镇长	2002.11—2004.03
马　林	镇长	2004.04—2005.03
胡建华（女）	镇长	2005.04—2006.02
周宏才	镇长	2006.03—2010.08
钱兔琳	镇长	2010.09—2012.03
杨书标	镇长	2012.04—2014.08
石佳生	镇长	2014.09—2015.12
申　兵	镇长	2016.01—2017.12
顾文杰	镇长	2018.01—2019.10
顾文杰	街道办事处主任	2019.11—2021.04
丁红梅	街道办事处主任	2021.05—2021.11
仲　明	街道办事处主任	2021.12—2023.12
高　兴	街道办事处主任	2023.12—

1990—2021年梁徐乡（镇、街道）人民代表大会主席团主席（人大工委主任）更迭情况一览表

表9

姓　名	职务	任职时间
严宏生	人大主席团常务主席	1990.03—1992.04（兼）
蒋玉平	人大主席团常务主席	1992.05—1996.04（兼）
钱文根	人大主席团常务主席	1996.05—2000.02
蒋剑明	人大主席	2000.03—2001.12
张智勇	人大主席	2002.01—2002.10
王兆斌	人大主席	2002.11—2003.05（兼）
马　林	人大主席	2003.06—2004.03
花长开	人大主席	2004.04—2006.02（兼）
胡建华（女）	人大主席	2006.03—2007.11（兼）
钱兔琳（女）	人大主席	2007.12—2010.08
杨书标	人大主席	2010.09—2012.03
杨元美	人大主席	2012.04—2012.09
丁家余	人大主席	2013.03—2013.10（兼）
孙大明	人大主席	2013.11—2015.10（兼）
张学兵	人大主席	2015.11—2019.10
张学兵	人大工委主任	2019.11—2021.11
钱爱舜	人大工委主任	2021.12—

街道建设

20世纪50年代前，境内没有集镇，梁徐、王石只是较大的自然村。1958年以后，梁徐、王石成为乡（公社、镇）办公机构所在地，逐步形成政治、经济、文化中心。2000年乡镇合并后，政府统一规划，加快城乡一体化的基础配套设施建设。梁徐现代化的工业园区拔地而起。集镇工业区、商业区、居民区、文体区布局合理。乡村道路全部硬质化，主要道路亮化，环境卫生美化，生态宜居，居民幸福。

集镇规划

梁徐集镇

梁徐集镇位于梁徐街道中部，旧称梁徐庄。中华人民共和国成立前后，梁徐是较大的自然村。1957年2月撤区并乡时，将江村、坡良、周埭、张葛、沿黄等乡合并成梁徐乡。1953年至1957年，江村区公所迁至梁徐，随后粮管所、黄村布厂、供销合作社等一些单位也陆续迁入。从1957年后，梁徐一直是梁徐乡（公社、镇、街道）办公驻地。

1958年9月，梁徐人民公社成立，原

集镇夜景

兴梁公寓

区公所办公地改为公社办公地。集镇先后开设财金所（信用社的前身）、邮电所等服务行业，新建铁木农具社、砂轮厂等企业。

1975年秋冬季，中干河、中心河同时开挖，姜泗路改道。姜泗路沿中心河南80米平行修筑，形成东起中干河梁徐东大桥、西止周野村拐弯处全长2.6千米的东西向的梁徐大道；依中心河桥向南0.4千米、向北0.5千米修筑了1条南北向的府前路，形成十字形的街道。从府前路中心河桥南以公社驻地为中心，文化站、卫生院、影剧院、邮电所、中心饭店、纺机配件厂、羊毛衫厂等相继落户。先后在梁徐大道两侧新建、改建、扩建了供销社、电器开关厂、工业公司、炕坊、农贸市场、梁徐中学、梁徐中心小学、建筑公司、用电站、食品站、农科站、农机站、多种经营服务站、兽医站、密封蓄电池厂等单位。

2015年，经泰州市人民政府批准，实施2014年至2030年梁徐镇总体规划，规划面积63平方公里。按“两心”“两轴”“两片”的空间布局结构逐步实施。“两心”是行政办公主中心、文化教育次中心，“两轴”是双登大道、南京路形成两条发展轴，“两片”以南京路为界分为东、西两个片区。

2012年，梁徐主集镇开始房地产开发。是年，桃园新寓商住楼开工，桃园

梁徐集镇

新寓商住楼因紧邻梁徐果林场而得名。桃园新寓商住楼位于梁徐府前路与园区三路交叉路口、文泽院东侧，西临双登大道，北靠海姜快速路，距姜中新校区约5分钟车程；占地总面积8900平方米，建筑面积15000平方米，可入住150户，总投资6000万元；由艾美瑞建筑有限公司承建。文泽院位于桃园新寓西侧，园区四路北侧，梁徐社区17组东侧，紧邻姜堰区规划中的教育小镇和在建的姜中新校区；用地总面积18390平方米，建筑总面积25746平方米，规划入住196户；2021年3月8日开工，2023年5月30日竣工。清华溪院（美域溪院）位于双登大道88号，西至周扬河，东至双登大道，南至规划路，北至涵容家园，用地面积42009平方米，建筑面积55487平方米，其中地下建筑面积3952平方米，地上建筑面积51535平方米；共建花园洋房3幢，16399平方米；联排住宅25幢，27831平方米；联排住宅双拼2408平方米；物业用房391平方米；物业管理用房150平方米，2022年6月竣工。兴梁公寓位于梁徐街道梁徐社区，姜泗路北侧；总用地面积34287平方米，地面建筑面积60550平方米，其中9幢多层住宅建筑面积35525平方米，312户安置房；公共配套建筑面积1902平方米，项目总投资2.3亿元。

2021年，集镇东西长1.2千米，南北宽约500米，面积约1.8平方千米；集镇北部是第一工业园区；有主街道2条，初中、小学、幼儿园各1所；有农业银行、农村商业银行、医院、广电、邮电、自来水等服务部门，还有商贸店铺210多家。姜泗路、双登大道在镇区相交，809路、822路、839路公交车从镇区经过。

王石集镇

王石集镇位于梁徐街道东南，姜堰城区南部，距姜堰城区约7千米，旧称后黄沙沟。姜（堰）八（圩）公路贯穿南北，王石河横贯东西。

元末明初以来，不少来自江南的能工巧匠和商贩聚集在王石，先后办起了油坊、糟坊、粉坊、染坊、铁木作坊。在老王石河两岸、姜八公路两侧开设肉铺、油面店、饭店、布店、裁缝店以及杂货店。

1959年5月，王石人民公社成立，王石公社驻地迁到后黄沙沟（王石大队），公社驻地在姜八公路路东，占地面积4000平方米，有瓦房70间。公社驻地迁到黄沙沟后，王石成为全公社的政治、经济、文化中心，先后在姜八公路两侧建有王石中学、王石中心小学、供销社、商业合作社、影剧院、派出所、信用社、邮电所、王石联合诊所（后改称卫生院）、国营饭店、兽医站、食品站、粮管所、国税所、地税所、邮电所等服务部门，以及农具厂、毛纺厂、织带厂、服装厂、石灰厂、陶瓷厂、运输公司、建筑公司等企业。

1985年，乡政府修编集镇规划，按照“北上”“南延”“西扩”的方案，姜八公路北至林野桥、南到前林桥的两侧作为集镇开发带，全长2.6千米。“北上”，20世纪90年代中期，招商引资1200万美元，在集镇北部的姜八公路东侧、周山河南岸新建一座年产24万吨的水泥厂，在水泥厂码头建水深5米的泊位近30个，同时新建加油站、造船厂、建材公司各1家。“南延”，从影剧院向南的姜八公路两侧开发商住楼，楼下是店面房，楼上是住宅。“西扩”，1997年，在姜八公路路西新建日供水2000吨的自来水厂。2018年，沿街有商铺203家。2019年，原王石乡所在地的王石社区划归罗塘街道管辖。

总体规划

根据泰州市人民政府关于同意泰州市梁徐镇总体规划（2014—2030）的批复精神，镇区总体规划（2014—2030）分两步，即近期、远期。

近期为姜堰城区南侧近郊的工贸型城镇，远期要发展成为姜堰城区南部的一个新型城市社区。

集镇规划

镇区人口规模近期2.2万人，远期3.2万人。建设用地规模，近期2.552平方千米，远期3.36平方千米。镇区人均用地近期116平方米，远期105平方米。

镇区总体布局 依托镇区，利用现

有条件，合理规划路网，全面提高镇区公共设施和基础。设施发展注重社区效益、环境效益和经济效益，以内涵式集约发展为主，发展方向为：东接，南展，西拓，北连。形成“两心”“两宅”“两轴”的空间布局结构。

镇区各类用地规划 居住用地1.139平方千米，占建设用地33.9%，人均35.6平方米。公共管理与公共服务设施用地0.247平方千米，占建设用地7.4%，人均7.7平方米。商业服务设施用地0.161平方千米，占建设用地4.8%，人均5平方米。工业用地0.987平方千米，占建设用地29.4%，人均30.8平方米。道路与交通设施用地0.436平方千米，其中城市道路用地0.389平方千米，占建设用地13.0%，人均13.6平方米。公共设施用地0.01平方千米，占建设用地0.3%，人均0.3平方米。绿地与广场用地0.38平方千米，占建设用地11.3%，人均11.9平方米。水域及其他用地0.528平方千米。

镇区公用工程设施规划 给水规划。镇区用水总量为1.65万立方米/日。由泰州区域供水管网经姜堰二水厂增压泵站供水，水源采用长江水。给水管道规划至主、次干路级，主干路为控制管道。镇区主管管径DN600～DN400，内部道路敷设DN300管道。排水规划。实施雨污分流制，规划镇区污水处理总量1.18万立方米/日。规划区内工业污水必须进行预处理，再排入污水管网，然后送至姜堰城区污水处理厂处理。雨水管网规划镇

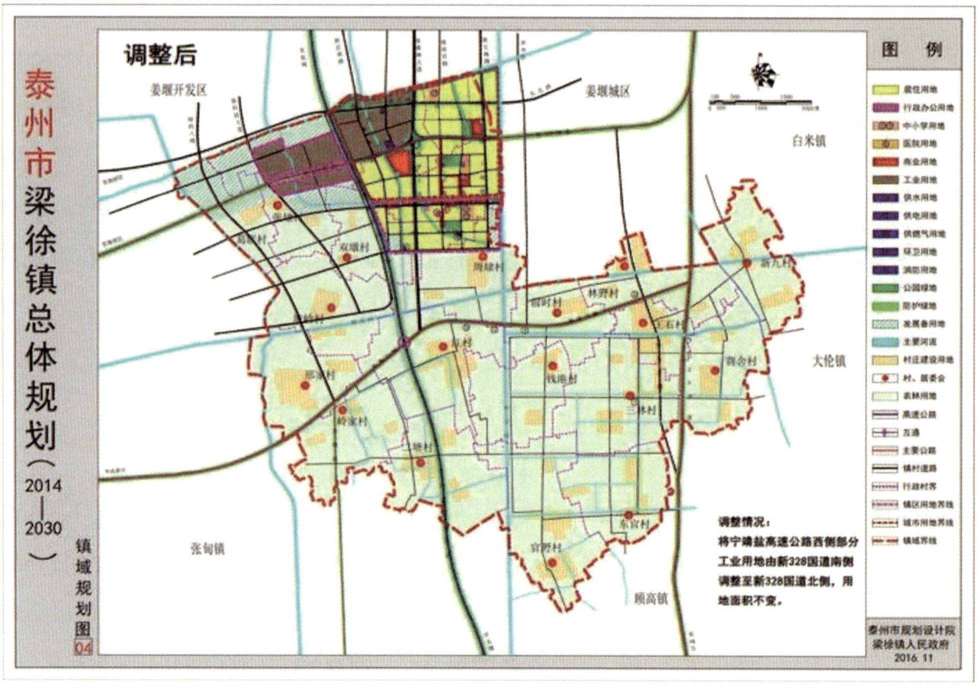

梁徐镇（街道）规划图

区主干管道径为D400-D500，保证雨水排放畅通。

供电工程规划 预测镇区负荷约7.16万kW，电源来自220KV陆庄变和高庄变，变电压等级为110KV，配电电压为10KV。电力线路按道路走向及规划的电力线路走廊，统一布置架设，镇区中心地段逐步实现10KV电力线路电缆埋地化。电力线路与电信线路分置道路两侧。

电信电视工程规划 预测电信容量镇区电话用户1.75万门，交换机容量1.75万门以上。预测镇区有线电视用户达1.07万户，有线电视入户率达100%。

燃气工程规划 预测镇区总用气量为578.6万立方米/年，接受“西气东输”冀宁联络线苏中支线来气，镇区实现区域管道集中供气。远期有条件村庄农户采用管道集中供气，逐步取缔瓶装气，使用天然气。调压站采用中、低压两级制，中压管起始压力为≤2mpa，末端压力为2800pa，干管管径向为De110，中压燃气支管管径De90~De75。

环卫工程规划 目标生活垃圾袋装化，生活垃圾和污水无害化处理率近期80%，远期达到100%。居住区150米半径设密封式垃圾收集站，镇区主要干道沿路每隔100米设垃圾收集箱，镇域内设立垃圾中转站1处。公厕达到三类以上厕所标准。

镇区环境保护规划 保护目标：地表水优于国家地表水Ⅲ类标准，大气环境质量优于国家环境质量二类标准；声学环境质量达到国家《城镇区域环境噪声》标准，生活区噪声≤55分贝、交通噪声≤70分贝。固体废弃物综合利用率90%，生活垃圾及污水无害化处理率100%。

镇区综合防灾规划 镇区设消防站1处，位于南京路西侧、中心河北侧，用地3000平方米，配消防车2辆，镇区主要道路设消火栓，消火栓间距不大于120米。老区改造均应留出消防通道，宽度大于3.5米。防洪规划按50年一遇防洪标准设防。人防工程规划，在街道等大型公共设施、广场等处，安排人防工事，配备地下储备、地下车库、医疗设施等，人防工程应满足镇区30%人口的人防需求。抗震防灾规划，地震基本烈度按7度设防，重大工程和生命线工程抗震按8度标准设防。

发展规划

发展目标

总体目标

1.全镇社会文明和谐、科技文化发达、经济繁荣昌盛，各项事业协调发展。

2.镇区建设成为市内领先的设施先进、功能合理、环境优美的现代化生态型小城镇。

经济发展目标

近期，地区生产总值（GDP）48.0亿元，人均GDP9.6万元，年平均增长10%，三次产业结构13.5∶54.5∶32.0。

到2030年，地区生产总值（GDP）100.0亿元，人均GDP20.8万元，三次产业结构10.0∶42.0∶48.0。

社会发展目标

1.人口发展目标：保持人口较为合理的自然增长率；提升教育水平，提高人口素质；实施积极的城镇化战略，优化产业政策，引导人口有序向城镇集中。

2.科教发展目标：加大人才资源开发力度，形成人才培养、引进、使用的新机制，高等教育普及化程度提高，科技进步对经济发展的推动作用明显增强。

3.人民生活目标：城镇居民人均可支配收入和农民人均纯收入年均增长10%以上，城镇职工基本养老、失业、医疗保险基本实现全覆盖。

生态环境建设目标

资源利用效率显著提高，环境污染得到有效遏制，生态和人居环境有较大改善，人与自然和谐共处。将梁徐建成人民生活富裕、生态环境优良、人居环境优美的生态宜居城镇。

发展战略

总体战略

1.可持续发展战略。实现人口、经济、社会、资源与环境的协调发展、持续发展。

2.相对集中战略。居民点和生产力布局相对集中，强化镇区中心职能、调整用地结构、完善镇区各项设施，加强行政村建设和改造，促进镇域社会主义新农村建设健康发展。

3.工业兴镇战略。逐步稳定一产质量；大力发展二产，调整工业结构、培育支柱产业；积极促进三产，发展现代服务业，完善市场体系。

4.外向带动战略。扩大内引外联，积极探索多元化的社会投资模式，发展规模经济，创建、提升地方经济特色，提高经济的规模和效益。

5.科教兴镇战略。坚持科技是第一生产力，加大科技投入，提高现代化管理水平；坚持教育为本，大力吸引科技人才和成果，提高全镇人民的科技文化素质。

6.生态环境保护战略。切实保证经济高速发展不以牺牲环境为代价，注重不断提高环境质量，保护有限的土地资源，营造优美的生产、生活环境。

农业发展策略

以万亩蔬菜生产、百万株果树种植、万亩农业示范方为突破口，形成生态农业、高效农业和观光农业。

重点发展镇域各种农副产品（蔬菜、水果、畜禽等）的生产、加工与交易，加快全镇农业结构调整步伐，积极推进农村土地流转，实现农业规模化经营。

工业发展策略

利用镇工业集中区的规模优势和产业优势，继续做大做强电池、电线、电缆等智能电网和新能源产业，形成园区特色。

重点发展新能源、智能电网和农副产品深加工业，通过引进技术和人才，加大产业结构调整，增强企业竞争力，提高镇经济发展动力。

社会事业发展策略

普遍提高公共服务设施和基础设施水平，加强镇域路网的改造和镇容镇貌的建设；优化教育结构，改善办学条件，提高全民素质。

重点发展镇文化教育事业，利用镇现有教育水平较高的优势，进一步整合教育资源，拓展教育渠道打造镇特色文化教育产业。

生态环境建设策略

坚持节约优先、环保优先，走生态文明发展道路，打造环境友好型社会。

重点调整经济结构、产业结构、产品结构，发展循环经济，建设一批生态示范工程。

基础设施

道路及交通

20世纪50年代前，农村民居散落，路道根据生产和生活的需要自然形成，弯弯曲曲，坑坑洼洼，交通不便。陆上运输主要靠独轮木盘小车或肩挑人扛，水上交通要道是小木桥或渡船。

为了支援中国人民解放军打过长江，

海姜快速通道梁徐高架夜景

盐靖高速梁徐互通

1949年3月，泰县动员数千民工，动用800多辆独轮车，修筑了姜（堰）黄（桥）公路。1951年，蒋垛、顾高、江村3个区动员5000多民工，用30多万个工作日，将姜（堰）黄（桥）公路裁弯取直。1958年6月，泰县动员民工，用15000多个工日，将路面再次修整，使路面增高60厘米，并发动群众献碎砖，共完成土方105万立方米，铺成路基宽7.5米、路面宽3.5米的碎砖路面。1982年，对姜（堰）黄（桥）公路进行改造拓宽，使路基达到12米、路面达到9米，并全部铺上砂石，单车道改为双车道，达国家二级标准。进入21世纪，姜黄公路改为沥青路面。

1956年，泰县投入33800个工日，筑成路基宽6.5米、路面宽3米的姜（堰）（大）泗土公路，次年通车，由于是泥土路面，路况极差。1962年进行整修，此后历经三次改道。开始是砂石路面，乡镇合并后，改为沥青路面。

姜黄公路、姜泗公路的修筑，盐靖公路的通车，海姜快速通道的建成，改善了梁徐地区的交通条件。

20世纪70年代，随着农业学大寨运动的开展，梁徐、王石2个公社开展大规模的平田整地运动，结合平田整地，对

官野路

路道进行整体规划，使村与村、组与组之间道路相通，原有路道去弯取直，路网基本形成。20世纪90年代后期，陆续对域内的镇村、村组道路进行硬质化改造。2021年，街道有镇村、村组硬质化公路105条，长171.11千米。其中：二级砼路道4条，长5.840千米；三级砼路道6条，长5.160千米；四级砼路道92条，长136.09千米；三级黑色路面6条，长24.02千米。

20世纪80年代，改革开放带动农村经济快速发展，农村交通运输条件不断改善，域内从事运输行业的个体户以及客、货运输专业户开始出现，农民外出较为方便。20世纪90年代后，农村交通运输条件有了很大改变。货运以卡车为主；客运工具多为轿车、面包车和中巴车。2021年，经过集镇的公交车有姜堰—张甸的809路、姜堰—大窑的822路；有姜堰直达二塘的850路，另外还有姜堰—大泗的839路、姜堰—泰州南站的902路和姜堰—蒋垛、姜堰—顾高、姜堰—大坨等地的过境车辆，以及梁徐—二塘的镇村公交。

桥梁

梁徐境内河道较多，20世纪50年代前境内只有老通扬河、老生产河和葛港河3条主河道。20世纪50年代后，先后开挖周山河、中干河、新生产河3条县级河道以及周杨河、中心河、王石河等乡级河道。20世纪60年代前，梁徐地区交通落后，桥梁较少，大多是小而窄的杂木桥，过往行人和货物运输主要靠摆渡，当时域内的周山河设有渡口5处、老通扬河设有渡口6处、中干河设有渡口3处。改革开放后，随着国民经济的发展，原有渡口全部修建了桥梁。

邢家斗私桥

20世纪70年代前，梁徐境内有姜堰到大泗、姜堰到八圩2条公路，5座公路桥，开始是用杉木或杂木建的木桥，姜黄公路上的林野桥是砖砌拱桥；20世纪80年代后，先后将木桥、砖砌拱桥改建为水泥桥。20世纪90年代后，随着经济的发展，境内路道四通八达，县道、乡（镇）村公路

中干河梁徐东桥

桥梁不断新建、改建，用材全部是钢筋混凝土，桥型以板梁为主，荷载汽-10、挂-50、汽-15、挂-80。2021年，全街道有县道、乡（镇）村公路桥梁83座，其中：桥面宽5米以下、载重15—20吨的桥梁62座，桥面宽5—6米、载重30—50吨的桥梁6座，桥面宽12—32米、载重100吨以上的桥梁9座。

梁徐境内县道公路桥梁一览表

表10

公路名称	桥名	跨越河名	桥长（米）	孔数（个）	路径（米）	全宽（米）	载重	结构形式	修(建)年份（年）
梁新路	同心桥	老生产河	40	3	2×10+13	7	公路 II 级	板梁	2015
姜高路	中干河桥	中干河	72	3	60	40	公路 II 级	板梁	2001
梁大线	梁徐东桥	中干河	76	5	2×8+3×20	40	公路 II 级	板梁	2019
	周杨桥	周杨河	37	3	2×10+13	10	公路 II 级	板梁	1993
	坡岭桥	周山河	68	5	4×10+13	8	汽 -15	板梁	1982
科技大道	老通扬河桥	老通杨河	76	5	2×8+3×20	30	汽 -15	板梁	2019
兴姜大道	中干河桥	中干河	76	5	2×8+3×20	30	公路 II 级	板梁	2020
广州路	老通扬河桥	老通扬河	76	5	2×8+3×20	26	汽 -15	板梁	2019
双登大道	老通扬河桥	老通扬河	76	5	2×8+3×20	26	汽 -15	板梁	2002
	中心河桥	中心河	55	3	2×10+13	26	汽 -15	板梁	2002
	周山河桥	周山河	76	5	4×10+3×20	26	汽 -15	板梁	2002

邮政电信

梁徐域内邮政起步较早，宋朝绍兴元年（1131），泰县就置有邮政驿铺，递送公文，泰州为总铺，东线有梁徐境内的葛港驿铺，铺内有官厅3间，邮亭1座，左右房3间。光绪二十九年（1903），邮政局逐步取代了铺递。1912年，葛港铺递撤销。

1941年2月，中共泰县交通站建立以雅周为中心的姜南区等9处交通联络网点。1946年2月，中共泰县交通局在江村建立三等邮局。民国时期，乡村投递为步班投递邮路。20世纪50年代后期，开辟自行车邮路。

中华人民共和国成立后，邮点逐步

增多，基本每个区、乡都有代办点。梁徐、王石当时有驻点1人，乡邮员1人。1956年，泰县在梁徐新设支局。1959年，因传递任务扩大，又增加1名乡邮员。梁徐邮政代办点在公社大门口专设一室；王石邮政代办点在公社门口与当时广播放大站同在一室。

1959年至1962年，每个生产大队都装有电话，电话线与广播线同线，在广播期间不能通电话。20世纪50年代后，各公社成立邮政代办所。1964年，泰县邮政局开辟了姜堰—梁徐邮路。1965年3月，梁徐建立邮电所。1970年，泰县邮政局开辟了姜堰—梁徐—张甸—大泗摩托车邮路。1978年，泰县邮政局开辟了姜堰—王石—大纶摩托车邮路。

1972年，王石邮政代办站迁至王石粮管所北、姜（堰）八（圩）公路东与原王石手工业管理站同在一个办公室营业。梁徐、王石邮电代办所各有一台20门交换机，有专人值守。1976年，随着邮电业务的增长，原营业场所已不能适应业务发展的需要，王石邮电代办所迁至姜八公路以西、王石中学路南的王石村4组，建成两层办公楼。梁徐、王石2个邮电所电话交换机由1台20门增加到2台100门，值班人员由1人增加到3人，另有1名外线工，每个所招聘2名邮递员。1976年，邮电代办所改为邮电营业所。1987年，梁徐、王石邮电所上升为三等支局。1987年，梁徐开设电报电路。1989年，泰县电信局完成梁徐电缆铺设工程。

1991年，电话交换机更新为程控机，同年梁徐、王石成立邮电支局。1995年至1996年，农村电话用户激增，在这几年中梁徐、王石2乡新增电话用户18000多户。1993年，架设开通姜堰至梁徐光缆；年末，梁徐、王石电信支局自动电话机房投入使用。

1997年，王石邮电支局在姜八公路东侧、王石乡政府南的王石村1组新建占地8亩的邮电大楼，1998年2月运营。1998年9月，梁徐、王石2个邮电局的电信和邮政分开营业，分别建立电信支局和邮政支局。电信、邮政分开后，邮政主要业务是信件包裹投递、报刊发行以及邮政储蓄；电信主要业务是电话、电报、宽带和网络电视等。2001年11月，梁徐邮政支局开办电子汇兑业务。

2000年以后，王石电信支局合并到梁徐电信支局，王石电信支局保留营业点。

电力

发电　1957年以前，域内无法通电，夜间举行文艺演出、集会等大型活动都是用汽油灯照明。电影队下乡放映，全是自备发电机。

1978年后，社队工业发展迅速，企业用电量增长，供电紧缺。为弥补供电不足，王石砖瓦厂、毛纺厂和梁徐农具机械厂、蓄电池厂、纺机配件厂等有一定规模的乡办企业都自备30千瓦的发电机组，为企业生产用电提供电源。1995年以后，国家电网已能满足社会用电需求，乡村企业基本不需自发电。2004年后，梁徐集镇府前路、中心路上的路灯全部采用光伏和风力发电。随着光伏发电的推广，部分企业和居民安装了光伏发电设施。到2021年底，全镇629个农户的光伏装机容量7000千瓦。

机构　1959年，梁徐和王石人民公社分别在林田大队的三里跳、前时与林野大队的交界处各修建了一处电灌站（称国营电灌站），由姜堰变电所10千伏安输电线路供电。梁徐公社驻地的用电由林田电灌站延伸而来，王石公社驻地的用电由林野电灌站延伸而来。至此，域内开始通电。由于用电户少、用电量小，开始时没有专门的管理机构，由公社农机站派1—2名电工负责电力维护。1965年后，供电线路逐步向各大队延伸，到1975年，梁徐和王石人民公社所属各大队基本全部通电。1975年，梁徐和王石公社先后建立用电站，每站3—5人，各村（大队）陆续配电工1名，规模大的村（大队）配电工2名。村电工负责本村（大队）的线路维修、抄电表、收费等工作。由于疏于管理，电路线损严重，1984年起，梁徐、王石用电站先后对电工实行承包责任制，促使村电工主动查电管电。落实承包责任制后，当年的电路线损比上年下降14%。1985年，经泰县经济委员会批准，建立梁徐开关站，县供电局送电至梁徐开关站，由梁徐开关站控制各线路的用电，哪条线超负荷就关哪条线路，进出线路皆为10千伏，县供电局对开关站实行总价承包，实行自负盈亏。1994年起，所有电工都必须竞争上岗，逐步淘汰部分年龄偏大、业务水平偏低的村电工。1996年，用电管理站更名为供电营业所。1999年按姜堰供电局要求，对45周岁以上的电工进行清退，经济上给予一次性补偿，王石用电站为村电工购买了养老保险，解决了部分后顾之忧。2000年，行政区划调整，王石、梁徐两乡合并，两个用电站同时合并，由国家电力总公司统一管理。2010年，梁徐开关站35千伏变电所停止运行并拆除，改由黄村110千伏变电所供电。2015年，姜堰供电公司在三林5组新建一座大型全智能开关站。2016年10月，梁徐供电营业所整体合并到姜堰供电所，人员也逐步减少。到2021年，原梁徐供电营业所有职工4人。

供电　1959年，泰县地区建成35千伏泰（州）姜（堰）黄（桥）线投入运行，开始向各公社供电。梁徐公社、王石公社由姜堰变电所供电。全线采用木质电杆、木横担架设，高压导线采用50号、70号钢芯铝绞线，低压导线采用铝芯橡胶线。从1975年起，全域供电普及10千伏安线路，每个生产大队都配套安装50千伏安变压器1台。1990年，实施农网改造，木质电杆逐步更换成圆形砼杆，高度10—12米。1995年至1997年，结合农村两化（农村用电标准化、农村电气化），又进行了两次农网改造，导线换成粗线，增加变压器数量，将大变压器换成小变压器，缩小供电半径。1996年底，原2个乡镇农村用电全部建成标准乡镇，乡、村、户通电率100%，排灌用电供电保证率100%，村民生活用电保证率100%。2016年，再次对低压线路进行改造，杆路全部更换成高标号、粗钢筋、使用寿命更长的圆形砼杆或钢杆，钢芯铝绞线更换为架空绝缘线，将油浸变压器更换成体积小、节能、低噪、智能型变压器。

供水

1994年，王石乡政府筹措资金400万元，在前时10组（原吴野村1组）的王石河南岸新建一座日产3100吨的王石自来水厂，以王石河水作为水源。水厂有水泵6台，其中功率11kW的2台、7.5kW的4台，出水口使用直径为160毫米的钢管。供水主管是直径300毫米的水泥管；入村水管直径200毫米；入组水管是直径90毫米、63毫米、32毫米的pvc管；入户为直径20毫米和15毫米的塑料管；使用机械水表计量。主管线路总长约150千米，供水范围为王石乡的24个村和顾高镇的夏庄村3组，受益8700户、2.8万人。2000年3月通过拍卖改制给个人经营，2002年12月改用408米的深井水，15kW和22kW深井泵各一台，日供水3000吨。

梁徐的供水起步迟于王石。2000年，行政区划调整后，镇政府计划对原梁徐乡域内的管网进行铺设，建立自来水站，由姜堰二水厂供水，历经两年半的时间，耗资380万元，于2003年正式开通运营，受益9339户、3.2万人，年供水量151.8万吨。

2012年，梁徐镇政府将个人经营的王石自来水厂回购，改为集体经营，同年进行入户改造，将深井水改为长江水，并与梁徐自来水管网连接。2013年，梁徐自来水站与王石自来水站合并建立鑫梁供水服务有限公司，年购水量为180万吨。因原王石断面的管网老化跑冒滴漏严重，回购率不到50%。

2021年，街道年供水量265.9万吨。

村居建设

规划

2015年，经泰州市人民政府批准，实施2014年至2030年梁徐镇总体规划，根据梁徐镇域现状规模，综合考虑未来发展需要，规划镇域范围内设17个行政村，40个居民点，村庄建设用地2.08平方千米，人均建设用地130平方米，强化行政村的居住设施和环境建设，发扬自然、传统的空间布局特色，

江村社区塘家汪

引导以从事第一产业为主的农户在村庄集中居住，鼓励以从事第二、三产业为主的农户进城镇居住，不断推进城镇化进程。

近期重点做好康居示范村的规划和建设，并对影响规划的自然村建房进行控制，同时搞好农田保护区的规划和管理，严格控制非农占用耕地。村庄建设严格控制在规划确定的各居住点内实施，具体建设按各行政村编制的村庄建设规划的内容进行。

按照村庄建设规划和公共设施的服务半径进行镇域公共设施和市政设施布局，完善村级公共服务中心（村委、医疗所、文化活动室等）建设。合理配套村庄公共服务设施。优化配置、布局教育、卫生资源，提高服务水平，对规划撤并的村庄不再进行配套和改善。

加强乡村路道、河道、供水、排水、供电等基础设施建设和改造，改善农民生产、生活条件，推进农村饮用水安全工程建设。

保护村庄特色。保护村庄历史文化遗存和特殊地形地貌，保护富有特色的村庄格局、空间形态和自然人文环境。

工业区和保留的行政村应满足日常生活的需要，按要求强化基层社区的公共服务设施建设，规划撤并的村庄保持现有设施现状，不再兴建公共服务设施。

农（危）房改造

中华人民共和国成立前，域内农民住房大多是泥土草房，住瓦房的人家很少。中华人民共和国成立后，随着生活水平的不断提高，人们不断对房屋进行改建翻建，逐渐将泥土草房改建翻建成平瓦房、小波瓦房、小楼房，到1984年全镇泥土草房基本绝迹。由于受经济和技术条件限制，一些房屋建造质量很差，一般平瓦房屋面多为汪苮、竹椽，周围是三合土墙，有的是空心墙，建筑时没有打好基础，也没有地梁和圈梁。时间一长，有的墙体裂缝，有的桁条腐朽，有的盖缮漏雨，成了危房。2012年，全镇对低保户、五保户、贫困残疾户、建档立卡户的危房逐步进行改造。至2021年全域范围内改造农（危）房312户，其中翻建139户，维修173户，国家财政投入346万元。2021年，全街道已改造农（危）房户占应改造户的94.5%。

厕所改造

乡镇合并前，梁徐、王石2个乡曾两度进行农村改厕。1990年起，2个乡对农村村民在办理新建房手续审批时，要缴纳200元厕所改造保证金，新房建成后经验收合格后退还。从2006年开始，分期分批对农村露天粪坑进行改造，镇政府根据下达给各村的厕所改造任务和要求对村实行考核。改造标准是将露天粪坑改成三格式化粪池，水泥盖板密封，容积1立方米左右。到2015年，全镇改厕16900多户，省、区、镇三级投入资金1010万元。2010年以后，大部分农户在建房时，将粪坑改为化粪池。经过改造，环境卫生得到改善。

污水处理

2019年起，对全街道16个社区实行污水集中处理。2021年，已完成6349户的污水改造工作，占应改造户的45%，铺设污水管网86050米，建立污水中转泵站32个。

垃圾处理

开展环境长效管护工作。2009年起，镇建立垃圾站，各村建垃圾池，户设垃圾桶，并配备保洁员，同时在全镇范围内开展“四清二整治”工作，村庄环境有了新起色。各村（社区）定期不定期组织人员清扫垃圾，捡拾白色垃圾，居民生活垃圾由各组指派1名专业人员统一收集。垃圾收运覆盖全镇（街道）所有村（社区），实现垃圾清运率100%，无害化处理率100%。2021年，全街道有专业垃圾收集人员134人，垃圾箱（桶）7876个，专用垃圾车140多辆，街道垃圾中转站日均收集垃圾30吨以上。

江村社区污水处理站

环境整治

环境卫生 梁徐地区在环境卫生方面具有优良传统。20世纪50年代，汤野村就遍设垃圾箱，厕所有专人管理，粪便、垃圾定期封存。家家有痰盂，室内整齐清洁，室外无杂草，基本无蚊、无蝇、无鼠、无蟑螂，常年有检查评比和值日制度。1958年，全村仅有痢疾患者2人，739头猪无一死亡，人畜平安，被评为全国农村卫生先进单位。1958年7月，江苏省副省长管文蔚亲临汤野参观后大加赞扬。1959年，汤野经验在全国推广。

乡镇合并后的2001年，镇政府把村庄环境整治摆上议事日程，围绕村庄道路、给排水设施、垃圾处理、污水治理、人畜分离等问题，进行四治（治脏，治乱，治排水不畅，治污）、三清（清除违章搭建，清除露天粪坑、灰堆，危房改造清零）、二迁（专业畜禽养殖户统一迁至离村庄500米以外集中饲养，零散居家户搬迁到村规划区），目标达到“九化”（布局优化，道路硬质化，路灯亮化，沟河水面净化，卫生管理洁化，村庄绿化，村容美化，管理机制长效化，宜居环境城市化）。

2000年后，全镇开展农村道路建设，逐步实施村庄主要道路硬质化。部分有经济基础的村庄，进行了排水、环卫设施配套建设。2007年，开展以“整治一个村庄、美化一条进村通道、疏浚一条村庄河道、建好一个公共服务和健身娱乐场所、栽植一片绿化林、完善一套村庄长效管理制度”等“六个一”为目标的村庄整治行动。

加强畜禽养殖污染防治工作，推行“减量化、资源化、无害化、生态化”治理模式，制定“一户一策”整治方案，加强生态红线管控，对项目选址不符合生态红线区域管控要求、污染严重且治理无望的畜禽养殖场予以关闭。对18家小企业环保不达标问题逐一进行整治。围绕打造幸福河、建设生态河，开展河道疏浚工作，全街道70%以上的内河、沟塘进行了疏浚、护坡、绿化。

绿化

中华人民共和国成立前后，域内河沟纵横，林木大多长在河边、沟边，农户住宅周围栽一些桑树、楝树、榆树、杨树、槐树等，果树有白果树、桃树、柿树、杏树等，大多数农户屋后都有竹园，成竹用来做生产、生活用具。20世纪60年代，大力发展养蚕，每个生产队少则几亩，多则十几亩的湖桑田。

20世纪60年代至70年代，农村开展大规模的平田整地运动，实行土地方整化、农田林网化。每到春季，在路、渠、沟边栽植杨树、刺槐、水杉、214杨等树种。20世纪80年代农田林网基本成型。梁徐公社的曹黄、翟家、林田

改造后的王石河前时段

大队水杉大道长达2000多米，王石公社三林、东官大队田间连片林网面积3000亩。

河坡绿化 周山河是1958年人工开挖的县级河道，20世纪60年代，泰县人民政府在周山河两岸的坡面、庄台、土墩栽种苹果、梨、葡萄果树，后因管理不善，1965年改栽刺槐，由县林业站负责管理。20世纪90年代，县政府对中干河进行疏浚、护坡，随后就组织对河坡进行绿化，开始以意杨为主。2004年，增加水杉、池杉等树种的种植，同时还利用空间种草护坡。2014年，周杨河疏浚整治后，进行植绿护坡，实行多树种混栽，增设草坪。2020年，南中心河整治，种草植绿，多品种混栽。2021年，分别对王石河、西港河整治，植绿种草护坡，多品种混栽，至此，域内区、镇河道全部绿化成网。

园林绿化 2000年前，梁徐、王石两个乡利用二轮土地承包后预留的永久机动田打造成片林，采用政府无偿提供树苗，村负责管理，收益集体所有的运行模式。先后在前舍村、官野村、东官村栽种近300亩的意杨；在邢家村栽种22亩水杉；在江村村栽种了11亩的石榴、月季、石楠、广玉兰等树种；在黄村村、前时村、新九村、岭家村、王石村分别培植栾树、香樟、意杨、榉树、银杏等近百亩。2021年，全街道成片林面积近千亩。

道路绿化 2001年，宁靖盐高速公路建成通车，在两侧30米绿化林带栽种杨树、白果树、红叶李、夹竹桃等。2001年后，村村通道路工程提速升级，全镇道路绿化美化同步推进。2012年，在官野路两侧5米绿化带上，用紫竹、红叶石楠、枇杷、红榉、栾树等品种搭配栽种。2012年，在梁新路两侧各5米绿化带上，用红叶石楠、女贞、芙蓉混栽。2013年，在桥林路两侧各3米绿化带上栽植树种为香樟、女贞混栽；在王舍路、钱舍路两侧3米的绿化带上，间栽雪松、香樟、紫薇、栾树等。2016年，全镇实现省道、县道、通村主干道绿化全面提档升级。

村庄绿化 结合新农村建设和农村环境整治，各村建设农民休闲健身广场和幸福河湖，实现春花、夏叶、秋果、冬绿的宜居环境。桂花树、广玉兰、

盐靖高速梁徐段绿化带

江村社区居民庭院绿化

五针松、红枫等名贵树种进村落户。江村村、周埭村创建成江苏省绿美乡村，邢家村创建成泰州市特色田园乡村示范村。

古树名木 岭家村4组土地庙前的古银杏，树龄120年，树高19米，胸围210厘米，冠幅10米，长势良好。

江村村的古银杏，树龄150年，树高18米，胸围190厘米，冠幅15米，长势良好。

官野村2组钱桂英家的1棵红榉，树龄120年，树高14米，胸围193厘米，冠幅12米，长势良好；1棵青榉，树龄120年，树高14.5米，胸围196厘米，冠幅12.8米，长势良好。2棵榉树，雌雄相伴，均为二级古树。

2021年，街道森林覆盖率27.85%。

岭家社区古银杏

特色产业

20世纪50年代前，梁徐地域以农业为主，粮油作物种植历史悠久。1958年成立人民公社后，工业开始起步，改革开放后，乡镇合并与技改投入，推动了产业升级。形成了以电池电缆、铁芯电器、绳网生产、木器加工和大米加工为特色的工业体系，以及设施农业等成为街道的特色产业。

特色工业

20世纪80年代初，乡（镇）、村、校办工业在社队办工业的基础上，进入相对发展较快时期，梁徐和王石两乡主要产品有电池电器、机械制造、纺机配件、毛纺针织、木工器材、水泥构件、制绳和服装等。

2000年3月，乡镇合并后，梁徐镇党委引导企业调优产品结构，鼓励企业增加产品投入，全镇工业发展后劲不断增强，进入发展新阶段。

2021年，街道主要产品有电池电力、铁芯电器、船舶设备、机械配件、包装材料、绳网产品、纺机配件、针织服装等。另外，锯木加工、坡岭绳网、稻米加工等产业具有梁徐特色。

双登集团全自动化pack生产区

锯木加工产业

梁徐的锯木加工产业起步于1987年。1987年，王石乡西塘村7组（2001年5月村合并后为二塘村17组）村民杨桂林投资0.3万元，购置了1台锯木加工机，利用自家的自留地在村道路边开设一锯木加工点，为农户提供来料加工服务。由于他注重加工质量，收费合理，服务周到，加工业务量逐年增加。

1994年，他以年租金每亩1000元的价格租用了西塘村7组0.5亩的集体土地，又添置了数控断料机、数控裁剪机、木箱压边机等机械，除继续为农户提供来料加工服务外，又增加了为周边企业生产包装箱的业务。

2000年，经工商注册，杨桂林将锯木加工点冠名为祥森包装材料有限公司，经营范围：组织杂树收购，锯木加工。主要产品木箱、托盘等在市场上供不应求。

2002年，杨桂林的儿子杨华接管企业，当年又租用3亩土地，投资200万元，改扩建生产车间1000平方米，业务范围扩大到家用电器、机械设备包装等产品，产品远销上海、苏州、泰州等地及姜堰周边地区的企业，年产值过千万元，并安排本村15名剩余劳动力就业。

在祥森包装材料厂的影响和带动下，2000年二塘村13组村民钱存万流转3亩土地，建成800平方米的生产车间，购置木器加工设备，创建了泰州市正和包装材料有限公司，主要生产木箱等产品。

2007年，二塘村17组村民杨圣林流转土地1.5亩，建成400平方米的生产车间，创办姜堰区圣林锯木业加工厂。

2008年，二塘村13组村民钱存芹利用3.5亩非耕地，建成700平方米的生产车间，创办泰州市腾达木业有限公司。

2010年，二塘村17组村民杨勇利用填平的4亩沟塘废地，建成700平方米的生产车间，创办姜堰区杨勇木制品包装厂。

2010年，二塘村14组村民申宝祥利用填平的1.5亩沟塘废地，建成200平方米的生产车间，创办姜堰区申氏木制品包装厂。

2012年，二塘村14组村民申根林，流转土地3.5亩，建成850平方米的生产车间，创办姜堰区鑫长木制品包装厂。

以祥森包装材料有限公司为核心的7家木材加工企业，协调组建加工联合体，实行统分结合，各家有业务时自己直接生产和销售，当某一企业没有业务时就为祥森包装材料有限公司加工产品，形成抗风险、增业务、促多赢的良好局面。

2015年，坡岭村林国强，投资200万元，流转3亩土地，创办姜堰区忠耀木制品粉碎加工厂。他将7家木材加工企业的边角料、锯木屑，以及收购农户树木整枝的枝条，进行机械粉碎，加工成木屑，年产量3100吨，销售给泰兴菇本堂、大丰等地的食用菌生产大户，作为食用菌基质原料。通过对边角料、锯木屑的再利用，从而减少了锯木加工带来的环境污染。

到2015年，二塘社区的木材加工，从木材的采购、运输、锯木加工、包装产品销售、废弃物（木屑）处理，形成一条完整的产业链，产品销售到上海、苏州、镇江、南通、泰州等地。二塘社区木材加工产业具有一定规模，是姜堰区规模较大的木材加工基地。

到2021年，二塘社区木材加工企业有固定资产970万元，有数控断料机、数控裁剪机、木箱压边机、木箱锁扣机、四面刨床、卧式带锯等自动化或半自动化木材加工机械，每年上缴国家税收90万元左右，吸收社区131名剩余劳动力到企业就业。

企业主致富后不忘回报社会，每年向集体捐款6万元以上。2019年，集资3万元完成了社区的亮化工程。

二塘社区祥森包装材料有限公司待运的托盘

坡岭制绳业

20世纪30年代，坡岭就有了制绳业。当时，坡岭村的林良记、夏维贞等人结伴去泰兴的马甸拜师学艺，学成回来后就办起了家庭作坊式的绳厂。此后，制绳队伍逐渐扩大，并逐步培养了一批制绳能人，其中手艺较好的有郑厚元、林美山等10多人。坡岭制绳业远近闻名，产品销至海安、如皋等周边城乡。1949年，在解放军发起渡江战役前，庄上的夏姓人家还向部队捐赠过一批麻绳。

绳有草绳和麻绳之分，草绳是用糯稻草或芒稞芯制成的，主要用于农家押遮雨用的苫子、蓬头等，坡岭人主要生产麻绳。20世纪70年代前，制绳都是以红麻、黄麻、苎麻等植物纤维为原料，这几种麻纤维长、韧性强，制成的绳经久耐用，其原料由农户种植，待成熟后从麻秆上将皮剥下晒干后卖给制绳户。20世纪60年代，由于原料短缺，有的制绳户就用棉花秸秆剥下的皮夹在麻皮里制成麻绳。麻绳主要是农用、船用和制作渔网等。

20世纪50—70年代，在“无农不稳，无工不富”的口号下，坡岭大队利用本地人才资源办起了绳厂。制绳器械是使用的传统木制手工摇绳车。晴天在室外操作，雨天停息，产量低、质量差、效益也不高。为了保障原料供应，坡岭大队各生产队都调整部分土地种植黄麻，每年秋天也向周边公社的生产队收购红麻、黄麻、苎麻。

20世纪80年代后，塑料制品大量出现，加之农村落实生产责任后，红麻、黄麻、苎麻很少有农户种植，以麻为原料的麻绳就改为塑料丝为原料的塑料绳。他们从泰州渔网厂购进塑料丝，加工成塑料绳后返销给渔网厂，有时或直接来料加工。改革开放后，个体经济发展迅速，到1998年，坡岭村有一定规模的制绳厂就有6家。由于有些企业舍不得技改投入，生产工艺落后，产品质量不稳，跟不上发展步伐逐渐被淘汰。2021年，上规模的企业只有陈石喜、陈金喜兄弟的泰州市姜堰远洋绳网厂和江苏凯恒绳业有限公司2家。

泰州市姜堰远洋绳网厂　泰州市姜堰远洋绳网厂创办于1982年。经过多年的发展，到2021年，企业占地面积5000平方米，建筑面积10000平方米，职工160多人，其中高级技术人员10人。企业重视技改投入，设备不断更新，先后购置了三股制绳机、八股制绳机、十二股制绳机以及从国外引进的五连拉丝机、磁悬浮加捻机等国际高尖端制绳设备。

泰州市姜堰远洋绳网厂生产的主要产品是：聚丙烯、聚酰胺、聚酯等标准绳索，尼龙（牛筋）复合绳索，超高分子量聚乙烯（迪尼玛）绳索，聚乙烯高强丙纶、高强涤纶、高分子复合绳，聚酯—聚丙烯混合绳索，白棕绳索。规格从直径六毫米到直径152毫米不同结构的三股、四股、八股、十二股、多股（双层）编织绳索。主要用于船舱设备、国防军工、远洋运输、工程勘探、渔业生产、出口贸易等不同用户。企业先后获得江苏省质监局“采用国际标准产品标志证书”、中国船级社质量认证公司“质量管理体系认证证书”、江苏省质监局“计量合格确认证书”。

2021年，企业固定资产总值1000万元，年产值2000万元，上缴税金20万元。

江苏凯恒绳业有限公司　江苏凯恒绳业有限公司成立于1992年，是集产品研发、制造、销售和售后服务于一体的最专业的绳索、网具制造商，同时也是泰州市高新技术企业之一。公司占地面积45000平方米，建筑面积30000平方米。2021年，固定资产总值3000万元，生产、研发人员110多人，年生产化纤绳索10000多吨，各种网具20万张。拥有包括近千吨强力测试机在内的一整套比较完善的检测设备和研发设备。其中48股编织圆绳机专为风力发电生产用绳索，购进价100多万元。公司分别通过了中国船级社以及挪威船级社、法国船级社、英国船级社、德国船级社、美国船级社、日本船级社、韩国船级社等国内外多家船级社及国家渔检部门认可。

公司采用国际标准生产“远航”牌绳缆，品种多，规格全。产品主要采用超

江苏凯恒绳业有限公生产车间一角

高分子量聚乙烯迪尼玛纤维、芳纶、高性能聚酯聚丙烯混合（涤丙混合）、聚酯（涤纶）、聚酰胺（锦纶复丝尼龙）、聚丙烯（丙纶PP）、聚乙烯（乙纶）等材料制成。企业可生产介于2毫米到160毫米之间，结构为三股、四股、六股、八股、十二股、十六股和双层编织的二十四股、三十二股、三十六股、四十八股等各式各样结构类型的绳索。产品广泛应用于深海探测、船舶拖带、海洋求助、海上打捞、海事救援、远洋运输中的锚绳和系船索、国防军工使用的海军绳缆和伞兵伞索、直升机吊索等以及港口拖带、远洋渔业、海水养殖、水利工程汽车绞盘绳、电力施工安全绳、户外用绳、野外紧急救助用绳等。部分产品获国家“实用新型专利证书”。2018年，在渔民心中口碑最好的服务商评选中获二等奖。

除绳索以外，公司还生产各种网具。有：港口码头吊装化肥袋、面粉袋等吊货网，用于江河堤坝保护的护坡网，抗洪时吊装石块堵截缺口用的抗洪网，以及船用防护网、舷梯安全网、盖仓网以及直升机防滑网等，还有填海造陆、造岛围坝用网等。由于网具不能使用机械化生产，全是由手工编结而成，公司就将材料发放给以坡岭为中心的周边地区及泰兴、海安、兴化等地的固定加工点，由加工点发放到农户进行加工。2021年，能够生产各种网具的企业江苏省仅此一家。

优质的产品赢得社会认可，公司先后获江苏省技术厅“高新技术企业认定证书”“高新技术产品认定证书”、中国船级社“质量管理体系认证证书”“工厂认可证书”。

2021年，公司产值3000万元，上缴税金30万元。

稻米加工产业

稻米加工产业是梁徐特色产业之一。2003年8月，前时村党支部书记钱忠明投资130万元，引进自动化生产线，创办了泰州市万福米厂，主要从事稻米加工、销售，在工商部门注册了“万禧千家”牌商标，同时通过了无公害农产品质量体系认证。企业日加工大米80吨，产品销往全国各地，其中在苏州市的销售份额就占20%。

2004年7月，前时村3组村民钱忠虎投资100万元，租用前时村3组的土地5亩，创办了泰州市姜堰区新兴米厂，注册

稻米加工自动化生产线

"金土地"牌商标。企业常年用工9人，年加工大米9000吨。

2005年6月，前时村3组村民钱忠悦租用林野村周山河林场土地15亩，创办了姜堰市佳美米业有限公司，注册"苏中"牌商标。企业常年用工9人，年加工大米8000吨。2010年10月，他又投资400万元，在梁徐第三工业园区租用土地10亩，创建泰州市姜堰三水米厂，注册"三水"牌商标。企业常年用工8人，年加工大米9000吨。

2008年6月，邢家村8组村民俞民投资230万元，购进开糙机、精米机、刨光机等先进的稻米加工设备，租用邢家村11组的土地5亩，建筑面积2000平方米，创办了泰州市信达米业有限公司，注册"信达"牌商标。企业常年用工5人，年加工大米4000吨。

2008年，前时村3组村民钱厚勇投资120万元，租用前时村8组的土地15亩，创办了泰州市姜堰区新兴米厂，注册"奥香"牌商标。企业常年用工12人，年加工大米15000吨。

2010年3月，前时村3组村民钱进投资110万元，租用前时村9组的土地5亩，创办了姜堰市鹏程米厂，注册"前进"牌商标。企业常年用工9人，年加工大米12000吨。

2012年，前时村村民许进军投资500万元，购进稻米加工生产线，在江村村中干河边与姜高路交界处，租用土地5亩，创办姜堰市姜丰粮食种植专业合作社，注册"润香"牌商标。企业常年用工13人，年加工大米9000吨。

到2021年，梁徐街道有上规模的稻米加工企业8家，分布在前时社区—邢家社区的姜（堰）高（港）路沿线，形成一条东西长6公里的稻米加工产业带。优质大米赢得市场，2021年，全国多个省、市都有梁徐大米的销售。稻米加工产业带动稻谷收购和稻米运输产业的发展，形成一条稻谷收购、稻米加工和稻米运输产业链。稻米加工产生的稻糠可以再利用，有的销往电厂和油厂用作为燃料，有的销往饲料厂经再加工后作为饲料。除常年固定用工外，另外还有稻谷收购、稻米运输以及其他临时用工，从而带动姜高路沿线170多名剩余劳动力就业。

工业园区建设

2000年3月乡镇合并后，镇政府确定成立工业集中区，进行集镇总体规划。

镇政府在集镇总体规划中，规划工业用地110.6公顷。主要集中于328国道北侧、双登大道西侧。以二类工业为主，规划门类以电子信息产业为主，对有污染的企业拒绝入园。

2001年筹办和创建了第一园区，位置在南京路与溱湖大道（双登大道）之间；2005年筹办和创建了第二工业园

梁徐第三工业园区

区，位置在原王石的林野桥北，后来由于区划调整，该园区划入罗塘街道辖区；2008年筹办和创建了第三工业园区，位于江村社区至邢家和岭家社区之间的姜高公路两侧。

第一工业园区创建后，为了吸引更多企业入园，在当时国家政策允许的情况下，对新入园企业实行“三年两减半”的激励措施，即对新入园企业在三年内将产品增值税和所得税实行减半征收。此后的几年间，每年都有10多家企业到园区落户。到2021年第一工业园区已有企业106家，85%以上的企业运营质态良好。园内的大唐泰州热电有限责任公司，年开票金额10亿元。双登电缆股份有限公司自入园后，生产设备不断改造升级，生产能力不断提高，产品不断更新，销售市场不断拓展，2021年开票金额近10亿元。到2021年，园区内已有江苏亚芳机械科技有限公司、泰州源鑫包装有限公司、泰州市姜堰区荣耀金属制品有限公司、江苏新高科分析仪器有限公司、泰州市明朗机械制造有限公司、泰州市福善达包装材料有限公司等骨干企业。2018年落户的江苏维锂新能源材料有限公司，是高科技企业，发展前景看好，公司的“磷酸铁锂正极边角料高效修复方法”项目参加“智创泰州”科技创新大赛，荣获大赛一等奖。

2008年，镇党委、政府决定并经姜堰市政府批准，在江村社区至邢家和岭家社区之间的姜高公路两侧建立第三工业园区。通过招商引资，陆续有拜瑞食品江苏有限公司、泰州市云智电力器材有限公司、江苏京天下电气科技有限公司、江苏力盛船舶设备制造有限公司、泰州市天力铁芯制造有限公司等企业入园。进园企业发展势头良好，相继出现了一些龙头企业。2021年，泰州市天力铁芯制造有限公司销售额超过4亿元；江苏金佳铁芯有限公司年销售额过亿元。2021年，已有32家企业在第三工业园区落户。

首钢节能技术实验基地

泰州市天力铁芯制造有限公司　泰州市天力铁芯制造有限公司，坐落在梁徐街道第三工业园区内，地处姜高路江村社区地段。公司成立于2009年5月，占地面积3.4万平方米，标准厂房2.6万平方米，注册资本10009万元，固定资产5140万元。职工186人，其中大学以上学历20余人。技术人员40人，其中研发人员20人。

公司注重加大技改投入，2010年以来，先后引进ZJX（05）-1000/50型、ZJX（2005）-1250/80型、变频BJ1250-806、气动ZJX（22）-400型、电动ZJX（22）-400型及变频自动BQHJ-800型横切线、立体卷铁芯等国内先进设备。公司主要产品有变压器铁芯、互感器铁芯、焊机铁芯等，年生产能力30000吨。2013年，公司变压器铁芯进入全国变压器产业前三名。

泰州市天力铁芯制造有限公司自动化生产线

公司注重新产品的研发。2011年，互感器铁芯、变压器铁芯的加工和服务，通过国家质量管理体系认证。企业获中国名牌企业促进会、全国高科技监督促进工作委员会信用专业委员会“全国质量信得过企业”证书以及质量管理体系（GB/T 19001—2016/ISO9001：2015）、环境健康安全管理体系（GB/T 24001—2016/ISO14001：2015）、能源管理体系（GB/T 23331—2020/IOS50001：2018）等认证。2015年相继获得江苏省民营科技企业与企业技术中心专利证书，2018年获市级“专精特新小巨人企业”称号，2019年获“国家高新技术企业”称号，2022年获国家级“专精特新小巨人企业”称号。

2013年后，企业纳税销售年均递增40%以上。2021年产值4.6亿元，纳税销售4.1亿元，纳税额983.5万元，被姜堰区经济开发区列入江苏省智能电网产业特色联盟重点培育的智能电网电器配件产业基地。

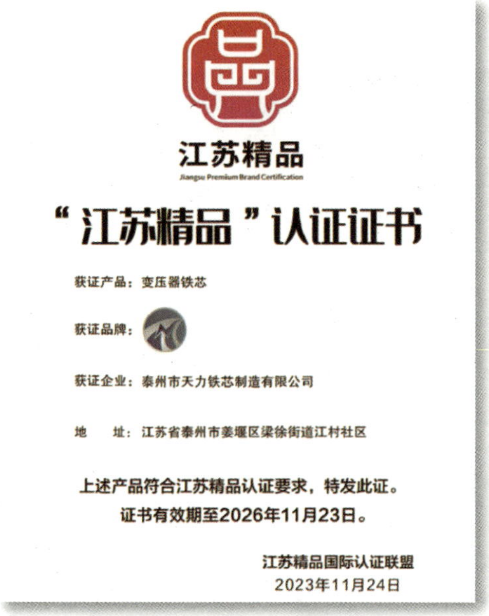
江苏精品
Jiangsu Premium Brand Certification
“江苏精品”认证证书
获证产品：变压器铁芯
获证品牌：
获证企业：泰州市天力铁芯制造有限公司
地　址：江苏省泰州市姜堰区梁徐街道江村社区
上述产品符合江苏精品认证要求，特发此证。
证书有效期至2026年11月23日。
江苏精品国际认证联盟
2023年11月24日

泰州市天力铁芯制造有限公司生产的变压器铁芯获“江苏精品”认证

双登集团股份有限公司　双登集团股份有限公司是国内从事蓄电池和新能源产品研发、生产、销售的国家重点高新技术企业，行业内唯一的“国家环境友好型企业”、国家知识产权示范企业、江苏省创新型领军企业、中国化学与物理电源行业协会副理事长单位、中国电池工业协会副理事长单位。产品广泛应用于通信基站、数据中心、电力储能等领域。双登集团建有国家级技术中心、博士后工作站、江苏省院士工作站、江苏省电化学储能技术重点实验室、江苏省高性能化学电源工程技术研究中心，承担国家863计划、强基工程、智能制造新模式应用等国家和省级科技计划项目80多项，获江苏省质量奖、省企业技术创新奖以及省科技进步奖多项。

双登集团股份有限公司的前身是梁徐砖瓦厂。1983年底，他们与天津自动化研究所（天津十八所）合作，开始生产铅酸电池。

1990年后，通过改造生产设备、提高产品质量、改变营销策略，从而拓宽了产品销路。1991年，企业实现销售额4000万元，利税近1000万元，一跃成为泰县的重点企业，同时将商标更名为

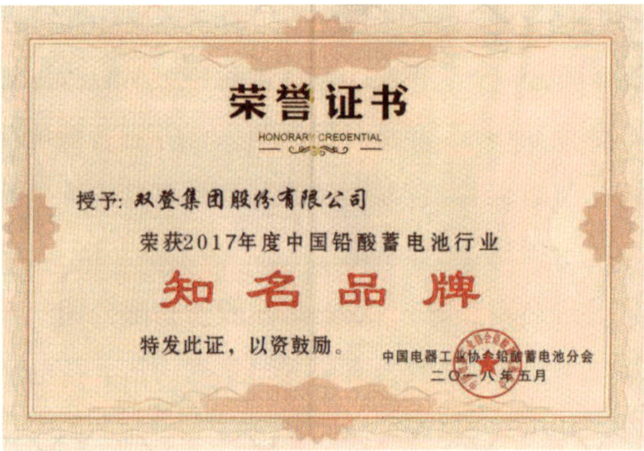
荣誉证书
HONORARY CREDENTIAL
授予：双登集团股份有限公司
荣获2017年度中国铅酸蓄电池行业
知名品牌
特发此证，以资鼓励。
中国电器工业协会铅酸蓄电池分会
二〇一八年五月

“双登”。

为了更能适应高速开拓市场的新形势，对原来的生产规模和方式进行升级改造，通过借壳上市融资，从美国引进全套生产线，从而彻底结束了手工作坊的生产历史，实现产品的更新换代。

21世纪初，公司在第一次转变发展方式的基础上，实现了第二次大的转变。提出“绿色战略”“新能源战略”，制定了创造世界知名品牌、全面推进双登集团全球化战略的新目标。公司大力推进转变发展方式。一是创新发展通信机房、数据中心机房等应用场景的新材料后备电源产品。二是创新发展太阳能储能电池产品，创造光电互补和风电互补储能产品。三是创新发展电动汽车蓄电池、创造我国汽车产业新能源。

2019年10月22日，“2019全球新能源企业500强榜单”发布，双登集团股份有限公司位列第133位。

2021年，公司占地面积1600亩，注册资本1.5亿元，员工1000多人，主营业务收入27.4亿元，净利润0.63亿元，其中锂离子储能电池收入15.73亿元，占公司主营业务收入的57.41%。

经过多年的经营，蓄电池产品月生

双登集团股份有限公司成品车间

产能力达到21000万AH。双登集团从1个公司发展了7个子公司，分别是：江苏富朗特新能源有限公司，江苏富思特电源有限公司，江苏贝思特动力电源有限公司，江苏双登电力科技有限公司，南京双登科技发展研究院，江苏如皋市天鹏冶金有限公司，江苏双登电池北京销售总公司。

双登电缆股份有限公司 双登电缆股份有限公司始建于1985年，是一家专注于新能源电线电缆产品研究、开发、生产及销售的国家高新技术企业，总部及研发基地设立于历史文化名城江苏泰州姜堰经济开发区，现有厂区占地面积14.5万平方米，建筑面积8.5万平方米，注册资本15000万元。企业先后获得了国家高新技术企业、国家 AAA 重合同守信用企业、江苏省 AAA 重合同守信用企业、江苏省企业技术中心、江苏省特种线缆工程技术研究中心、江苏省专精特新企业、江苏省绿色工厂、江苏省民营科技企业、中国线缆产业最具竞争力百强企业、光伏组件专用电缆十大优秀品牌等荣誉称号。

主要产品有光伏系列电缆、铝合金电缆、风能电缆、储能电缆、光电复合防水及阻水电缆、新能源汽车用电缆、柔性防火电缆、预分支电缆、核电站用电缆、轨道交通用电缆等全系列产品。多项产品填补了国内空白，是新能源电缆细分市场领域的领军企业。连续多年在新能源光伏细分市场占有率位列全国前5，致力于打造新能源电缆领域一流企业，成为新能源电缆制造与解决方案的领航者。

产品通过了ISO9001质量管理体系认证、ISO14001环境体系认证、ISO45001职业健康安全管理体系认证、

GB/T 23001两化融合管理体系、RB/T119能源管理体系、GB/T 29490知识产权管理体系等认证。其中光伏电缆和铝合金电缆通过了美国UL、德国TUV和欧盟CE等国际认证。长寿命高性能水底光电复合中压电缆和双芯平行光伏电缆等多项产品填补了国内市场空白，该产品广泛应用于风光储新能源、国家重点工程及国家智能电网建设等项目。与国家电力投资集团、阳光电源、隆基新能源等国际和国内500强新能源头部企业建立了长期的战略合作关系，并大量应用于孟加拉国、越南、哈萨克斯坦等国外光伏发电项目。

公司坚持以科技引领企业高质量发展，建立了江苏省企业技术中心、江苏省特种线缆工程技术研究中心等创新研发平台，先后与南京航空航天大学、南京工业大学、江苏大学等高校建立长期合作关系，开展了深度的产学研合作。获得自主研发有效专利73项，参编国际标准1项，国家标准1项，团体标准4项。通过江苏省工信厅鉴定的省级新产品20余项。

2021年，企业有职工215人，其中研发人员36人；实现主营业务收入8.27亿元，实现利润4057.77万元，上缴入库税金2789.8万元；实现订单9.52亿元，同比增长15%，其中新产品订单5.06亿元，同比增长69%；资产总额6.67亿元。

双登电缆股份有限公司质量认证证书

大唐泰州热电有限责任公司 成立于2013年3月，前身为大唐姜堰燃机热电有限责任公司，位于江苏省泰州市姜堰区梁徐街道桥黄社区石黄路1号，由大唐江苏发电有限公司独资建设。一期已建成两台E级燃气—蒸汽联合循环热电联产机组，装机容量2×180MW，分别于2017年7月26日、8月10日投产运行。作为姜堰区范围内唯一一家热电企业，公司运营供热管网70公里，持续为区内落户的75家企、事业单位提供清洁热源。2021年全年发电量13.4亿千瓦时，纳税4005万元。

设施农业

设施农业是一种通过人工建造的设施来调控农业生产环境的现代农业形式，旨在为作物、畜禽或水产提供适宜的生长条件，从而提高产量、品质和生产效率。设施农业利用现代工程技术、环境控制技术和信息技术，克服自然条件的限制，实现农业生产的集约化、智能化和可持续发展。

温室农业 历史上梁徐的果蔬种植是各家各户自种为主，且全部是自然露地常规种植，自产自销。20世纪70年代至80年代，农用塑料薄膜出现，农户利用薄膜覆盖早春的山芋、玉米、蔬菜育苗，秋冬用来覆盖“三水一萍”（水浮

二塘社区瓜农采摘“东台8424”西瓜

莲、水花生、水浮芦，绿萍）保种繁育以及蔬菜类植物防冻等。

20世纪90年代，为满足市场需求，保证一年四季都有新鲜蔬菜供应市场，人们就采用反季节温室栽培的方法，让鲜食蔬菜提前或延后上市，以提高经济效益。最初是用竹子搭建的简易大棚，主要种植丝瓜、大白菜等蔬菜。后来发展成标准化单体钢架大棚、连体大棚、无土架式连体大棚等。

1999年，姜堰市农业局以年每亩租金800元、为农户代缴农业税的形式，租用梁徐乡曹黄村4组160亩土地，投资400万元，建成150亩的单体标准大棚及办公用房，成立了姜堰市农业科技园。主要从事反季节蔬菜、鲜食玉米、大豆、早熟豆类、引进草莓、鲜果等栽培，以探索经验并在全市推广。

2010年，岭家村村民朱德华租用姜高路边农户的土地8亩，建起6个钢架大棚，从事草莓、鲜食玉米、早大豆的种植。为确保产品无公害，他采取棚间轮作换茬的办法以减轻病虫害。并在姜高路边设点销售或让过客现场采摘，当年亩

周埭社区农户收摘葡萄

双墩社区莓美智能化果蔬园

产值过万元。

2012年，岭家村党支部书记杨雪山，在姜梅公路边租用农户土地10亩，投资12万元，建起标准单体大棚，从事草莓等果蔬作物设施种植。他根据上市时间及品质要求，错开种植。早熟品种有“宁玉”“红玉”等，晚熟品种有“红颜”“紫晶”等，这样可以延长销售时间，特别要确保销价最好的春节前后有草莓上市。

2014年，张甸镇三野村钱忠华，投资60万元在二塘村8组流转土地80亩，搭建塑料大棚，春夏季节种植新品种“东台8424”西瓜，秋冬季节种植黄花菜。第二年轮作糯玉米，将初成熟的嫩玉米订单销往上海等市场，玉米秸秆出售给附近奶牛场，实行无公害化处理。其产品由村统一注册“绿蔬湾”商标。

2016年，梁徐村通过招商引资，浙江人王小丰投资200万元，在梁徐村17、18、19等3个村民小组流转土地90亩，建成全镇第一个标准化大棚种植草莓园。他选择口感好的品种“红颜”作为当家品种，由自家母本园繁殖育苗。通过科学管理，产量大幅度提高，一般亩产达到1500—2000千克，高产棚亩产可达到2500千克，每亩产值25000—30000元。

钱港社区大棚牛筋菜

梁徐村科学管理草莓高产的经验为全镇草莓生产起到一定的示范作用。

2018年，双墩社区采用“社区股份合作社+农户土地入股+社区两委干部投股+党员、能人入股”的生产经营管理模式，流转土地60亩，先后投资670.2万元，建成单体钢架标准大棚187696平方米，建成连栋高架无土栽培、集水肥一体化灌溉技术、科学温控调节技术于一体的智能化有机食品生产大棚2880平方米，成立“双墩社区莓美果蔬园”，实现梁徐无土栽培技术零的突破，园区成为江苏镇江农科院的合作教研学基地、梁徐中小学户外实践基地。订单种植的有机食品草莓“红颜”“白雪公主”等品种供不应求。

2021年，钱港社区牵头，梁徐、东官、官野、二塘5个经济薄弱社区参股，投资390万元，流转钱港社区官野路边土地100亩，建成梁徐境内首家连体钢架大棚，面积65000平方米，种植西蓝花、水萝卜、鲜食玉米、东台8424西瓜等果蔬产品，直销上海西郊国际市场、南京众彩物流市场、无锡锡澄市场、常州凌家塘市场等，实现每亩年产值1.2万元，每亩年收益0.4万元，每村股权分红6万元。

截至2021年，梁徐街道设施农业面积1050亩，蔬菜年产量6175.6万千克，瓜果6.59万千克。

水产养殖 20世纪50年代前，域内基本没有大面积水产养殖，只有少数农户在内河或家前屋后的沟塘放养一些鲢鱼、草鲲等。20世纪70年代，梁徐、王石人民公社进行大面积平田整地，新开挖一些河道和精养鱼塘。梁徐公社柳家大队、小江大队第8生产队和王石农科所利用新开沟塘培育鲢鱼、草鲲、鳊鱼、青鱼等鱼苗，鱼苗除供应本公社各大队外，也向周边各公社出售。生产队将购来的鱼苗放养到集体的河沟，派人看管，年终捕一些成鱼分给社员，或将多余的部分出售作为集体收入。集体放养的鱼很少投放饵料，成鱼生长慢，产量低。

1983年，落实家庭联产承包责任制，农村闲散劳力增多，部分喜爱取鱼捕虾的农民加入河塘养殖承包队伍，域内所有河沟被承包利用。养殖水面有四种：一是自然河沟养殖。二是限制河道养殖。域内河沟纵横，乡级河道大多是农户在水面上设拦网、分河段承包养殖。为适应抗洪救灾和取水需要，县乡设立河道禁养区和限养区，在限养区从事水产养殖的农户达40户，养殖水面384.5亩。三是取土坑改造养殖。1998年后，域内先后修筑宁靖盐高速公路、姜高路、姜泰路等国道、省道和县道，其中沿线的前时、坡岭、二塘、江村、梁徐、桥黄、张埭等村10亩以上的河塘有12个，水面最大的60亩，全街道因

二塘社区蟹塘

造路形成的水面达255.4亩。四是提水养殖。利用流转土地发展特种水产养殖，这种类型属限养范围，但效益是粮食作物的数倍，承包期结束后可恢复良田耕种。二塘村返乡创业农民李永丰于2016年、黄国喜于2017年，以年租金每亩1100元的价格，与村经济合作社签订租用合同，承包零散废沟塘荒地160亩，改造成特色水产养殖场进行提水养殖，主要养殖河虾、青虾以及花白鲢混合饲养，并培植“清水砂土红膏大闸蟹”品牌，通过网上或直接送往上海、苏州、无锡等大城市的批发市场，亩收入近万元，每亩纯利0.4万元—0.5万元。黄国喜还试验成功稻田养蟹技术，在不影响螃蟹产量的情况下，每亩收获无公害有机稻300千克。三林村村民黄阿章以每亩910元的价格，与村经济组织签订合同，承包土地35亩，进行提水养殖河蟹、青虾，效益是种粮的3—4倍。2021年，全街道有提水养殖户3户，面积195亩。

2021年，街道有水产养殖农户91户，养殖面积1169亩。

畜禽养殖　畜禽养殖是域内传统养殖项目。在土地私有制年代，农村人主要是养殖猪、牛、鸡、鸭等家畜家禽。梁徐一带有个谚语：“养猪不赚钱，回头望望田。”养猪除了出售生猪增加家庭收入外，主要目的是积造肥料垩田。那时

桥黄社区生态园稻田养鸭

官野社区生态养殖园

境内大多数人家都有养猪的习惯，少则一年出栏2—3头生猪，富裕人家每年出栏10多头生猪。养牛则是用于耕田、拉磨。养鸡、鸭是为了下蛋换点零花钱。

20世纪60年代后，域内畜禽养殖以生猪、鸡、鸭为主。生猪主要是集体养殖，多数生产队每年都有100多头生猪出栏，在化学肥料缺乏的年代，生产队养猪主要解决肥源和集体收入。每个生产队饲养2—3头耕牛用于犁田耙地。鸡、鸭多为农户自养，也有少部分生产队集体饲养。1983年，农村实行家庭联产承包责任制以后，集体猪场逐步解散，农户开始自养生猪。进入21世纪后，农村劳力大多外出务工，承包土地向种田大户转移，催生大型规模化养殖场的形成，由猪、鸡等传统养殖，逐步向羊、鸽、鸭、鹅等方面发展。2017年，街道全年生猪存栏量3.2万头，出栏量8万头；羊的年饲养量7000只，上市量7000只；鸡的饲养量60万只，上市量340万只；肉鹅的饲养量3.2万只，上市14万只；其他家禽饲养量1万只，上市量1万只，规模化养殖比重达85%—95%。2002年，梁徐镇通过江苏省无公害生猪产地验收。2003年，全乡生猪统一注册为“富梁”牌。“和盛集团公司”采取公司+农户的经营联盟模式，吸纳饲养户20户，年上市家禽120万只；三林养猪公司、申腾养殖场生猪出栏达1万头；益祥家禽养殖场存栏蛋鸡达6万只；草上凰（泰州）农业科技有限公司年上市肉鸡200万只；孙启谋肉羊养殖场年上市肉羊1300头。

截至2021年，街道创建泰州市健康养殖示范场3家、姜堰区健康养殖示范场4家。

草上凰(泰州)农业科技有限公司 2015年，作为梁徐镇农业招商引资项目，南通市通州区戴严华投资300万元，创办草上凰(泰州)农业科技有限公司，在二塘村租用土地20亩建成养殖示范基地，当年有7个养鸡大棚投产，主要养殖肉鸡和生态散养蛋鸡。

2006年，戴严华从南京农业大学畜牧生产和畜牧营养专业毕业，2007年自主创业，采取“公司+农户”的模式，刚开始吸纳规模养鸡户12户，建成20个养鸡大棚，饲养肉鸡20万只、散养蛋鸡2万只，苗鸡、饲料、兽药、疫苗由公司统一供应，成品鸡、鸡蛋由公司统一收购并向外销售。饲养过程中，戴严华负责上门指导、辅导饲养技术，根据所学的书本知识和多年的实践，从看、闻、听等几方面掌握鸡的生长状况。看，就是看鸡的状态和排粪的形状和颜色；闻，就是闻鸡舍及周边环境的气味；听，就是听鸡的叫声是否清脆。他根据环境及气温的变化，合理调配饲料及喂水量，同时对鸡舍实行无菌化处理。公司从不使用抗生素类及对人体有害的药品，散养草鸡蛋全部达到绿色、环保的标准。蛋鸡所产的鸡蛋经上海微谱检测科技集团检测，药残及营养成分等各项要素完全达标，实现农副产品向商品的转化，公司及加盟户获得较好的收益。

2021年，草上凰(泰州)农业科技有限公司出售肉鸡100万只，公司的养殖示范基地成为南京农业大学实验基地，其中的生态散养草鸡系列是中国商品条码系统成员，公司也是泰州市生态健康示范养殖场。

物产美食

梁徐气候温和湿润，土肥水美，物产丰饶，是鱼米之乡。梁徐紧邻姜堰城区，民间饮食很有讲究，名点小吃繁多，以“董记牛肉”为代表的美食形成特有的饮食文化。

物
产

山芋

梁徐域内多属高沙土地区，较为适合山芋的生长，路边渠边，十边隙地，农田都可以种植。山芋更喜欢在阳光充足、雨露滋润、通风良好的地方生长。

山芋用块根留种育苗，幼苗长成藤蔓后剪藤移栽。山芋生产成本低，产量高，清明节左右育苗，9月、10月收获。在1958年前，域内都是栽种藤蔓较长、多筋、糖分偏多的老品种。1960年后，引进新品种“胜利百号”。该品种淀粉多、口感香、产量高，亩产1500千克以上。20世纪80年代以前，境内人大多以山芋为主食，该品种的引进，对解决三年困难时期的粮食短缺起到很好的缓解作用。“胜利百号”山芋淀粉多，煮熟后很结实，用嘴咬上一口时，像吃老菱一样，会掉下很

山芋

多白色屑末。改革开放后，随着生活水平的提高，人们更多的是追求营养和口感，引进很多新的品种，有徐薯、宁紫、苏薯、龙薯系列等多个品种，肉质有红、白、黄等多种颜色。这些品种的亩产量都在3000千克以上。落实农业生产责任制后，家家户户仍要种上一点山芋，以调剂饮食结构，全街道每年的种植面积都在2000亩左右。

栽种山芋前一般先做垄，这样便于排水，以利山芋藤蔓通风透气。后来也有人家做土墩儿栽山芋，方法是栽山芋前，在耕翻过的地上，用人工做成上方0.5×0.5米见方的土墩儿，土墩儿中间撒上家积肥料或复合肥，再用土覆盖上，在土墩儿上面的四角和中心栽上4—5根山芋藤，这种栽法，排水顺畅，又能通风，肥力也较为集中，产量可提高20%—30%。用山芋垄、山芋墩儿栽种山芋的方法一直被本地人沿用。

花生

花生属于豆科双子叶一年生草本植物，根部有根瘤，茎直立或匍匐，长30—80厘米。根据不同品种，花生花期一般在6—7月；果期在8—10月。花生开花授粉之后，果针要钻到泥土里生长结果。

花生喜高温干燥，适宜生长于气候温暖雨量适中的沙质土地上。花生的繁殖方法为种子繁殖。

域内绝大部分地块属高沙土土质，很适宜花生的种植。播种前，必须耕翻土地，让花生有一个疏松的地块和生长环境，便于果针入土、荚果发育和收获。花生的种植密度要确保通风透光，生长后期应能封行覆蔽地面，防止土壤水分蒸发并能抑制杂草，一般条件下亩种1.8万株左右。

花生的品种较多，单干时期，家家户户都是种植的传统老品种，如乌鸦嘴、和尚头等，传统的花生品种藤蔓长，生长期也较长，到霜降后才可收获。农业集体化后，先是推广山东大麻角等品种，后来又推广小油果。20世纪90年代后，盛行种植口感较好的“花28”。2000年后，普遍栽种“泰花3号”“泰花10号”等。泰花系列花生荚果普通型，大中小均有，网目较小，网纹较深，果嘴中实，以二粒荚为主。除此以外，域内人还喜欢种一些红花生仁和黑花生仁花生，以调节食用口味。花生可以生吃，也适宜熟吃，炒煮烹炖均可。食之余，大部人家都送去榨油留给自家食用。域内农户每年都要在十边隙地、路渠边或大田种上一些花生，全街道每年种植面积都在3000亩以上。

芋头

芋头是球茎植物，用上年芋头子留种，第二年3月份下种，9—10月份收获。

香荷芋

芋头喜高温，生长温度要求20℃以上。芋头对土壤的适应性很强，更适宜在保水性强的壤性沙土种植。梁徐街道内的农户自古以来就有种植芋头的习惯。在农业合作化前，农户基本上家家户户种植芋头，农业合作化到改革开放前，集体虽然种植，但面积小，农户就在不多的自留地上种上一点。农村土地承包后，农户利用十边隙地、低洼地块及沟边渠边大量种植，面积增多。2021年，街道种植面积达1100亩。

本地种植的芋头主要有三个品种。一种是紫荷芋，紫荷芋的茎和叶的面略呈紫色，子芋有柄，产量比其他两种芋头高。第二种是黄荷芋，黄荷芋的茎和叶呈黄白色，产量略低于紫荷芋。第三种是香荷芋，香荷芋属于子芋头，其芋子呈卵圆形或长椭圆形，微弯曲。表皮光滑，呈淡褐色，鳞片纤细，呈深褐色，节间短，顶芋充实，粉红色。肉乳白色，质地细密，蒸煮后香气浓郁，表皮完整不易开裂，细腻滑润，微甜香糯，淀粉、蛋白质等营养物质丰富。香荷芋多晚熟品种，株高1米左右，茎叶呈深绿色。8月上旬到8月中旬有部分香荷芋会开花，一般每株开一朵，最多的也有开4—5朵的，其花像仙鹤的头，盛开时散发清淡的香味50米内都能闻到，香芋荷其名就来自于此。2017年，梁徐域内的江村村建立香荷芋种植示范基地，面积100亩，促进香荷芋种植业的发展。

2021年，全街道香荷芋总产量30万千克。

胡萝卜

域内种植胡萝卜由来已久，旧时农家为积造肥料，家家都有养猪的习惯，那时喂猪的饲料大多是草糠，其主要成分为青饲料。夏、秋季节的青饲料是田间的嫩青草、山芋藤，冬、春季节青草很少，则以胡萝卜作猪饲料。20世纪60年代前，胡萝卜也是农村人的主要食材，人们将胡萝卜与其他杂粮一起煮成萝卜粥，也有的人家把胡萝卜切成条晒干后煮粥，或将胡萝卜切碎与大米或小米一起煮成萝卜饭，或用胡萝卜腌制成萝卜干当咸菜。刚长到1个月左右的嫩胡萝卜缨用来炒牛肉或烧牛肉羹是梁徐一带的特色菜。胡萝卜属二年生草本植物。梁徐一带一般是上一年8月份播种，第二年4月份开花，6月份成熟，花通常白色，果实圆卵形，棱上有刺毛。胡萝卜根肉质，长圆锥形。本地胡萝卜呈黄色，由于橙红色的胡萝卜产量高、口感好，20世纪90年代后，域内以种植橙红色为主。农业私有化年代，生猪养得多的人家每年都种上1—2亩地的胡萝卜。农业集体化后，一般生产队要养100多头生猪，每年都种上20亩以上的胡萝卜。胡萝卜生长环境要求不高，大田或拾边都可种植。下种前要施足基肥，把土地耕翻后耥平，由于种子上有刺毛，下种前要先把种子和壤土反复搓揉，让壤土进入刺毛的空隙，这样出芽率才会高。播种时一定要把种子撒均匀，以免苗稀密不均。下种后用耙或钉耙划平盖籽，然后用石磙滚压，以利出苗。齐苗后还要进行间苗、定苗，适当追肥。胡萝卜根在霜降前后生长最快，小雪前后收获，立春后须根增多，影响品质。20世纪80年代，域内胡萝卜种植面积在5000亩左右。2021年，全街道胡萝卜种植面积1500亩。胡萝卜产量跟山芋差不多，正常年景每亩在1800千克左右。

蚕豆

蚕豆的种植在梁徐一带很普遍。蚕豆根系发达，属直根系的植物。20世纪70年代前，夏熟作物主要是“三麦二豆”，其中的二豆就是指蚕豆和豌豆。无论农业私有化还是集体化时代，农户和生产队都要种一点蚕豆，农户利用家前屋后的园地或拾边隙地种植，生产队集体则成片或麦田间作种植，有的生产队把收获的蚕豆加工成粉丝出售来增加集体收入。

蚕豆一般在秋季的10月到11月下种，第二年的5月摘取，青豆用咸菜或蒜苗、茴香煮炒，是域内人喜爱的菜肴。蚕豆6月份成熟，在蚕豆壳变黑之后收获。20世纪70年代前，农户蚕豆都是自留种，籽粒小，产量低，亩产100千克左右；20世纪80年代后，引进新品种，籽粒大，梁徐人称为“淮蚕”，亩产150千克左右。蚕豆对土壤湿度有一定要求，蚕豆喜欢深厚、肥沃、渗透性好的土壤。在种植之前需要先将蚕豆种子浸泡在温水中进行发芽处理，这有助于提高出芽率。选好种植地块后，先进行基础处理，包括翻耕、施肥等。肥料一定要控制好，肥料过多易倒伏。下种时，在土壤表面每隔30—40厘米一穴，每穴种3—4粒蚕豆种子，种子与地面深度为2—4厘米。蚕豆喜欢阳光，向阳的地方较适合种蚕豆。蚕豆容易生病和遭受害虫侵袭，需要进行防治。梁徐街道每年的蚕豆种植面积在1500亩左右，总产量18万千克左右。

食用菌

1982年，梁徐冯垛大队青年农民崔恒玉引进种植食用菌。食用菌的生产有严格的生长条件，生长时环境温度必须确保有25℃左右。

崔恒玉家住冯垛大队的三里桥旁，这个桥的桥面与路面基本持平，桥的下面的两边各有三个桥洞，每个桥洞有五六平方米，他就利用炎夏洞内温度较低的这一优势，经过改造，在洞内先培育菌种，然后再用菌种生产食用菌。经过几个月的努力，终于生产出第一批银耳。后经不断试种，又生产出其他品种的食用菌。

1988年，崔恒玉将其生产基地迁至林田村的中干河西，自筹资金兴办微生物工厂，改扩建厂房面积600平方米，购置机械、消毒锅炉、接种箱等设备，种植猴头菌、金针菇、灵芝等食用菌，当年销售额60万元，获得梁徐乡“种菇状元”之美誉。

注：2000年，冯垛村划归姜堰镇管辖。

美食

董记牛肉

董姓一族于明初从苏州阊门迁至梁徐。清末，族人董万友做起牛肉生意，创立“董记牛肉”品牌。“董记牛肉”铺经历董万友、董加宝、董荣才、董元林、董平平五代传人。

1918年，董万友盖两间木棚，创建“董记牛肉”饭馆，起初只做些牛汤、牛杂碎生意，后来经营牛肉面，因选料精、加工细、佐料全，享誉周边。

中华人民共和国成立后，董加宝继

董记牛肉

承父业，自己养牛杀牛，年销量10来头，摊铺以竹棚做门面，一副煨牛肉的甑子，两三张桌子，七八条凳，接待八方来客。虽然条件简陋，但牛肉香味浓郁，牛肉汤可口，价格低廉，深受当地百姓欢迎。

改革开放以后，第三代掌门人董荣才根据家传秘方，融地方风味与饮食文化于一体，开辟菜系百余个，推出董记全牛席，董记牛肉成为当地牛肉的头牌。

20世纪90年代初，第四代掌门人董元林继承传统工艺，根据市场发展规律和现代人的生活习惯，将乡土小吃做成大众食品，早上供应牛肉面、牛杂汤，中午和晚上推出全牛席。除泰州本地人，上海、南京、苏州等地的食客也慕名而来，俄罗斯、日本、韩国等海外宾客也时常光顾。

2015年后，第五代传人董平平接手“董记牛肉”店，秉承“诚实守信，顾客至上”的传统经营之道和“绿色、环保、安全、健康”的经营理念，倾力打造绿色产品，建树老字号品牌。经多年创业和发展，董记牛肉铺加盟店已覆盖20多个城市。“董记牛肉”店的经营理念和经营特色赢得社会的认可，先后获得省级荣誉奖项10项、市级荣誉奖项16项。2007年至2013年，“董记牛肉”被评为泰州市知名商标。2020年，在“江苏好礼，舒心相伴”活动中，被江苏消费者权益保护委员会评为“江苏特色伴手礼”。2021年，被泰州市市场监管局、泰州市商务局评为“泰州市放心餐厅”，被江苏省食品安全委员会办公室、江苏省市场监督管理局评为“江苏省名特优食品小作坊”。

2021年10月3日，中央电视台二套《消费主张》栏目耗时五分多钟，从养殖到餐桌全方位报道“董记牛肉”产业。

陈三羊肉

陈三，名叫陈祥荣，排行老三。民国初年，他的外祖父冒金余，租种当地地

陈三冷切羊肉

主三亩薄田，全家人生活难以为继。冒金余利用住地老通扬运河两岸长有大量芦苇、蒿草等适宜山羊饲料的杂草，加之秋收后的花生、山芋藤蔓，从事山羊养殖，起初三四头，后来不断扩大，多时20多头。初始只是出售成年山羊，为赚取更多的利润，冒金余在家门前搭建两间草棚，开始做起羊肉生意，那时本地人只有秋冬吃羊肉的习惯，所以冒金余春夏放羊养羊，通过自繁自养，足够一冬天羊肉馆的销售。

经过多年经验积累。冒金余自创独特的烹制秘方，其羊肉膻味小，羊汤风味独特，深受当地人的青睐，生意越做越红火，因冒金余没有子嗣，其羊肉生意及其工艺就传给女婿陈金才，经过工艺的继承和改良，生意逐步正规化，不但冬天经营，而是一年四季都不停业，在三年困难时期，食客越来越少，生意惨淡，被迫停业几年。

改革开放后，第三代传人陈祥荣重操祖业。先在本村开了个路边摊，生意做大后，积累了一定的资本，在梁徐集镇购房创建了如今的“陈三羊肉馆”。

陈三羊肉馆，地处梁徐集镇，中心西路34号，与董记牛肉铺、刘记牛肉铺相邻，坐北朝南，其羊肉集家传秘方与现代工艺为一体，融地方风味与饮食文化于一身，选用本地波尔杂交山羊肉，辅以数十种中草药及名贵作料精制而成，其肉质鲜美，集鲜香味一体，使顾客食后流连忘返，其声名传遍十里八乡，招致周边如兴化、泰州等地食客慕名而来。

陈记人“诚实守信，顾客至上”的经营理念使当地百姓赞不绝口。他的门面店销售有冷切羊肉、羊肉汤、羊肉面等。他还推出以羊肉为主料的30多种菜肴，通过订餐热线还可以提供全羊席。

河蚌烧咸肉

河蚌，域内方言叫河歪儿。中医认为河蚌味甘咸，性寒，入肝、肾，有清热解毒、滋阴明目、镇心安神、消炎生肌、止咳化痰、止痢消积等功效。

河蚌烧咸肉

河蚌烧咸肉是梁徐的一道特色菜。

吃河蚌重在清洗。从河里摸上来的河蚌，先放入清水中暂养，水中放入少量盐，待泥沙吐净后取出用清水漂洗干净，剥壳取肉，本地人叫“劈歪儿”。

接着是清理蚌肉。清理蚌肉时先摘

除灰黄色的鳃（俗称歪儿胰子），再将肠子里的青色污浊去掉。清理污浊时，用剪刀沿着排污的小孔剖开，这样才能把里面污浊全部清洗掉。清理好的蚌肉加盐搓揉，洗净黏液，再冲洗干净，剔除部分腐肉，烹煮前还要将河蚌斧足（蚌的舌头）敲松，以免煮熟后发硬。将准备好的蚌肉放入盘中待用，也可以放入开水中焯一下。同时，取1小块咸肉切成薄片。

操作时，先在锅内放入少许食油烧热，然后将咸肉片倒入炒至出油，加少许料酒，倒入准备好的开水，加入蚌肉，烧煮30分钟，再加笋片，没有笋片也可加莴笋片，调味配色煮熟后，开锅加盐，加青蒜段、胡椒粉（可多放），这样的咸肉烧河蚌鲜香可口。

梁徐牛肉面

梁徐牛肉在梁徐及周边地区极负盛名。而牛肉面又是在其基础衍生出来的一道美食，很多梁徐及周边县市人都喜欢早上到梁徐吃一碗牛肉面。

梁徐牛肉所需要的牛是从丘陵地区买来的，而且需散养4年以上的健壮水牛。经屠宰后由老师傅操刀剔骨、清洗、分级，然后上锅，加上家传配方，熬煮了三到五个小时，汤肉分离待用。

牛肉面又有专职厨师调配，先在面碗中放入牛肉原汤，再将刚煮熟的面条

梁徐牛肉面

捞出沥水后放入牛肉汤碗，将切成薄片的牛肉盖在面上，然后再配上姜米、蒜末、香菜等。餐桌上还配有辣椒酱、雪菜及其他一些调料，食客可根据自己的口味适当添加。

螺肉黄豆面糊

螺蛳，本地俗称蜗螺儿。夏秋季节，摘下黄豆嫩荚剥出豆米，与螺肉搭配熬成面糊，是本地人喜爱的一道农家土菜。

刚从河里捞出的蜗螺儿，要放入水中静养24小时。待排出泥沙后，放锅中煮熟，挑出螺肉，经反复搓洗挤出残存螺仔，沥水使用。

制作时，把少许蒜瓣切片，生姜切丝。锅中加少许豆油或菜油，大火烧至油有微烟，放入姜蒜、豆米，炒出香味。锅中加水，水的多少根据材料而定，小麦粉加水调成糊状备用。待大火将水烧

开后，放螺肉及盐，将调好的面糊慢慢倒入锅中，边倒边用锅铲不断搅动。待熟透后，加入韭菜末配色增香，关火后加入少许鸡精搅匀后，即可出锅食用。

鱼头烧豆腐

制作前用草鲢鱼头一个，从中纵向剖开洗净，豆腐一块切成小方块备用，小香葱切碎，生姜两片。

制作时，先在锅中加入适量的菜油或花生油，烧至微烟，葱姜入锅炒出香味时，将鱼头放入锅内煎至微黄，锅中加水，大火烧开约5分钟，加入豆腐。再烧开后，用小火再煮30分钟即可开锅。开锅时加入适量料酒和盐，最后放几片青菜叶或香菜少许和切碎的红椒，香菜、红椒起配色增味作用，出锅前亦可加少量鸡精提鲜。食用前撒入少许的胡椒粉，味道更佳。出锅时，其汤色奶白，食时味道鲜美可口。

胡萝卜缨牛肉羹

把牛脊肉切成绿豆大小的肉粒，同时准备好适量的胡萝卜缨儿切成碎末。根据个人口味，也可准备1—2片香菇，同样切成粒状。

首先在锅中加入清水和适量食盐，把香菇、牛肉粒依次焯水，这个过程主要是除掉涩味和血沫，水烧开后去掉浮沫，捞出锅中食材，将汤倒掉。然后重新在锅里加入清水或牛肉原汤，待烧开后，倒入牛肉粒、香菇粒，当锅里水翻滚时，再撇去浮沫，加入适当盐和胡椒粉，将调好的、比米汤略稠的淀粉倒入锅中，用勺子反复搅拌，同时慢慢倒入蛋清配色，并加入生抽、麻油和胡萝卜缨，这样烧开约2分钟后即可起锅。

素油馓子

馓子作为一种美食，在各地都有制作，其形状大同小异。据史料记载，馓子起源于春秋战国时期，因寒食节要禁火3天，人们便提前做好一些面食，以便禁火期间食用，馓子就是其中一种既方便又美味的食品。

梁徐馓子

中华人民共和国成立前，梁徐一带但凡有制作熟食的地方，必少不了制作馓子的店铺。那时如果哪家小媳妇生了小孩，其亲戚一定会买上几斤馓子，外加猪肉、红糖作为“月子礼”送去。

馓子的制作所需材料：中筋面粉、鸡蛋、水、盐。每500克面粉需鸡蛋2只、盐10克。

制作时将面粉、蛋液、盐倒入盆中，用筷子搅拌均匀，然后倒入清水，一边倒水一边用筷子搅拌成絮状，再用手揉成光滑的面团，盖上湿毛巾（或保鲜膜）放置10分钟左右再搓揉。放置片刻，待面团松弛后放到案板上，用擀面杖压成饼状，厚约0.8到1厘米，再切成条状，然后将切好的粗面条用手搓成筷子粗细的圆条，尽量搓均匀。将搓好的面条盘放于倒入菜籽油的大盆中，以油淹没面条为宜，盖上保温被或毛巾醒面6小时。本地师傅一般晚上做完油浸面条，早上四五点钟就开始油炸了。

油炸扇形馓子时，首先取1根面条，一圈一圈绕至张开的左手指上，大约七八圈后，用2根筷子套在绕好的面条里面，轻轻伸开并拉长，放置六成热的油锅里，以中小火稍炸片刻，然后将一根筷子错开折叠到另一根筷子这边，一把扇形的馓子就成形了，成形后抽出筷子，反复翻动两次，待两面金黄就可出锅了。

制作直形馓子时，2根筷子套在绕好面条里面，直接扭一扭，就成直形馓子。

冬天老年人喜欢在羊肉汤或牛肉汤里泡上1把馓子，既美味又暖和。夏天还可以在丝瓜汤里面放几根馓条，可以增加食欲。

荠菜春卷

春卷一般以春节前后食用较多，故称为春卷，而荠菜又是春天常见的野味，普遍受到食客欢迎。所以很多人都将其作为制作春卷的馅料。

荠菜可以促进消化、降血压、抗血液黏稠。尤其春天荠菜受过冬的风霜雨雪，营养更为丰富。人们常在路沟渠边寻找采集，回来后摘去老黄叶，洗净沥水待用。

制春卷馅料时，先将洗净的荠菜放入沸水焯一下，去除苦涩味，然后剁碎。再将市场买回的五花肉剁成碎末，放入锅中炒至出油，倒入荠菜与其一起搅拌，同时加入剁碎的姜米、青蒜、生抽等调味剂，还可加入鸡蛋防止馅料过于松散。

荠菜春卷

春卷皮制作以高筋面粉为主料，先加水调成絮状，然后搓成团，醒15分钟左右，用手不断揉搓，使其筋道，直到拿在手上感到有柔性，就可以制皮了。将平底不粘锅架在煤气灶上，等锅烧热后，左手握住面团，顺时针在锅中轻轻一揉，然后一点，这样可以点去多余面糊或修补残缺的部分，待春卷皮有六成熟时，用刀铲将皮铲起来，一张春卷皮就好了。

包春卷时，将春卷皮摊开，加入馅料，使馅料成长条状。然后从一边卷起春卷皮，使其成小棍形状，卷至大半，将两头向中间折叠少许，再卷完其余部分，一个中间圆柱形、两头略方的春卷就算完成了。

炸春卷时，先将食油倒入锅中，待油烧至略起泡沫，就可将春卷放入油锅，小火慢炸，用筷子不断搅动，使其均匀受热，直至春卷金黄酥脆，即可出锅了。

山芋饼

中华人民共和国成立前后，域内大多数农户家境贫寒，每天是3顿稀饭，有时甚至连稀饭都吃不上。为了调剂伙食，在秋后或是来了亲戚时，就地取材煎山芋饼。制作山芋饼前，要选用体形稍长、直径在6厘米左右的山芋，刨去表皮，切成两片相连的薄片。馅有甜、咸之分，根据各家的情况，甜馅有好多种，有的人家用碾碎的芝麻拌红糖做馅，也有的人家用豆沙或果泥拌红糖做馅，咸馅则

山芋饼

用碎肉韭菜末。同时调好面粉糊，面粉糊不能过稀也不要过稠。制作山芋饼时，先将适量的豆油或花生油放到锅内烧热，将馅塞进两片相连的山芋薄片中间，放进调好的面粉糊中涂匀后，在外表撒一些芝麻，放到锅里煎炸，待其外表金黄，即可出锅装盘食用。山芋饼软糯香甜，可做点心，也可当主食。

梁徐麻团

制作麻团首先要选上好糯米，用热水浸泡让其吸足水分。淘洗干净沥到半干后粉碎成粉。将粉碎后的糯米粉摊入竹匾晒干储藏备用。制作麻团前，用开水加适量的糖，待糖化开后，倒入糯米粉内，一边倒时一边搅拌，然后搓揉成光滑面团，盖上毛巾，静放30分钟。制作麻团时，取出糯米粉团搓成长条，然后切成每份30克左右的粉块，同时把豆沙与红

梁徐麻团

糖拌和均匀作馅。将粉块放在手上搓圆压扁，在上面放上豆沙馅，包好后搓揉成圆，再放入芝麻中滚一下，使其全身都沾上芝麻，再用手搓揉，使芝麻粘牢，防止油炸时芝麻脱落。做好的麻团坯放一边待炸。煎炸前，锅中加入菜油或花生油，待油面起沫时，麻团坯即可下锅，小火慢炸，防止麻团爆裂。至麻团浮起，用锅铲或漏勺翻动，使其均匀受热，待炸至金黄即可出锅食用。

锅脐饼

锅脐饼，也叫舀舀儿饼、糨糊饼、软饼，是用小麦面粉经发酵制作而成。制作锅脐饼首先要用到酵母，酵母的来源有两种，一种是从超市购买酵母粉；还有一种是家庭制作的酵母，俗称告（酵）头儿。家庭的酵母主要是以前做馒头时留下的老酵晒干保存待用，也有的将面粉调成糊状，放置在温度较高的地方让其自然发酵，还有的是到馒头店要一点。有了酵母就可以做饼了。先将酵母用水和开，倒入做饼的面粉中，边倒边搅和，直至调成浓面糊状，然后在和面的盆子上面用厚布遮盖保温。夏天静放四到五小时，待酵面上布满气泡，即可开锅制作。在制作前，根据用于发酵的干面粉重量，按0.7%—1%比例取出食用碱粉，用开水泡成碱水，然后将碱水倒入酵中，不断搅拌均匀。制作时，将铁锅烧热，放适量菜籽油、花生油或豆油，待油烧热后，用勺子将发酵好的面糊舀入锅中，小火慢烧，以防焦煳，等稍微成形后，将中间舀出一点，这样饼中间部位就不会太厚，熟的程度才均匀，如果是平底锅，这一步骤就不需要

锅脐饼

了。当这一面熟到一定程度后，再把锅里加点油，然后将饼铲起并覆过来继续烘烤，直至两边都已成为黄色，一块饼基本就做好了。喜欢甜味的可在发酵好的面糊中加少许白糖。

蜂糖糕

蜂糖糕松软香甜可口，可作主食，也可当点心。制作方法是将小麦面粉发酵，其酵比馒头的酵水分要大一些。制作步骤与做锅脐饼相仿，只是后期制作方法不同。制作时，在发酵好的面粉中加入适量碱粉、水和白糖。搅拌均匀后，将发好的酵舀到铺好笼布的蒸笼里，在酵上放些红枣、青红丝等加以点缀，然后将蒸笼放置蒸锅上，大火慢蒸，待蒸汽到顶后，说明蒸锅里的水已开，再蒸10分钟就好。开笼后用手指轻触糕面，感觉光滑不粘手，说明全熟了，出笼后切成块状即可食用。

蜂糖糕

面疙瘩

面疙瘩又称“面鱼儿”。面鱼儿的字义就是捺的一个个面疙瘩在锅里像一条条小鱼儿游来游去。“鱼”和“余”谐音，寓意“年年有余”，讨个好彩头。

面疙瘩

“面疙瘩”是一道地道的地方美食。主料大多是荞麦和小麦面粉。配料有丝瓜、青菜、南瓜等。做法不尽相同。

旧时，吃面疙瘩是种奢望和享受，吃起来别有滋味。一般的做法是：一边锅里烧水，一边用大碗或小盆调适量面糊。用筷子或小勺子将调好的面糊一点一点拨入沸水锅里，面糊先是下沉，待漂浮后，盖上锅盖，等待面熟。这时要放入丝瓜或青菜等配料（也有人先把菜炒一下），再放适量盐、味精等，不一会儿热气腾腾的面疙瘩就可以出锅。

面疙瘩加上一些配料特别可口，像南瓜疙瘩，甜丝丝、咸滋滋、香喷喷的，再挑上一块熟猪油，又爽滑，又筋道，特别有嚼头，趁热连汤带水吃下肚，微微出汗，生津开胃。

进入21世纪，人们在做面疙瘩时，放入菌菇、海鲜、火腿等多种食材丰富面疙瘩的味道，成为一道美味菜肴。

手擀面

梁徐一带的手擀面材料以小麦面、荞麦面为主，尤以石磨面粉的“头铺面”最佳，“头铺面”雪白筋道强，口感好。在粮食短缺的年代，也有的人家用黄豆面、糁儿面（杂粮面）、山芋干面做手擀面原料。

擀面前要先和面。和面时首先要掌握面和水的比例，这全靠擀面人的眼力和感觉。小麦面粉和水的比例为2∶1左右，荞麦面、黄豆面、糁儿面（杂粮面）、山芋干面吸水性强，水的成分要适当增加。和面时，有的人家还在水中泡一点食用碱或食盐，这样的面条下锅后不容易糊汤。

“千揉的馄饨，万揉的面”，揉面是擀面的关键。当大部分的面粉揉成棉絮状后，再用手反复搓揉成面团，直至整个面团上没有裂纹、光滑为止。

面团揉好后，为使面条更有韧性，也可以用湿毛巾盖在面团上面10分钟左右。擀面时，将面团放在桌面上，用擀面杖用力压扁，边压边转动面团，直至面团变成厚厚的面饼后，将面饼卷在擀面杖上，反复向前推压、向后拉拽，经过几次的压拽后，再摊开，撒上干淀粉（或糁儿），以防沾粘，这个步骤叫作放饽。然后换个角度再次卷到擀面杖上，这样反复几次后，面团越擀越大越薄，到理想的厚度后将面皮摊在桌面上，按所需宽度折叠成长条状，折的过程也要层层加饽防沾粘，折好后垫上切面板开始切面，技术好的人切出的面条粗细均匀，放入匾中整齐美观。

面条可以做成水煮面和凉拌面（梁徐人叫冷面）。不管水煮面和凉拌面，煮面条须等锅中水开后下入面条，待面条浮起后，加入作料或捞起用着凉拌。水煮面、凉拌面的品种多种多样，水煮面有青菜面、阳春面、鱼汤面、盖浇面……凉拌面用料就更多了。梁徐有个习俗，农历的五月十三、六月初六，家家都要吃冷面。

荞麦面、黄豆面、糁儿面（杂粮面）因筋度低，面皮相对要厚一点，面条要比小麦面条粗。

擀面条是一项技术活儿。旧时，新娘三朝回门时必须在太阳落山前回到婆家，为家人制作手擀面，算是婆家对新娘的一次入门面试，从中略知新媳妇持家能力。

精神文明

梁徐、王石乡（公社）重视宣传工作和典型教育。1985年，在人民群众中特别是学生中加强“四有”教育，提倡继承传统美德，提倡热爱集体，开创社会新风。20世纪80年代，在全社会开展“五讲四美三热爱”活动，梁徐、王石乡党委、政府开始评选“五好家庭”活动。2000年，乡镇合并后，全街道（镇）开展文明村镇、文明社区、文明行业、文明单位、文明家庭等群众性精神文明创建活动，涌现出一批道德模范和先进个人，为梁徐经济和社会事业的发展提供强大的精神动力。

公民素质教育

社会风尚培育

中华人民共和国成立后，梁徐、王石乡（公社）注重社会风尚建设，不同时期提出相应的社会风尚建设内容。20世纪50年代，在人民群众中开展共产主义、爱国主义、集体主义教育，普及科学知识，宣传革命先烈的英勇事迹，激发人民群众投身社会主义建设的热情。20世纪70年代后，各公社都建有广播放大站，每家每户都有广播喇叭，广播放大站除播送正常的新闻外，也向人民群众宣传社会上的好人好事。1963年农历腊月三十，坡岭大队第1生产队社员汤桂英看到地里还未撒灰肥，她不计报酬，一个人悄悄到地里将灰肥全部撒完，1964

梁徐中心小学对学生开展革命传统教育

年被评为“江苏省劳动模范”。1983年3月，王石公社人武部部长严有荣勇救参加实弹训练的民兵钱存平，被泰县人民政府记三等功。1984年，泰县建立“五讲四美三热爱”活动委员会，梁徐、王石2个乡分别建立领导小组，组织开展“五讲四美三热爱”文明礼貌活动。1988年，开展“三提倡、三反对”（提倡科学文明，反对封建迷信；提倡艰苦创业，反对奢侈浪费；提倡民主法制，反对违法乱纪）教育活动，打击赌博等各种丑恶社会现象。1999年，按照江苏省委宣传部编发的《社会公德、职业道德、家庭美德知识读本》，利用业余党校进行社会公德教育。2000年，梁徐、王石2个乡合并为新的梁徐镇后，镇宣传、文化部门在全镇宣传“爱国守法、明礼诚信、团结友善、勤俭自强、敬业奉献”20字的基本道德规范。2007年，党的十七大提出践行社会主义荣辱观、加强“四德”（社会公德、职业道德、家庭美德、个人品德）为主题内容的公民思想道德建设，提升公民整体素质和城市文明程度，组织干群学习先进典型事迹，积极参与评选全国道德模范和省道德模范。

2012年，以“推荐身边好人、争当文明市民”为主题，发动社会各界和广大干群学习、宣传社会公认度高、影响广泛的“中国好人”“姜堰好人”“梁徐好人”。当年7月，前舍村独腿村民宋维国勇救落水的退休教师申桂芳，当选为“中国好人”“江苏好人”。

2013年，在全镇范围内开展理想信念教育。开展“‘美在身边’走进道德讲堂”活动，在全镇培育选树先进典型，开展第十七届精神文明建设新人新事评选活动，积极参与中央文明办“我推荐、我评议身边好人”活动。5月，三林村村民王宝明、王宝才在泰州某工地施工时，发现一居民家失火，火速赶到现场，冒险关掉煤气管道阀门，避免更大损失，2人均二度烧伤；当年8月，2人当选“中国好人榜”见义勇为好人。

2014年，贯彻《公民道德建设实施纲要》，以提升全镇干部群众思想道德修养和文明素质为核心，通过“身边人讲身边事、身边人讲自己事、身边事教身边人”等形式，形成“好人好报”的社会共识，推动“知行合一”的道德实践，营造“崇尚道德”的浓厚氛围。

2016年，开展践行社会主义核心价值观，寻找“最美姜堰人”活动。宣扬好人好事，推行美德善举，全镇形成“崇德向善，见贤思齐”的良好社会风尚。天力铁芯董事长严桂娣在姜堰市最美女性评选活动中，获得“最美女性”荣誉称号。钱港村王余喜被评为“最美姜堰人”。

2017年，积极组织开展“姜堰好人”评选表彰系列活动，组织开展第二十一届精神文明建设新人新事评选表彰活动，营造崇德向善、健康向上的良好社会风尚。组织“中国好人”“江苏好人”“泰

普法宣传

州美德善行十大人物”等推荐评选工作，坡岭村村民郑应松当选当年6月的“江苏好人”。

2019年，姜堰区委宣传部、区文明办等单位组织开展姜堰区第二十三届精神文明建设新人新事评选活动。三林村六旬老人林国金跳进冰冷刺骨的河水救起1名落水儿童、新九村七旬老人郁金满不顾危险扑灭邻居大火，2人获区文明办表彰，他们的先进事迹被“姜堰在线”微信公众号等媒体报道。

2020年，“江苏爱心大使”二塘村民陈霞、天力铁芯制造有限公司总经理严桂娣被评为“江苏好人”；同年，严桂娣被江苏省妇女联合会授予“江苏省三八红旗手”称号。

2021年，在全街道开展“最美村民、最美基层干部、最美教师、最美农民工、最美企业家、最美青少年”六个最美活动；在第五批姜堰区学雷锋活动示范点和岗位学雷锋标兵活动中，梁徐街道“梁”家人志愿服务队被评为“最佳志愿服务组织”，张埭社区被评为“最美志愿服务社区”。

未成年人思想道德建设

中华人民共和国成立初期，党和政府非常重视提高青少年的素质，在学生中开展“爱自然、爱祖国、爱劳动、爱科学、爱护公共财物”的“五爱”教育。1977年，为了加强学生的法纪教育，王石、梁徐2个公社所辖中小学全面开展“学雷锋、创三好”活动，学生的法律意识得到增强。1982年后，域内各中小学结合思想道德课，在学生中开展“五爱”教育。1990年，梁徐乡、王石乡的各学校分别建立德育工作领导小组，对学生进行基础文明教育；同年5月，各学校开展以纪念鸦片战争150周年为中心内容的爱国主义教育活动。1993年春，县教育局印发《关于组织中小学生开展向雷锋同志学习的意见》，把3月作为“学雷锋月”。梁徐中学以10多家乡办工厂、30多个村为依托，实行校、厂（村）挂钩，开展社会实践活动，其做法受到国家教委、共青团中央肯定，其经验先后在《江苏教育报》《新华日报》《人民日报》《中国教育报》做介绍。

2006年，全镇中小学围绕“弘扬长征精神，立志成才报国”，组织开展革命传统教育活动。

2007年5月，在全镇未成年人中开展“文明礼仪伴我行”道德实践活动，引导未成年人树立心中有祖国、有集体、有他人的意识，懂得为人做事基本道理，具备文明生活基本素养，学会处理人与人、人与社会、人与自然等基本关系，使未成年人真正做到在学校是个好学生、在社会是个好公民、在家庭是个好孩子。在姜堰市相关部门的统一领导下，全镇大力实施未成年人环保工程，对校园周边环境集中整治。

2009年，在中小学校中深入推进“学校育人”“团队育人”“家庭育人”“活动育人”“基地育人”“环境育人”加强未成年人思想道德建设的“六大工程”。开展“知荣辱、树新风、我行动”

梁徐中心小学对学生开展禁毒教育

道德实践、“快乐之夏”系列教育活动，促进未成年人思想道德建设工作深入开展。

2010年，实施关爱留守子女工程。开展“牵手结对，亲情关爱”一日活动，组织代理家长与留守儿童同吃同住、同游同乐，了解他们的学习生活情况，帮助他们解决实际困难。张棣村5组汤嘉城同学，生活在一个单亲家庭，他善于思考，勇于创造。他创新发明了机器人灭火器，多次代表泰州市参加科学竞赛活动并取得优异成绩。2011年，他走出国门，征战美国，获得“国际智能机器人灭火”竞赛一等奖，2011年被评选为“2011年度泰州教育十大新闻人物”，2012年参加江苏省“金钥匙”竞赛获得个人一等奖和团体一等奖。

2013年，域内各中小学在学生中开展“立德树人”“我们的节日”“做一个有道德的人”“红领巾心向党，党团队共成长”“学党史，知党情，跟党走”主题教育，开展“美德少年”评选活动。

2014年，全镇各中小学在学生中开展“八礼”（仪表之礼、仪式之礼、言谈之礼、待人之礼、行走之礼、观赏之礼、游览之礼、餐饮之礼），“四仪”（入学仪式、成长仪式、青春仪式、成人仪式）教育活动。开展校园周边环境集中整治行动，“五老”（老干部、老战士、老专家、老教师、老模范）网吧志愿者常年监督，有效遏制未成年人进入网吧现象。

2016年，各学校在新学年开学第一天，将“学长征精神，做红色传人”主题融入“开学第一课”。2017年，王石中心小学学生王志强、梁徐中心小学学生费宇翔被评为第五届泰州市“美德少年”。

梁徐镇党委、镇关工委注重青少年的暑期校外培训工作。2018年，“梁徐青少年之家”被泰州市民政局、泰州市关工委、泰州慈善总会评为“青仔公益暑托班”工作先进集体。

道德楷模

经过各时期对人民群众思想道德的宣传教育，全街道涌现出一大批具有时代特色的先进人物。他们来自不同行业、不同岗位，注重从我做起、从小事做起，在平凡的岗位上，做出不平凡的贡献，他们有的扶贫济困，有的见义勇为，有的孝老爱亲等，他们是梁徐人的典型、学习的榜样。

林伯昤

1949年12月生，梁徐街道三林社区12组人，徐州夹河煤矿退休职工，退休后一直在老家居住。

林伯昤为人厚道，平时乐于助人，邻里间的大事小事都能主动帮忙或资助，

邢家社区乡土能人榜

在周围群众中有较好的口碑。

2014年2月19日11时许，本组群众杨米珍不慎落水。邻居钱贵珍发现后大喊救命，林伯幹听到呼救声后，迅速从家中冲向码头。2月的天气，春寒料峭，情况紧急，林伯幹顾不得这些，头脑里只有一个念头，救人要紧，他急忙脱下棉衣，跳入冰冷的河水里，奋力游到杨米珍身边，抓住杨米珍的手臂，拼命拖到岸边，此时的杨米珍衣服已全湿透，一人无法拖上岸，在邻居凌网珍帮助下，终将杨米珍成功救起。

当年，林伯幹被姜堰区评为见义勇为积极分子，受到有关部门的表彰和奖励。

李鹤友

1949年12月生，梁徐街道前时社区人。

李鹤友年幼时家境贫寒，没上过学。20世纪60年代后期他学了瓦匠，80年代初跟随建筑队伍闯荡省城南京。由于他舍得吃苦，瓦工手艺很快就出类拔萃，还当了瓦工班长、工程队长。李鹤友带领的工程队在南京打拼了15年，最多时有120多名工人。当年，他的工程队在王石建筑公司的11支工程队中是效益最好、上缴公司利润最多的。

李鹤友在管理上要求严格，碰到影响工程质量的人和事，从不留情面。但是当工人家中遇到困难，总是尽力相助。李鹤友的工程队里有一半的工人受到过他的帮助，工人对他严慈相济的性格也都能理解。

乐善好施的李鹤友做了几十年的建筑工程老板，但是并没有多少积蓄，他把微薄的积蓄多部分捐给了社会公益事业。早在20世纪80年代，他就向家乡的前时小学捐献了5000多元现金和部分物资。在村庄环境整治过程中，他带头捐款15000元，为住宅区铺设硬质化巷道、安装路灯。自己的积蓄不够时，他就让女婿帮忙。在冬天到来之前，李鹤友怕困难的老人没有人照顾，就自发购买大米，和网格员亲自送上门。几十年来，不论邻居们谁家生活上遇到困难，他都第一时间到场，忙前忙后张罗，出力献策。

汤世业

1952年9月生，梁徐街道梁徐社区人。

2021年8月11日清晨5点多，汤世业和往常一样绕着村道快走，行至梁徐社区24组的泥塘西南边时，突然隐隐约约听见有人在呼喊。他停下脚步侧耳细听，好像有人在喊“祥国”。汤世业听出声音是从对面传来的，“王祥国是这片土地的承包人，而且平时都是住在这里，是不是有人遇到危险在喊他啊？”可是喊声逐渐微弱，而且夹杂着急促的喘息声。汤世业越听越觉得不对劲，就沿着村路循声找去，发现73岁村民钱爱珍身陷水塘，由于水下污泥太厚，越陷越深，仅剩头部露出水面，随时都有可能沉入水中。

汤世业见状，赶忙跑去喊王祥国帮忙，并从王祥国的住地拿来一根长竹竿。汤世业飞奔到泥塘边，顾不上脱下鞋袜，直接涉入水中营救，不料一脚踩下去，淤泥就没过了膝盖。好在王祥国紧随其后，两人借助竹竿合力将钱老太拖上了岸。

事发当天凌晨4点多，钱老太准备捞些泥塘里的浮萍回家喂鸡鸭，由于是第一次去，不知道泥塘深浅，一脚踩空跌落到了水里。她越挣扎距离岸边越远，水很快就没到了脖子，钱老太只好拽住蒲草大声呼救。由于正值凌晨，加之事发地距离民居较远，周边的人根本听不到她的呼救声。钱老太在水里挣扎了1个多小时，就在她快要绝望的时候，被晨练经过的汤世业闻声救起。王祥国说："当时我在家里没听到外面有人呼救。要不是汤世业来喊，我还不知道钱老太会发生险情呢。"

2022年1月，汤世业被评为姜堰区第二十五届精神文明建设新人。

陈鞋章

1953年8月生，梁徐街道周埭社区人。陈鞋章1975年高中毕业后回家务农，先后任生产队会计、大队总账会计、村副支书、村主任，在农村一干就是40个年头，大家都亲切地叫他"鞋主任"。

陈鞋章多次冒险下水救人的故事至今被村里乡亲所传颂。2008年初，纤瘦的他冒着严寒下水救7岁落水儿童，并安全地将孩子护送到家。2013年4月份，村民周连珍落水遇险，他毫不犹豫地将周连珍救上岸，当周连珍对他表示感谢时，他说这点小事值不得谢，然后就转身离开了现场。

2020年年初，当人们还沉浸在春节的喜庆中，新冠病毒悄然来袭。正月初二一大早，陈鞋章就来到社区办公室，主动要求加入社区防疫队伍。疫情严重时，又主动到防控卡口值班，和他一起值班的人员怕他身体吃不消。他却笑着说："我身体好着呢，又不是干什么重活，没有觉得累。"

易景莲

女，1957年生，壮族，中共党员，原籍广西壮族自治区防城港市东兴市，现住梁徐街道东官社区。

1982年，易景莲嫁到梁徐街道东官社区。她是一个普普通通的家庭妇女，然而就在这样一个平凡的女性身上却有着不平凡的经历。

1979年，对越自卫反击战伊始，易景莲加入当地民兵组织，在战事非常吃紧的情况下，易景莲主动请缨，到离后勤驻地较远的小镇采购药品、食物等必需品，采购途中炮弹从头顶飞过是常事，生命随时受到威胁，但她毫不畏惧。有一次，她接到上级紧急任务，要她把村里十几个老弱妇孺转移到安全地带，在她的带领下，越过重重炮火，顺利到达目的地。

易景莲在战争中结识了参加对越自卫反击战的泰州籍战士李祥宝，两人在战火中相知相恋，相互帮助，易景莲为爱跨越千里，来到梁徐，即便婚事遭到父母的反对，二人仍坚守当初的誓言。

易景莲远离故土在梁徐安家后，多年来尽责尽力赡养年老体弱的公婆。丈夫退伍后身体一直较弱，由于不能从事体力劳动，因而影响了家庭经济收入。在这样的条件下，家庭的重担就压在了易景莲身上，她每天4点钟起床，除了悉心照料丈夫、孩子和公婆的生活起居，还要兼顾田间劳作。一有空余时间就出去帮人打短工、搬砖、打扫卫生，或跑到附近打点零工贴补家用。回到家后，来不及喘口气，又赶紧打扫卫生、洗衣、做饭、喂鸡鸭，等这一切都忙完，往往已临近半夜，人也累瘫了。在街坊邻居有困难时，她也会伸出援手，尽己所能帮助他们。如今女儿本科毕业，已参加工作。几十年来她一直都是风雨无阻，不离不弃地照顾着这个家，用小小的身躯撑起了家的一片天。

丁克勤

1958年6月3日生，梁徐街道梁徐社区人，中共党员。

丁克勤是一名退伍军人，是两参人员，退伍后一直担任梁徐社区1组的组长。

2022年10月8日，这天下午，像往常一样在姜泗路周围巡视的丁克勤，突然接到社区书记李录才的电话。电话那头说："老丁，靠近剧场那边的一组美丽河有人落水了，你赶快去看一下，我在开会，马上到。"丁克勤接到电话后，立马骑上电瓶车，赶到河边时，那里已经围了一圈人。现场有人报警后，派出所民警也赶到现场，一位比较熟悉水性的民警已进入水里面救人了。赶到现场的丁克勤向围观群众打听，得知是梁徐社区1组的陈华夫妇在学习骑电动车的时候不小心落水，并且有好长时间了。了解情况后，丁克勤看到搜救人员不足，当即脱掉身上的衣物往岸上一扔，纵身跳入2米多深的水中，由于前几天刚下雨，加上入秋，河水冰凉，刚到水里，浑身哆嗦，好在慢慢适应。他在水里搜寻七八分钟，多次潜入水中，终于摸到了落入水中的电动车。后来消防支队的同志也参加了搜寻，前后约30分钟，搜救人员终于找到了女方。丁克勤和派出所民警、消防人员把女方弄上岸后，又继续在河里面进行搜救，在水里坚持了50多分钟，由于体力不支，才上了岸。十几分钟后，救援人员也找到了男方。

郑勇军

1969年3月生，梁徐街道坡岭社区人。2015年8月4日上午8点左右，梁徐镇坡岭村2组的周某和女儿正在家中，这时周某的情人刘某突然闯了进来，要求周某和他一起去湖南生活。遭周某拒绝后，恼怒的刘某用铁锤向周某母女猛砸，二人吓得大声呼救。在周某家隔壁开超市的郑勇军听到呼救声赶到现场，冲上前去，夺下刘某手中的铁锤，并用尽力气将刘某挤到厨房灶台边，用身体紧紧顶住对方，然后叫周某母女二人赶紧逃跑。周某母女俩爬起来冲出厨房，惊慌失措地站在庭院里抱在一起。郑勇军一边阻拦刘某，一边大声呼喊，让她们两个快往院子外面跑。这时，刘某抓起桌上的一把菜刀，砍向郑勇军，幸好郑勇军成功避让。周某母女俩跑出院子，郑勇军紧跟着冲出去，想锁院门把刘某关在院内，可院门锁生了锈，无法打开，他只好用手死死拉住院门。几分钟后，刘某竟持刀翻爬院墙出来，继续追砍母女俩。

郑勇军见状，赶忙拿着铁锤追了上去，呵斥刘某放下刀。刘某置若罔闻，继续挥刀砍向周某女儿的头部，就在刘某又挥刀砍向周某时，郑勇军奋不顾身冲上去，用右手挡了一下菜刀，他不顾鲜血直淌的右手，挥起铁锤吓唬对方。双方对峙时，闻声赶来的林凯等2位村民也拿着铁棒和铁叉赶来，要刘某放下菜刀，刘某不听。幸好当地派出所民警及时赶到，才控制住了刘某。

郑勇军随后被村民送进泰州市姜堰区第三人民医院。郑勇军右手大拇指伤口长5厘米，仅剩少许皮肤软组织粘着，血筋断裂；右手中指伤口长约2厘米，深及皮下。事发当天，医生为郑勇军做了手术。2017年3月，郑勇军、林凯被泰州市人民政府授予“泰州市见义勇为先进分子”荣誉称号。

陈粉才

女，1967年9月生，梁徐街道双墩社区人。陈粉才丈夫杨维公多年前意外出车祸，成了植物人。陈粉才和杨维公生有1个儿子。丈夫失能后，陈粉才主动承担起照顾家庭的重担，一边在外工作，一边照顾丈夫和儿子。鉴于这种情况，有人劝她再婚。她说，再婚可以，但对方必须答应带上丈夫和儿子。几年后，陈粉才认识了现任丈夫，现任丈夫尊重了她的选择后，她和杨维公办理了离婚手续，和现任丈夫领取了结婚证。组成新的家庭后，陈粉才和现任丈夫没有再要孩子，一如既往地照顾前夫和抚养儿子，依然赡养前夫的母亲，逢年过节都看望、照顾老人。

服侍瘫痪在床的前夫不容易，多年来她不离不弃，无微不至地照顾新组成的家庭，每天给前夫洗脸、喂饭、喂药、接尿、擦洗身子、推拿按摩，隔三岔五还要给他抠大便。怕长时间躺在床上生褥疮，陈粉才每2—3个小时要帮前夫翻一次身。

朱后林

1976年1月生，梁徐街道岭家社区人，个体船舶焊接老板。

朱后林是一名普通的焊工，经过多年的在外打拼，干出了一番成绩。他致富后不忘家乡，带动家乡劳动力20多人共同创业，共同致富。朱后林热心社区内公益事业，社区安装广播喇叭实施亮化工程，他主动出资1万元，免费为3个居民小组安装路灯40盏，从而改变了庄容庄貌。在新型冠状病毒感染防控期间，朱后林带头捐资10000元，并捐赠口罩100只，为在一线保驾护航的社区干部和群众提供防疫物资，助力抗击疫情。

马玉红

女，1977年12月生，梁徐街道社区卫生服务中心的中西药房主任，姜堰区人大代表。

2020年2月到2022年年底，在整个新型冠状病毒感染防疫期间，她为充分发挥自己在医疗卫生方面的优势，联合街道人大工委成立了“流动工作室”，与街道工会、团委、妇联等部门建立了合作机制，送健康进社区、倾听患者心声、了解群众困难和诉求，所到之处都成了她的代表履职平台。工作室成立以来，她便以“院”为“室”、以“室”为“家”，为社区群众排忧解难。

马玉红经常深入社区，为社区群众以及外地返乡人员等重点人群进行核酸检测，每次都要完成500多人的样本采集。为了避免人群聚集，核酸检测点安排在室外的一座凉亭里，没有空调、没有风扇，在夏季烈日炎炎的高温下，马玉红穿着密不透风的防护服，每次都是汗水浸透衣衫。

为更好地做好疫情防控工作，区政府安排人员到梁徐高速路口守卡。马玉红又主动请缨，她放弃对家庭和孩子的照顾，和同事们一起来到梁徐高速路口，为来往的司乘人员测量体温。由于穿了防护服，她不敢喝水，因为上厕所太麻烦。每次下岗脱下防护服，身上的衣服全湿透。

在文明城市创建迎检期间，马玉红主动参加志愿服务。由于街道卫生服务中心的工作繁忙，上班时间无暇分身，于是她便利用中午休息时间，独自一人到街上开展志愿服务，整理车辆、捡拾垃圾……一干就是2个小时。同事们劝她，中午根本没人看到你在干活，但马玉红却说，文明创建人人有责。

梁徐社区残联之家有来自街道各社区的20余名残疾人员。马玉红得知这一情况后，便与残联之家达成了结对帮扶协议，由工作室组织志愿者定期提供各类体检服务，帮助10多名残疾人走上了工作岗位。她充分发挥专业特长，经常组织医务人员免费上门为社区群众提供血糖、血压测量服务，会同医务志愿者开展跌打损伤、健康养生等方面的专业咨询和专题讲座。工作室成立以来，累计收集基础设施建设、矛盾纠纷化解、医疗保险等方面的问题30余条。

游秀琴

女，1978年9月生，梁徐街道东官社区人，梁徐街道东官社区工作人员。

在进入社区工作前，游秀琴自主创业，搞养殖产业，为社区不少留守妇女提供了就业的机会。到社区工作后，她起早贪黑在社区巡查、宣传，到群众中走访调查。她心贴人民群众，尽力帮他们排忧解难。

东官14组、15组、16组一直没有路灯，一到晚上，乌漆墨黑，严重影响群众的生活，也经常发生事故。游秀琴了解到情况后，就向社区支部书记汇报，经两委会议讨论后，由游秀琴负责拉赞助，她起早摸晚，一个个上门拜访，把情况和自己的想法向他们做说明，最终得到了他们的认可。有了资金后，她又着人去购材料、找电工。经过她的努力，这段路灯终于亮起来了。

2020年2月到2022年年底，由于新型冠状病毒感染疫情的影响，社区工作人员担子一直很重，他们经常入户搞宣传、守关卡、参加网格巡查、组织群众打疫苗，在此期间，游秀琴没有缺过一天。疫情防控期间她走访宣传800多户，发放疫情防控资料1000余份。对于外来返乡人员做好信息登记和体温测量，同时她能够主动对接需要返乡的人员，要求报备好返乡地点以备提前做好防护准备。

钱侨

1984年1月生，梁徐初级中学副校长，中共党员，姜堰区人大代表。

大学毕业后，钱侨就一直扎根在姜堰农村教育的热土上。出于对教育事业的深爱，他总是愿意在教育教学上多花心思，多下功夫，探索出多种途径，帮助学生更好发展。

钱侨为学生们建立了个人成长档案，采取多元化考评机制，激励他们自主学习。不仅如此，他还自学心理学知识，因材施教，鼓励每个学生在自己的舞台上绽放光芒。

家庭教育的缺失制约了一些学生的成长。为此，钱侨牵头成立了家校共同发展委员会，组建家庭教育学习小组，点对点、面对面地帮助解决学生及家长的各类问题，形成家校共育的良好局面，得到学生及家长青睐，并获得“泰州市首届优秀德育工作者”“泰州市优秀青年教师”“姜堰区十佳青年教师”等荣誉称号。

农村的孩子有很多父母长期不在身边，他们的情绪缺少排解。为了让这些孩子健康快乐地学习、成长，钱侨总是在授课的同时，给予他们更多关心与爱护。

因家庭原因，班上的小汤同学性格内向，学习态度也有些消极，钱侨多次与小汤沟通，逐步消除其排斥心理，后来还让小汤做课代表，终于助其重拾信心。为解决小汤生活上的困难，钱侨主动上门，还向有关部门求助，寻找社会爱心人士一起帮助小汤。正是这种春风化雨般的爱感染了小汤，他更加勤勉学习，后来顺利考入姜堰中学。

当选为新一届区人大代表后，钱侨自觉恪守为民之责，力行为民之举，积极发挥参谋助手作用，理性反映社情民意，努力当好群众“代言人”。

为帮助农村学生科学管理课余时间，钱侨立足自身岗位，切实履职尽责，组织老师、学生和家长召开座谈会，将广大师生和家长的心声写进了代表建议，并帮助学生科学规划时间，提高校外学习质量。

曹建兵

1987年4月生，梁徐街道张埭社区人。

2012年，他的父亲曹爱富不幸中风瘫痪，经过治疗，曹爱富终被从死亡线上拉了回来，命虽然保住了，但他永远丧失了行走的能力，整个身体就如植物人一般，四肢不能动弹，三餐不会张口，排泄没有意识，长期依靠流食。同时，他还丧失了说话能力，有时只能发出非常微弱的哼哼声。曹建兵在医院日夜悉心照料了整整3个月才回到家中。

回家后，父亲整日躺在床上，一日三餐、大小便都离不开照顾。由于父亲卧床不起，一旦要大小便或者吃饭、洗脸、穿衣，他就马上起床侍弄，这些年来他就没有睡过一个安稳的觉。曹建兵每天必做的一项功课就是给父亲按摩，父亲住院的时候他跟着医生学了些穴位知识和按摩手法，在家就早晚各给父亲按摩一次，从手到脚，特别是脚底心，每次半小时左右。每天给父亲翻身、擦身子、洗澡、端屎端尿，从不嫌烦，同时还把家里打理得井井有条。空闲时就陪父亲说说话，父亲虽然不能回答，但听后会露出笑容。

钱存海

1990年生，梁徐街道三林社区人，退伍军人，退伍前在新疆服役。

钱存海2011年退伍后，成为姜堰区

消防救援大队专职消防员、应急先锋救援队队长，同时也是姜堰先锋公益发展促进会的志愿者。2022年6月28日，姜堰某中学教师宿舍楼因燃气泄漏引发爆燃，千钧一发之际，钱存海正巧下班路经事发地，他不顾自身安危，娴熟运用专业技能冷却液化气瓶，及时挽救了群众的生命财产，自己却因此多处烧伤。2016年以来，他多次不顾自身安危扑灭大火、数次捐赠血小板挽救患者生命。2009年至2022年的14年中，钱存海个人献血量20000毫升以上。在他的影响和组织下，一批志愿者先后开展10多次大型献血活动，吸引上千人参加，累计献血10万毫升。他还热心公益，前后参加志愿活动300多次，服务时长超2000小时。他还参加了河南特大洪涝、阜宁特大龙卷风等灾难现场的救援。钱存海的善举也赢社会的尊重。

2017年9月，被江苏省文明办表彰为“优秀志愿者”。2018年5月，获“江苏省优秀团员”称号。2021年5月，被评为第六届“泰州市见义勇为好市民”，获第八届“感动泰州十大人物”提名奖。

周埭社区爱心超市

文明创建

20世纪80年代，梁徐、王石2个乡开展“五好家庭”的评选工作。2012年，梁徐镇开展文明村镇、文明社区、文明行业、文明单位、文明家庭等群众性精神文明创建活动，做好道德教育、道德评议、道德引导、道德治理、道德宣传，切实解决诚信缺失、公德失范问题。通过文明创建，形成人人争做文明人的良好氛围。

文明家庭创建

梁徐、王石2个乡从20世纪80年代开展“五好家庭”（政治思想、生产工作好；家庭和睦、尊敬老人好；教育子女、

周埭社区开展最美家庭评选

邢家社区道德讲堂正在进行普法教育

计划生育好；移风易俗、勤俭持家好；邻里团结、文明礼貌好）的评选工作。乡镇合并后，自2012年起，梁徐镇开始评选“十星文明户”。“十星文明户”创建内容包括：爱国星、致富星、守法星、婚育星、教育星、科学星、和睦星、公德星、新风星、卫生星。在自我认星的基础上，逐户评星，由评选领导小组主持召开村民代表大会，对每户的自选情况进行公开民主评议，支持赞同70%以上的确定为获得十星资格，否则视为达不到十星标准，评选小组将民主评议情况张榜公布，接受社会监督。2017年起，在全镇（街道）开展文明户系列评比活动。文明户系列打破了以往单一的“十星文明户”评比模式，分十星文明家庭户、十星文明标兵户等几种类型。文明家庭户只需要符合遵纪守法、孝老爱亲、邻里和睦、爱护公物、干净整洁等五项要求，门槛相对较低。十星文明标兵户是在文明家庭户的基础上，增加了热心公益和移风易俗两项，标准有所提高。是文明户创建的金字塔顶。街道（镇）每年对评选出的十星文明标兵户进行表彰，到2021年，十星文明标兵户评选工作进行了5届，评选出十星文明标兵户95户。

文明单位（镇、村）创建

2009年，全镇以“五城同创”为抓手，大力弘扬创建精神，坚持以人为本、创建为民，不断巩固和扩大省级文明城市创建成果，积极动员全镇干群投身“五城同创”活动。注重将文明创建与新农村建设有机结合，促进“三个文明”建设同步提高。开展“学典型、赶先进、创特色”文明创建主题活动。梁徐镇被泰州市委、市政府表彰为“2008年度泰州市社会治安安全乡镇（街道）”。开展环境专项整治活动，引导人们告别不文明的行为习惯。通过创建，2018年，梁徐镇被泰州市文明办评为“2015—2017年度泰州市文明镇”。2019年，梁徐街道党工委在全街道开展我们的价值观主题教育活动，宣传好的家风、家训，全街道有5030人次参加培训；通过培育“移风易俗”先进示范村，评选优秀家风、家训，不断提升居民素质，全面提升乡风文明。2019年，梁徐中心小学被姜堰区文明办评为“学雷锋活动示范点”。

通过政府网站、官方微信公众平台“梁徐正能量”、便民服务大厅、村务公开栏、远程教育信息平台等载体，及时公开党务、政务信息。开展了“四位一体”民主评议活动，通过座谈会、政风行风评议会等形式，提高基层站所的工作效率，提升人民群众的满意度。梁徐镇财政所被评为“2013—2014年度泰州市级文明单位”，大唐泰州热电有限责任公司被江苏省文明委评为“2019—2021年度江苏省文明单位”。

开展普法教育。制定考核细则，使普

文明社区——前时社区

法教育经常化、制度化。创设法制学校，各村（社区）“两委”班子经常性组织集中学习法律知识。组织普法宣传员和普法志愿者开展“送法进村”活动。民事调解组织健全，推进“5+X”矛盾化解机制，切实做到小矛盾不出村组，大矛盾不出镇，矛盾不上交，纠纷不激化。2013年，前时村获“江苏省和谐社区建设示范社区”。

倡导文明新风。践行社会主义核心价值观，以先进道德典型为榜样，传承中华传统家庭美德，弘扬时代风尚。制定紧贴实际的村规民约，引导居民实现自我教育、自我管理、自我服务、自我约束，教育居民摒弃婚丧陋习、倡导文明新风。

挖掘传统文化。保护和传承民间文艺，打造特色文化品牌，建立了本镇及所辖社区的群众性文体队伍。梁徐文化站组织的文化宣传队，通过不断创新，每年都为全镇群众送去了多台丰富多彩的文化节目。戏剧小品《抬杠》、京剧《智斗》、相声《孝顺记》、舞蹈《中国梦》等自编自演的节目，多次获得市、县（区）奖励。

改善人居环境。路美、水清、岸绿、天蓝、院美，全力打造独具特色、宜居宜养的镇村环境。全街道居民住房、饮水和出行等基本生活条件明显改善，人居环境基本实现干净、整洁、便捷。开展“最美乡村”评选活动，巩固村庄环境整治成果，三林村被泰州市政府命名为“泰州市康居示范村”。抓好秸秆“双禁”和综合利用工作，加大畜禽养殖污染专项治理工作力度，提高农村生活污水处理覆盖率。

倡导生态文明。按照“六有八无”整洁村标准，聚焦“五面清洁”、乱搭乱建、乱堆乱放等方面问题，开展全域整治行动，人居环境得到改善。着力沟塘整治。对域内的沟塘进行清淤、护坡、绿化，到2021年沟塘整治已完成总量的80%。2011年，梁徐镇建成省级生态镇；2014年，梁徐镇获国家生态镇命名。2012年在“六五”世界环境日期间，举行“低碳机关、绿色出行”环保宣传行动，向公众宣传环保新知识、新理念。2014年，全镇有6个村通过生态示范村验收，其中前时通过建设和整治示范村验收。同时，集中整治全镇规模化养殖场污染。截至2018年，全镇16个村全部创建成文明村。

荣誉

梁徐街道（镇）获市级以上荣誉一览表

表11

颁发单位	获奖名称	颁发时间（年）
环境保护部	国家级生态乡镇	2014
全国爱国卫生运动委员会	国家级卫生镇	2020

续表

颁发单位	获奖名称	颁发时间（年）
江苏省文化厅、财政厅	江苏省第二批公共文化服务体系示范乡镇	2014
江苏省新闻出版广电局	2015年度江苏省农家书屋提升工程试点工作先进乡镇（街道）	2015
江苏省文明委	2013—2015年度江苏省文明乡镇	2016
江苏省委组织部	2016—2017年度江苏省农村基层党建工作突出贡献奖	2017
江苏省生态环境厅	第二批省生态文明建设示范乡镇（街道）	2018
江苏省“扫黄打非”工作领导小组	先进集体	2018
江苏省爱国卫生委员会	江苏省卫生乡镇	2019
泰州市委、市政府	泰州市平安乡镇（街道、园区）	2012
泰州市委、市政府	2013—2014年度泰州市级创建文明乡镇工作先进乡镇	2015
泰州市委、市政府	2015—2017年度泰州市文明单位	2018
泰州市委、市政府	2018—2020年度泰州市文明单位	2021
泰州市委	泰州市先进基层党组织（离退休干部党支部）	2021

梁徐街道（镇）获姜堰区表彰的文明村

表12

年份	村名					
2003—2004年	王石村	周埭村	三林村	前时村		
2005—2006年	王石村	双墩村	前时村	周埭村		
2007—2008年	周埭村					
2009—2010年	周埭村					
2011—2012年	王石村					
2013—2014年	张埭村	东官村	桥林村	双墩村	葛联村	
	梁徐村	邢家村	三林村	前时村	坡岭村	
2015—2016年	张埭村	桥林村	坡岭村	双墩村	邢家村	
	二塘村	岭家村	周埭村	前时村	新九村	
2017—2018年	前舍村	黄村村	江村村	双墩村	张埭村	前时村
	坡岭村	二塘村	周埭村	桥林村	新九村	岭家村
	邢家村	三林村	葛联村	王石村		

百姓大舞台

街道16个社区已建14个“百姓大舞台”，投入资金45万元。从2018年起，每年向社区发放文化惠民券10万余元，组织送文艺下乡活动。到2021年，利用百姓大舞台举办惠民演出56场次，观众8万人次。

道德讲堂

街道有道德讲堂17个，新时代文明实践所（站）以“道德讲堂”为依托，定期举行宣讲活动，通过“身边人讲身边事，身边事教身边人”的方式，在先进典型与普通群众之间引发强烈共鸣。一般每个“道德讲堂”全年宣讲4次，每次听众在30人左右。

春节送文化下乡之江村大舞台演出

乡土名人馆

2021年，投入资金10万余元打造梁徐街道乡土名人馆，将梁徐地区的历史名人、革命先烈、道德楷模、院士学者等方面的知名人士的事迹在陈列馆内介绍。每年参观学习的人数达3000余人次。

农家书屋

自2003年起，通过四年的努力，全镇21个行政村农家书屋全部建成，每个村的藏书均在1500册以上。镇有关部门为各村配送图书1000册，简易书橱2顶，DVD播放机1台，碟片50盒。市（区）文化局每年也组织向乡镇文化站和村农家书屋进行一些配送。2006年，东官村、张埭村建成江苏省“三星级农家书屋”，其余各村也全部通过省、市级验收。2017年底，全街道16个村都开设农家书屋，有科技、儿童文学、健康养生、思想政治、古典文学等方面的书籍2.4万册，其中双墩社区创成2021年度“书香村居”。农家书屋定时向村（居）民免费开放，每年有读者1.44万人次。2021年，全街道藏书35700册。

附：居民公约

邢家社区居民公约

为推进我社区民主法制建设，维护社会稳定，树立良好的居风民风，建设美丽宜居社区，助推社区振兴。依据党的方

农家书屋

江村社区文化路

针政策和国家法律法规，结合本社区实际，经社区居民会议通过，特制定本居民公约，作为社区全体居民共同遵守的行为规范。

一、爱国家，爱集体。拥护党的路线、方针、政策，遵守国家的法律法规，执行社区居民会议和社区居民代表会议通过的决定；热爱集体，反对损公肥私、损人利己的不良行为。

二、爱公物，禁赌博。爱护公共财产，不得损坏公共设施，不私自占用生产和交通道路；严禁赌博等不良行为。

三、讲文明，树新风。提倡移风易俗、喜事新办、丧事从俭，破除陈规旧俗；反对封建迷信及其他不文明行为，树立良好的民风。

五、讲卫生，护环境。积极开展文明社区建设，搞好环境卫生，垃圾要入桶、入池，严禁随地乱倒、乱堆垃圾和秽物；自觉维护生态环境，禁止焚烧秸秆，自觉进行秸秆综合利用。

六、禁违建，护耕地。禁止非法占用耕地私搭乱建，凡违章建筑，一经发现，立即拆除；不得侵占、买卖、出租或者以其他形式非法转让和变更社区集体或他人的土地使用权。

七、敬他人，睦邻里。建立正常的人际关系，尊重他人；邻里之间要互尊、互爱、互助，和睦相处，提倡一方有难八方支援，发生纠纷，应本着团结友爱的原则平等协商解决，树立依法维权意识，不得以暴制暴。

八、讲平等，孝长辈。遵循婚姻自由、男女平等的原则，反对家庭暴力；孝敬老人，子女有赡养老人的义务，不得歧视、虐待老人。

九、倡节俭，反浪费。提倡勤俭持家，勤劳致富；反对铺张浪费，推行光盘行动。

2020年9月

传统文化

梁徐历史文化悠久，舞龙、舞狮、打莲湘、斗七巧等民间文艺节目流传久远，百姓百看不厌。匠人、作坊技艺具有地方特色，裨益人们生活。劳动号子、民间说唱等劳动人民的创作，凝心聚力，传神励志。但随着时代与社会发展进步，一些传统文化已湮灭或濒临失传。

民间文艺

舞龙

梁徐舞龙历史悠久，范围广阔，无论是传统的民俗节庆，还是热闹非凡的传统庙会，无论是祈求风调雨顺、五谷丰登，还是工商企业开张志禧，总见几条蛟龙翻滚腾飞，给喜庆的日子增添几分欢乐，几分情趣。2021年全镇有舞龙队9支，各色彩龙24条。

龙，分龙头、龙身、龙尾三个部分。用竹篾、铅丝扎成骨架，然后用布糊贴缝制。龙头是传神的部分，高手扎制的龙头，龙眼活络有神，龙嘴张合适度，舞起来有吞云吐雾之气势。龙身有长有短，分为九节、十一节、十三节，也有十七节、十九节。节又称拿、把、棒。如九节称

舞龙队

九拿、九把或九棒。龙身每一节都是由篾片扎成的圆桶状，下有木质长柄，舞时每人手抓一杆长柄。龙身的色彩也不尽相同，有黄龙、青龙、赤龙、乌龙、紫龙、白龙等，群龙共舞，当推黄龙为首。

舞龙时还需一种道具，那就是彩球。彩球引领蛟龙翻滚，只要螺号或大锣一响，彩球便忽左忽右，忽上忽下，龙便随之上下飞腾，左右翻滚，犹如真龙奔腾流动。舞龙的动作灵活多样，或站或跪，或睡或滚，或逗或玩，穿插迂回，倒海翻江，气势磅礴，十分壮观。

舞龙的技巧在于紧凑、快速、善变，套路较多。大套路三十六，应三十六天罡；小套路七十二，应七十二地煞，合成一百零八种，应梁山泊一百零八条好汉。梁山泊一百零八将，个个刚强豪迈，而舞龙就是要体现刚强豪迈气概。梁徐舞龙队能舞动28种套路。

舞龙有时还与其他民间舞蹈合并进行，一条龙独舞谓之蛟龙戏水；两条龙对舞谓之二龙抢珠；数条龙排舞谓之群龙闹海； 一条大龙，一条小龙——母子情深；龙与狮子伴舞——狮子盘龙；走马灯与龙共舞——马跃龙腾；龙与腰鼓共舞——龙鼓鸣天；龙与打莲湘共舞——龙竹生花；龙与凤凰伴舞——龙凤呈祥，或曰游龙戏凤，或曰龙凤偷情。这些伴舞令人目不暇接，增添欢乐气氛。

狮子舞

狮子舞，又称舞狮子、狮子灯。因狮子舞所占场地不大，参舞人数不多，所以在梁徐地区广为开展，现全镇有舞狮队10余支，参舞人员达千人。

狮子舞的舞具分为狮头、狮皮、狮尾三部分。狮子骨架用竹篾、铅丝扎成，其身用花布缝制，并用一块薄木片涂上红色作舌头，头壳外部要彩绘，红头黑眼白牙，其口要可张可合，其眼要可开可闭，令人有栩栩如生之感，在狮身花布上缝上染成红棕色的麻丝儿作狮毛，尾巴亦以麻丝一束扎于皮下，或以芭蕉扇、筛花生的笊篱代之。狮头正中缝置一小彩球，红球为雄狮，黄球为母狮。

舞狮子必须挑选身强力壮、手脚灵活的年轻人担任。狮子舞由两人表演，在一位绣球手的引导下，一人两手执狮头，顶在头顶上，双手操纵狮头做各种动作，另一人身披狮皮裹至头顶，右手紧抓前者腰中所扎的彩带，弯腰曲背，左手执狮尾，左右摇晃，两人双脚岔开，分别代表狮子的前腿和后腿，为不显露人腿人脚，必须穿上预先缝制好的带毛裤管。起舞时二人配合要默契，动作协调一致，这样狮子舞跳起来才活灵活现，生动有趣。

狮子舞的动作有“盖顶”“亲嘴”“拜四方”“入洞房”“眠雄”等。如两只狮子对面连连点头，张嘴翘舌，然后东西几个来回，你嗅我耳，我吻你耳，此乃“咬耳”；情意绵绵，互相吻嘴，难分难舍，两狮蹿开，颤颤抖抖，再分左右，各自抬头仰望天空，似有祝福祈求，名为“望月”；面朝东西南北四个方向，跳跃翻滚，向观众作揖致谢的动作，称之为“拜四门”。同入场中，母狮跪下，雄狮绕其一周，趋之渐进，做各种嗅吻动作，猛然向母狮身上一跃，咬耳抓皮，互相翻滚逗乐，“雄狮求欢”，把它们之间相亲、相爱、相配的过程及情感表现得淋漓尽致。

20世纪三四十年代，坡岭村黄太广、马玉成、丁昌福、林存山、马玉章、郑登元等人都是舞狮子的高手，将十三张大方桌分为下八、中四、上一叠成三层，再置一张大方凳子于其上。狮子从底层盘、爬、跳、攀，跃至顶层大方凳之上转一圈，打高肩直立亮相，动作惊险。

河蚌舞

因本地人把河蚌称为河歪，所以河蚌舞又被叫歪儿精。河蚌舞的表演由二人组成。一男青年扮着老渔翁，头扎毛巾，脸饰白眉毛、长胡须，身着老蓝色对襟渔人服装，腰系蓝色绸带，足蹬轻便布靴，身背篾制小鱼篓，手拿撒网。一女青年扮着歪儿精，她身穿红色内衣，腰扎彩色绸带，手拿由竹篾铅丝扎成、彩布缝制的河歪壳，壳内两边各置一根小短竹为抓手，以便演员抓住蚌壳，使之一张一合。

表演开始，老渔翁拟作撒网动作，不

河蚌舞

断变化撒网的地点、方位，同时更换撒网技艺，让人百看不厌。老渔翁多次撒网无果后，数次以手遮额，瞟向西边天空，意为太阳快要下山了。随后摇头晃脑，作垂头丧气状态。清唱一曲：“老渔翁，打鱼晚，靠山崖，傍水湾，扁舟来往无牵绊。沙鸥点点轻波远，网网着空心胆寒，一无所获把家还。蓦回首，改主张，求神灵，拜上苍，再打一网运气长。”边唱边撒网，此时，女演员正闭合蚌壳蹲在一角，正巧，撒网罩住她，她只得随撒网收起而被渔人捕获，一提一放，一拖一松，作各种动作。老渔翁以为捕到大鱼，十分欣喜，待将网拉至面前一看，原来是一只大河蚌。老渔翁作苦笑状，表达有总比没有好之意，回程刚走上几步，从蚌壳里跳出一位美若天仙的姑娘，老渔翁欣喜若狂，豁边叉、竖蜻蜓、翻跟斗……各种武术动作穿插进行，老渔翁施展高超技艺让人欣赏。女演员脱去蚌壳，手拿所系绸带，在广场上翩翩起舞，轻盈的舞姿、如花似玉的芳容，博得观众阵阵喝彩。

走马灯

走马灯，是梁徐民间文艺的一种主打活动项目。马灯队的组成为：八骏一列，另有黑叫驴一头。以红马为头马，表演时按照锣鼓节奏和头马的引导变换队形，穿花档，游四门，动作迅疾，来的来，去的去，自有门路。表演八卦阵、龙门阵、跳大凳、堆宝塔等节目。黑叫驴扮演小丑角色，头戴尖顶黑斗篷，面涂烟囱灰，手拿破芭蕉扇，在马队中钻来跳去，专与桃花马嬉戏。或于地上打武术，翻跟头，向观众磕头作揖耍鬼脸，撩逗观众大笑。

马灯骨架用竹篾扎制，马身用各色花布或彩绸围裹，马头绘彩漆，装金纸，马尾巴用红棕色麻丝做成。马身分前后两部分，分别系于表演者身前身后。表演者头戴饰有大红绒球的船形花帽，左手牵马缰，右手挥马鞭，或奔驰，或徐行，马头高昂，马鬃摆晃，蹄声阵阵，尘土飞扬。

踩高跷

踩高跷于清朝末年进入梁徐及周边地区，尤其在关帝会及其民间庙会期间，成为必不可少的活动项目之一。随着时代的发展，不断进行花样更新。

踩高跷的道具是两根扁圆形结实的木棍，上端一尺五左右凿眼，置踏脚板。表演者双脚踩在踏脚板上，木棍上端绑在小腿上，穿上特制长裤，顿成高脚长腿的奇人，下端着地，以棍代脚，或跑或走，或跳或舞，非常自如。

踩高跷一般由3—8个人一组，用一段民间故事或古装戏曲进行表演。三人一组为刘、关、张桃园三结义。四人组

踩高跷

为唐僧西天取经，一为唐僧，一为孙行者，一为猪八戒，一为沙和尚。八人组为八仙过海。他们一路行走并作一些滑稽可笑的动作，招揽观众。如孙行者时而以手遮额，远视前方，时而挥舞金箍棒，东张西望，时而挤眉弄眼，抓耳搔痒。猪八戒则摇头晃脑，挺着大肚，弯腰向观众嬉笑，装出一副憨相。踩高跷所扮人物都穿古戏服装，不表演，也会吸引人。大多数故事为人们所熟悉，大多数人物为人们所知晓，所以看来更感亲切。

20世纪60年代至70年代，坡岭村推陈出新，把踩高跷表演古代人物改为表演现代生活。如以12人分为两队，对面而立，他们以锄头作为道具，边踩边唱，表演《兄妹开荒》。又如以五人扮成五老汉，手捧毛主席著作，边踩边唱边做动作，名为《五老汉学毛选》。除此以外，还表演《军民团结》《农业学大寨》等诸多节目，表演时利用道具作各种动作，不时变换队列，穿插迂回，亦为广大群众所喜爱。

20世纪90年代后，踩高跷在梁徐地区广为盛行，除庙会、节庆活动表演外，许多农户办丧事也请来高跷队表演，名为丧事喜办。

荡湖船

荡湖船，又叫撑花船，用竹子和铅丝扎成船状，有船头、船舱、船尾，船舱棚用花布装饰，色彩斑斓。表演时，一人扮撑船老汉，头顶花草帽，腰系布袱裙，手拿竹竿，做撑船动作，说说唱唱，问问答答。一人扮舵手老太婆，男扮女装，梳发髻，扎包装，身穿古式老妇服装，手执木桨。一人扮靓姑，在船舱中两手拎握船沿竹竿，紧随老汉撑船动作，摆动船身行走。入场时，阵阵锣鼓引导入场，老汉握篙，做用力撑船动作；老太婆握桨晃动，作拿舵或摇橹状态。一群姑娘唱入场曲："撑撑开来让让开呀，让我家的花船，开进啊的来唷，嗯呀哎子唷唷，蝴蝶花儿飘飘，春夏秋冬，四季花儿开唷，四季花儿开唷。"然后老汉见景生情，用道白或快板宣明主题，接着让老太婆回答问题。二人道白一番，然后由老太婆叫姑娘们唱上一段，唱词根据时代发展编写，也有的是采用传统唱词，如《四季游春》《手扶栏杆》《杨柳青》等，姑娘们唱了一会儿后，老汉和老太婆再道白。这样说唱穿插，内容新鲜，形式灵活，表演幽默风趣，常常逗得人笑不拢口。

挑花担

挑花担又称挑花篮。梁徐地区要数邢家、江村、周埭、桥黄社区的挑花担班子表演出色。花篮用小竹、篾子、铅丝扎成，高约1米，呈六角柱形或圆柱形。花篮的竹篾都用彩色纸条或剪成的彩纸须粘贴，花篮中插放纸花，抑或鲜花。其中有朵高高耸立，用弹簧丝系扎。再在花篮中插几根细铅丝作柱，铅丝顶端系以花蝴蝶，略高于花朵。这样姑娘们挑起花担行走时，花篮不停摇晃，花蝴蝶随之翩翩起舞，犹如彩花一般，十分传神。挑花篮的扁担选用既柔软又不易折断的毛竹片做成，并以彩色布条斜着缠裹。由于扁担柔软，挑起来容易晃动。挑花担一般由靓姑、丽妇来担当，她们身着色彩鲜艳的服装，头发乌黑油亮，头插鲜花，足穿白球鞋或轻便马靴，面施薄粉、腮涂胭脂，唇抹口红，眼戴墨镜，右手叉腰，肩挑花篮不停晃动，左手捏花手帕角尖，袅娜的姿态，就迷住许多观众的眼球。

挑花担的表演形式有两种：

其一，形式如唱凤凰。除一人挑花担外，还需五人组成。一人敲大锣，一人打鼓，一人敲钹钗，一人打堂锣。每到农家门前，他们先"咚咚锵，咚咚锵"敲上一通，一旦敲响"刹板"锣，接着就开始大声演唱。

领唱：锣鼓一打响堂堂，老板家华堂真漂亮。

向阳门第春常在，花担到府报吉祥。

短暂敲锣鼓后，众和：哎嗨哟，花担到府报吉祥。

领唱：锣鼓一打响仓仓，花担唱到贵府上。

恭祝新年都愉快，恭祝全家身体都健康。

众和：哎嗨哟，恭祝全家身体都健康。

……

花担的唱词内容广泛，有唱古人的，有唱哲理的，有猜花名的，领唱的人需要有点“流才”的人，要见什么唱什么，或主家点什么唱什么，还有唱风趣幽默小调，如唱新娘，唱“爬灰”爹等。为了烘托气氛，使场面更加热烈，一般挑花担都与唱凤凰合并进行。

其二，除挑花担一靓女外，再加一名男角小丑。小丑模仿济公，手拿破旧芭蕉扇，挤眉弄眼扮鬼脸，插科打诨，风趣诙谐，增添喜剧色彩，他们的演唱以男女角色一问一答为主。

除二人一问一答对唱外，还有二人轮唱民歌小调，常唱的民歌小调有《对口谈媒》《五更梳妆台》《手扶栏杆》《十二月调情》《十二月相思》等。中华人民共和国成立后，唱词大多根据党和国家的方针、政策临场组词演唱，内容多而广。

斗七巧

民间传说玉皇大帝有七个女儿，她们在天上天天聚在一起嬉戏逗耍，天宫中所有的玩具都被她们玩遍了，玩腻了。一日，七姑娘别出心裁找来一块方木板，切成七小块，每人手拿一块，然后以七块凑合，拼合成各种图形，后来七仙女下凡，与董永婚配，男耕女织，其乐融融，七月初七日晚上，在皎洁月光下，七仙女将天宫中斗七巧的游戏传授给七位民女，久而久之，斗七巧的游戏便在民间传播开来，这就是七仙女创七巧、七月初七传七巧的神话故事。延宕至今，每当乞巧节来临，民间都有看巧云、斗七巧的活动。

斗七巧

七巧板，又名智慧板。用七块大小不同的几何形体组成。一块正方（正方形体）。一块斜方（平行四边形体）。两块小斜（两个小等腰三角形体）。一块中斜（中等等腰三角形体）。两块大斜（大等腰三角形体）。所有形体先制成框架。然后在前面。上下左右五面镶嵌木板。中空，后面竖装一小木柱，便于演员抓在手上。所有形体都油漆光亮。在前面的面板上，还雕上各种图案，如八仙过海、渔樵耕读、凤戏牡丹、麒麟送子、龙凤呈祥等。用七种不同的几何形体可凑合成各种模型，以启发人们的思维智慧，所以斗七巧既是一项娱乐活动，又是一项健身活动，更是一项智力游戏。

表演斗七巧的演员为一式七人，或男或女，或老或少。表演者步伐快疾而又轻松。动作敏捷而不紊乱，面带笑容而不呆板。一声令下，斗元宝，七人迅速变换方位，手举七巧板凑成元宝状态。又一声：斗国旗。七人又迅速组成一个国旗图形。随着所拼凑的物体形态不同，演员们不停地跑动，穿前插后，原地转动，弯腰、扭转、岔腿、举臂，舒筋活血，平衡阴阳。岭家村七巧队曾表演斗飞机，且凑合成机场起飞、高空穿云、空中翻滚等各种形态。随着飞机形态高低变化，演员齐步向前，不断变换手中道具的角度。加之锣鼓巧妙配合，烘托了气氛。观看表演的人，个个感到新奇。

岭家社区林俊良等爱好者表演的斗七巧分“吉祥物”“武器”“用具”等六大套，每套六种可凑合成三十六种形态，取六六大顺之意。“文化大革命”前，泰州市文化局曾经组织文艺工作者到岭家村观看表演。2010年，斗七巧这一民间文艺表演形式被泰州市列入非物质文化遗产保护名录。

打腰鼓

打腰鼓在梁徐地区流传久远，20世纪90年代前，基本上每个自然村都有多人会打腰鼓。

腰鼓长约33厘米，两头直径约14厘米，中间直径约16厘米。腰鼓鼓身用木料箍成后两头蒙白羊皮，鼓身漆成大红色，离两头约7厘米处各设有圆铁环作为系红绸之用。红绸宽10厘米、长3米，两根鼓棒长26厘米，前端做成小圆头，后端打一个小眼，小眼上系一块边长40厘米的红绸布或绿绸布。

打腰鼓是群众性的文艺活动，一般在节庆、庙会、商店开张或各种团队集体活动、集会进行。参加人数或多或少，人数越多，声势越大越壮观。

打腰鼓最基本的鼓点是咚吧、咚吧、咚咚吧。基本动作打熟后再练习打反点、打花点等。各种动作熟练后，在领

梁徐初级中学鼓舞队

队的指挥下，通常打分散集中、打反点打花、欢乐的跳、斜队打花点、十字交叉踢腿、气振山河、重返童年、鸿雁展翅、欢乐的秧歌等十几节。

腰鼓是深受广大群众喜爱的文艺活动。腰鼓的动作欢快，节奏鲜明，鼓声清脆动听，表演者手、眼、脑协调统一。非常适合于人们的娱乐和健身锻炼活动。

打莲湘

打莲湘是群众喜闻乐见的活动，梁徐镇多数村都有莲湘活动。

打莲湘，又称滚莲湘。莲湘是由粗细适中的竹竿做成的，长约2—3尺，在竹竿两头距根部三四寸的地方刻一道对面槽子，在槽子中心点与槽子成十字形，穿上铅丝并串数枚铜钱，竹竿两头扎上红绿小方块绸布，这样莲湘就做成。打莲湘时发出“咔嚓”的声响。动作一致，音响和谐，很有节奏感。

表演打莲湘少则八人，多则十几人，甚至几百人。人数成双不成单，以便分两队对打。打莲湘演员以女青年为主，上身着藕荷色对襟绸服，下身着藕荷色灯笼裤，头扎一色花毛巾并打英雄结，脚穿雪白明亮的球鞋，腰系红绸带，两边打蝴蝶结。每人手持两根莲湘或敲地，或互打，或打肩，或打腿，或打脚…… 从站着打，蹲着打，跪着打到睡着打，滚着打，跳着打，越打越快，越打越精彩，慢打有如溪水荡漾，中打有如风吹水波，快打有如瀑布飞泻。队列不时变换，穿插迂回，时而长如蛟龙，时而圆为红日，时而五星闪耀，时而八角生辉，时而走8字穿插，时而进入迷宫…… 动作转换自如，节奏明快优美。

打莲湘具体的套路有上八盘、下八盘。八八六十四盘反复打，能长能短。配合的乐曲常用《梅花三弄》《杨柳青》《四季游春》等。

打莲湘表演

传统技艺

架屋

梁徐人把架屋称为砌屋，架屋是指制作屋架的技艺，屋架根据屋面覆盖物的不同，又分为草屋屋架和瓦屋屋架两种。无论哪种屋架，它的主要结构都是由梁、柱、山、椽子等几部分组成。这些部件都是木质的，所以都是由木匠师傅制作。制作屋架要根据房屋的前后跨度、房屋的高度和屋面的坡度来计算，用木工尺作为测量依据，木工尺比市尺短一点。

房高 指房子的高度，它包含檐高和屋面坡度增高及屋面覆盖物加脊高三部分。草屋的屋面盖的是麦草，从防风角度出发，房屋求低不求高，旧时以檐高2.2米为多，还有少数人家只有1.9米，因为室内地面比室外要低，这类房屋就叫作地堂屋。地堂屋草房的特点是冬暖夏凉，这也是由于旧时域内夏季无降温手段、冬季无御寒措施的应对办法。如果瓦房则与其相反，求高不求低，旧时一般瓦房的檐高是2.6米。自20世纪80年代后，新砌的瓦房檐高2.9米或3.2米。进入21世纪，境内民众将普通五架梁、七架梁瓦房逐步翻建了楼房，木工的木尺也随之改为米，底屋的楼层高度最低的2.8米，大多人家是3.6米、3.8米，最高的有4米。

开间 旧时正房必须按照严格的规定，不论瓦房或草房，明间左右长度是4米或4.2米，房间的长度是3.6米或3.8米。对房子的前后进深也有规矩，域内北部地区五架梁正房的明间必须见方，也就是进深与开间一样大小，如果进深尺寸大于开间尺寸的叫作抽屉尾，认为这是不吉利的；南部地区明间的进深根据椽子的长短确定，明间就不一定强求见方。农村建房前后进深草房与瓦房是有区别的，域内的草房有三架梁、四架梁（也称三架一拖）、五架梁、七架梁，九架梁的草房很少；瓦房一般是五架梁、七架梁。

屋架的主要制作技巧是在穿山上，

山的构造形体上可分为十字山、蝙蝠山、人字山几种。

十字山 砌三架梁的小房子在中柱上凿眼，两头各穿一根大膀，正好是一个十字状，这就叫十字山。

蝙蝠山 是由中柱、壁柱、童柱、大膀小膀等组成。以五架梁为例，中柱上必须凿出穿大膀和小膀的两道榫眼，大膀的中部凿出穿童柱的榫眼，这样童柱下口立在大膀上（域内人又称大插），两个童柱的上口顶住小膀（域内人又称小插）。全部做好后整体形状如一只展翅的蝙蝠，所以叫它蝙蝠山。这种山的大膀两头的上端安放两根边梁，童柱上端安放两根二梁，中柱顶端安放正梁，一共五根梁，这也就是五架梁了。如果是七架、九架梁，原理都是一样，以此类推。

人字山 凡是用这种山形的都是非居家房屋，如作坊、小型厂房、学校教室等。因为这些地方需要较大的空间，如有柱子就会影响视线或物体的存放。人字山的过梁（又叫大膀）是根据房子进深的长度一木到头，过梁的上口中部凿眼立中柱，中柱上口再用人字木斜撑到过梁两头部位，制成后，看上去像个人字形，所以叫作人字山。

山的尺寸关系到屋面坡度的大小。草房坡度要大，这样排水就快，雨水在屋面上停留时间短，可以延长屋草的使用寿命。瓦屋坡度要小些，过陡了瓦片容易下滑。正常情况下，草屋的山是七算，也就是在中柱穿大膀榫眼的上口为基点起算，再到顶的高度尺寸是用大膀的全长乘以0.7而得出的，如大膀全长是4米，中柱在大膀以上的尺寸则为4米乘以0.7，等于2.8米；童柱高度折半算，则为1.4米。瓦屋则用五算，或者五点五算，算法如上。

屋架构造还五架六砌的，五架一拖的，七架一拖的，山头放小披儿的，放裹山披儿的，等等。

砌墙

旧时，域内的住房有草房和瓦房之分，因而墙体也有泥墙和砖墙之分，工艺也有所不同。

泥墙 泥墙中又可分外墙与内墙。外墙有山墙和檐墙，是用泥土夯实的；内墙一般是用土墼砌成的。打泥土墙时，首先要在墙体的两头栽上相应宽度的小门或木板，名为支头，然后取4根10厘米或略粗且长度稍超过墙体的圆木或毛竹，用麻或稻草手工搓成根大尾细、约1厘米粗的8根贯绳，以便于绳子从夯实的墙中抽出。首先在支头的两边一边安一根圆木，两头用绳颠倒系扣起来后上土，土不可过干或过湿，用木榔头敲打均匀，直到土面夯实略见渗潮，再上第二层的圆木，如此一遍。打好后，抽出下面圆木的绳子，将下面的圆木翻到第二层圆木的上面，再上土夯实，如此反复，域内人将这道工序叫“翻贯”。对打泥墙，梁徐一带有个俗语：“紧勘支头慢勘力，巴掌拍拍上千年。”意思说打墙时，靠支头的地方一定要夯实。墙体到离边梁或大膀33—66厘米时结束后，就用平口锹将墙的内外两边铲平。墙体到边梁或大膀空隙的部分，还要在土墙上面砌土墼或扎泥巴帐。泥巴帐是用高粱、谷子秸扎成5厘米左右粗的小把，一个挨一个地排起来，再在小把的外面上下横向两根竹子，从两边用绳扎紧，然后用烂泥涂抹在上面，泥巴帐的作用主要是防风。扎泥巴帐时，在房间的前檐墙中间留下空当充当窗户，以便采光。有的人家在打土墙前用砖头砌30—50厘米的墙，俗称打墙脚，然后在墙脚上面打土墙，这样墙根不易受潮，可以延长土墙的寿命。打土墙和做土墼用的泥土不能用沙土，一定要用熟土、肩黑土或腰黑土，肩黑土、腰黑土域内称缠浆泥。缠浆泥有黏性，做砖瓦必须用它做原料。做土墼前，把缠浆泥用水泡透，让牛或人在上面踩踏，直到和得很匀为止。踩踏后的料不能太硬，也不能太烂。然后用特制的木模（域内称土墼箱）制成土墼，晾干后就可以用来砌墙了。土墼墙砌好后，再抹上薄薄的一层烂泥，将土墼块之间的缝隙填平。四周围的墙全部结束后，将内墙刷上石灰水，这样利用石灰白色的反光增强室内的亮度。

砖墙 20世纪50年代前，由于受到经济条件的限制，多数瓦房的墙体并不是全部用砖头砌成的，是里墼外砖，就是里面是土墼，紧贴在土墼外面是一层小琉砖，小琉砖与土墼的规格并不是一致的，为防止小琉砖脱落，所以工匠们就在砖墙外围打上墙巴子。墙巴子用铁板或木板制成，长约1市尺，宽约1寸半，厚2分，中间穿铁钉，铁钉连接到土墼墙中的横木上，一般山墙要连上5个巴子，前后墙每间2个巴子，这样的墙体就牢固了。瓦房中间的隔墙一般是实心砖墙，也有人家用杉木站板。

20世纪70年代后，随着人民生活水平的提高，农民开始翻建五架梁或七架梁的瓦房，砌墙用的砖改为长24厘米、宽12厘米、厚6厘米的标准砖，梁徐人把这种砖叫“洋砖”。起初是一砖一丁的空心墙，又叫空斗子墙，或一平一侧的75墙。20世纪90年代后，农村基本上家家是楼房，砖墙全是实心的了，外墙还要贴上瓷砖或刷上涂料。

箍桶

旧时，域内人把专业箍桶的匠人叫箍桶匠，箍桶匠也叫作圆料木匠。20世纪60年代前，箍桶匠主要是到客户家中箍水桶、粪桶、洗澡桶、提亮、水舀等圆形的木器生产、生活用具。有时箍桶匠也挑着担子走村串户上门修理，他一边走一边吆喝：“箍桶噢！”如有人家需要修理，就要找一些可用于修理的木料，双方还要议好价钱。箍桶匠的担子，一头是一个长约50厘米、高20厘米、宽30厘米的椭圆形木桶，这就是他的工具箱，木桶上有2根1米多高的竹环，竹环的上端扣有一根可套扁担的绳；另一头是一个约35厘米高的椭圆形的木坐桶，桶口有一半是固定的平面，工作时可作为坐凳用，另一半是活盖儿，桶里放着短料工具，此桶二面穿有绳系，供套扁担挑起。箍桶匠所有工具、用物，全在这副担子里。箍桶匠的工具有：分料锯、狭锯、巴锯、钩墙锯等，脚刨、外圆刨、内圆刨、平刨、大小圆凿、平凿、圆铲、斜铲等，此外还有劈刀、巴钩、直尺等工具。

箍桶匠做的器具大多是口大底小，桶边板料之间的接口都有角度，桶有大有小，接口的角度也不会是统一的，所以箍桶匠在开料前要精心测算。

箍桶匠除板料角度要精心计算外，上箍也是一项技术活儿。桶箍按材质可分为篾箍、铜箍、铁箍、铅丝箍四种，铅丝箍中又有散箍和绞丝箍两种，马桶箍以铜箍居多，极少数的用铁箍，规格较大的桶大多是铁箍。桶的形状很多，有长形、圆形、椭圆形、张口形、鼓儿式等式样。有一道箍、两道箍和三道箍的。无论是什么式样，箍桶匠预计箍的周长尺寸只能一次完成，绝不可因嫌紧嫌松而作废重来的。按要求箍桶匠所箍的桶要四壁均匀，缝口紧密，好的箍桶匠把箍的桶放在水里，要不偏不斜，端端正正浮在水面上，缝口更不会浸水。

箍一般木器具周边板料可多可少，箍马桶则有许多讲究。旧时境内人把马桶称为子桶，含有传宗接代之意。马桶的周边用料只能是9块，大盖4块，小盖1块，桶底1—2块。

由于社会的进步，如上所说的用具已被塑料制品、铁皮制品、不锈钢制品、陶瓷制品等代替。

打铁

打铁，是指专门锤打铁器的活儿，这是一项传统的专业技术，人们称打铁人为铁匠。

旧时，农村中常用的铁器农具有：大锹、小锹、蒲锹、钉耙、铁叉、铡刀等；生活用具有：厨刀、火剪、炉底、铁铲子、火叉、斧头、剪刀等。

铁匠一般在自家门前搭个厂棚，用砖头砌个墩子，把炉子、风箱安在上面，风箱上贴红纸对联：“风动一炉火，锤敲百样全。”再把一只三脚木墩子放在作坊中间，上放一只铸铁大铁砧。

铁匠店一般是师徒店，也有夫妻店。早上，徒弟或妻子将一把草点上火放入炉内，然后将适量的无烟煤放在点着的草上，急拉风箱，待煤炭开始燃烧炉内红火后再添炭，让炉火更旺。这时，师傅根据要打的铁器的大小，从原料中拣一个相应大小的铁块放到炭火中烧烤，待铁块烧得通红软化时，师傅左手便用扁嘴钳夹住已烧红的铁块放在铁砧上，右手握一把小铁锤，敲打起来，这时徒弟或妻子便停止拉风箱，双手抡大锤，顺着师傅小铁锤敲打的方向“叮当叮当”敲打起来。火红的铁块在师傅手中伸前缩后，平来旁去地转个不停，待铁块由红变暗后，再次放入炉中，如此反复，渐渐形成所需产品的形状。除勺子等少数工具口部不用钢外，锹、刀、铲、锄等在锻打时口部必须加钢。锹、刀、铲、锄类讲究的是要钢火好，钢火好的关键技术是淬火。淬火好，不但刀口锋利，而且保证刀口不掉豁子、不卷口。淬火好坏能反映一个铁匠师傅手艺的好与差。

淬火后，还要铲口。铲口时，把器具安在一张系有架的长凳上，双脚踩紧铁绳使器具无法滚动，然后用铲子铲铁器的口部，使器具刀口更加锋利。

修锅、锔碗、补缸、套犁头

修锅 旧时，境内农家煮饭都是用柴草，家家都有土灶，用土灶就得烧铁锅，因此，铁锅是农村家家必不可少的生活用品。一般人家都是1张灶上2只锅，家庭人口多的则有3只。由于当时经济条件差，农村人十分爱惜用锅，锅子坏了舍不得买，坏了就修，修过又坏，再坏再修。所以乡间就有了专门修锅的人，梁徐人称他们叫修锅匠。修锅匠除修锅外，还兼做锔碗、补缸等其他活儿。

修锅匠没有固定的摊点，都是挑担子走乡串村。担子一头是风箱，风箱上面是一只长方形木盒，盒内放着碎无烟煤块；担子的另一头是竹篮子，篮内放有小爬爬凳儿，支撑锅子用的三角架子、小型的化铁炉子、化铁罐儿、擦锅草把子、长柄铁钳子、尖头小铁锤、剪刀、零星的碎锅铁、泡好的熟石灰罐儿、巴锔等应用之物。串村时边走边叫唤“修锅噢！”如有人家要修锅，夏天就选阴凉地方、冬天就选朝阳的地方搁下担子，等人家送来的坏锅达到一定数量时就点火生炉。

修铁锅时，修锅匠就将生铁敲碎放在坩埚里用炭火将生铁化为铁水，在化铁水的期间，修锅匠将锅的砂孔进行打磨，清除铁锈和油污。修锅时，将要修的锅摆平固定好，一手托住放了草木灰的布垫，用陶土做的有指甲盖大小的小勺子，在坩埚里舀上一勺铁水，倒在布垫的草木灰上，这时铁水像水珠，将铁水珠对住沙孔，从锅底部向上顶，上面用一根长10厘米、粗1厘米左右，顶端修成碗底凹的布棒从上向下压，铁水凝固后，慢慢将布垫和布棒移开，这时沙孔就被死死堵住了，并形成一个疤，如果锅子破损的洞口较大，还要一个疤接一个疤地往前补，这样，才能将破锅修好。完全补好后，用草把在新补的地方里外口涂上烂泥就算完成。修过的锅在以后煮饭、炒菜时铁铲子容易碰到锔疤，所以在使用时要格外小心。

修锅匠除修民间煮饭用的铁锅外，还修豆腐店大浆锅、油坊里的大炒锅、糟坊里的煮酒锅、老虎灶上的大水锅、澡堂里的浴汤锅等。

锔碗 20世纪50年代前，域内经济落后，大部分人生活贫困，一般人家1人只有1—2只碗吃饭，家庭有盘子的人家就更少了。除非碗或盘子被摔得粉碎，只要能修的都要请修锅匠来修补一下（一般的修锅匠都会），梁徐人把这项活儿叫锔碗。锔碗的人除有一副担子外，主要工具就是金刚钻、铁皮制成的双层锔、铜制锔、调制好的烂石灰等。锔碗的方法有两种：一是粘缝，二是打补丁。

铁皮制成的双层锔其中的一层如图钉状，钉子有两片，另外的一层中间有个孔。操作时，将有钉子的锔从碗内将钉子伸向碗外，再用有孔的铁皮圈套在钉上，因钉是双层铁皮，可从中劈开倒向两边，稍钉牢，然后里外涂上烂石灰，干固后就能用了。

铜制锔如订书机钉儿形状，修补时修碗人先将破碗片对上，拍抿缝，再绕线固定住，用金刚钻在碗外裂缝的两边钻对称的小孔，钻多少对称的孔，根据缝的长短确定，大多相距一厘米钻一对，然后将一个个细小的铜锔按上去，长长的一条碗缝上犹如钉上了“百脚”一样，然后涂上一层烂石灰，待烂石灰干了，修好的碗就可使用了。

正常情况下，粗糙的大碗用铁锔，高质量优质瓷器碗、盘、茶壶之类，就用铜锔。

补缸 旧时，农民储粮、存油、存米面等都是用缸、坛之类，缸、坛加上盖后，可以防鼠、防尘，不易浸湿，不易受损。缸、坛属于农家常用的生活用具，一旦出现裂缝、破裂或部分损坏，农家一般不肯轻易抛弃，会请修锅匠师傅帮忙。大部分修锅匠不但会修锅、锔碗，同时也会补缸。补缸的程序跟锔碗相似，只不过锔比较粗大，有3—6厘米的长度，大的有6毫米圆钢粗，两头的环钉也有五六毫米到1厘米之长，梁徐人把这种锔叫作“爬头钉”。补缸时，补缸师傅在缸外口缝的两面用小錾子轻轻錾出一对对钉眼来，便于钉进“爬头钉”。“爬头钉”钉好后，用盐水拌和铁屑子调制而成的“盐渗”塞进钉眼，涂抹亮缝。待“盐渗”干后，修好的缸就可使用了。

套犁头 在拖拉机未出现以前，农民耕地都是用的木拉犁，犁头是木拉犁的重要部件。犁头是生铁铸的，犁尖在犁头的最前部，耕地时犁尖首当其冲地深入泥土翻出泥块，磨损度很大，犁尖长期使用就会磨秃而不入土，对耕地就有影响。

如重买新犁头，成本较高。因此，人们就将磨秃的犁尖敲掉，请修锅匠师傅换上新犁尖。修锅匠先将秃头犁尖用锤子敲下来，并敲成碎片，再加一些生铁，放到坩埚里生起炭火，并用风箱拉风助燃，很快生铁化成铁水，然后修锅匠拿出犁尖的翻砂模具，把铁水注入模具，再迅速将去掉犁尖的犁头插入注了铁水的模具中，稍稍冷却后一个崭新的犁头就接上了。最后修锅匠再用锉刀将新铸的犁头上的铁渣、飞边锉掉，这个犁头就算接成功了。

接犁头的整个过程，师傅的动作特别麻利，稍微慢一点，铁水就会凝固，犁头就接不上了。梁徐俗语“趁火接犁头”即由此而来。

弹棉花

弹棉花，域内人叫作蓬棉花。旧时，农家做棉胎或纺纱用的棉絮都要请弹花匠弹棉花。弹棉花的工具有大木弓（木弓以牛筋为弦）、弹花槌、竹条、木质圆盘、牵纱竿等。

弹棉前，先在高凳上搁两块门板，铺上一条席子，将皮棉放在上面理平，用一个细长、光滑且韧性强的树条顺次猛打，让皮棉初步蓬松开来。工作时，弹花匠腰间系一根带子，在背后的带子上插一根超过头部1米的长竹，向前方弯曲，竹头挂下一根细绳，绳头上的钩子钩住木弓的中部，木弓长约1.5米。弹花匠左手扶弓，右手拿哑铃状的木槌，弓弦紧靠棉花，锤子猛打弦子，随着弓弦的强烈震动，棉花在弦子上蓬松开来，渐成棉絮。

棉花弹熟后，卷成约1斤一个的棉卷儿，用来做棉衣、裤褥子或纺纱。倘要弹被胎，则按胎重放皮棉，铺开成被子大小，反复二面弹，成熟后用木质圆盘滚平，然后上网线，再用木盘压，使网线与棉花黏结。结婚用的被胎双面都加些红线做网筋，讲究人家还用红线做成“囍”字，以增加喜气。

织布

20世纪50年代前，农民基本上都是自种棉花或苎麻、自纺纱或绩麻，然后用棉纱或麻纱织成布。大户人家可以单独请织布匠织一机布，小户人家就几户人家合起来请织布匠织一机布，这样织出来的布梁徐人叫“家机布”。然后自裁自缝衣服或做棉被的里子及面子，那年代农村很少有人买布做衣服或买衣服穿的。因为织布匠织布用的是木质织布机，所以称他们为“机匠”。当时，每个村庄都有几个人从事这项手艺。

经纱 就是拉经纱，机匠首先确定，这机布放多长的丈管，少则一丈六，多则三丈，一丈管就叫作一个縲子，根据縲子的长短，计算出一个縲子要用多少纱。各户根据自有纱多少算出经几个縲子，穿几个纱穗。每个纱穗一根纱头，穿到经管上，从经管拉出来绕到丈量好的两头木桩上，全机多少縲子就拉多少趟，外加机头、机脚的尺寸，放足纱的数量。在拉经纱时，各家出了多少缧子的纱，每家应当是多少缧子的布，机匠要在经纱时留下记号。

浆纱　刷纱　棉纱是先浆后刷，麻纱是边浆边刷。浆纱就是将糊浆刷到纱上，浆不能少，少了纱不牢固，容易断纱，也不能多，多了纱发硬。织布机上的扣架有500个齿，一般地穿纱490根，织的布宽1.4尺—1.5尺。

上机　织布　将经纱轴架到织布机上，经纱穿在扣架内，纱扣架嵌在夹木架中，夹木架可用手前后推，夹架前是纱，夹架后是织出来的布。机匠右手执一蚌壳式的梭子，梭中安有好转动的纱穗儿，纱穗儿的纱叫纬纱，纬纱头从梭子下口小眼中出来，与经纱交织，梭子引着经纱左右穿梭，机匠左右两手协调接送，反复进行，一天织下来，能织15米左右的布。机匠在梭子中安纱穗儿时，将纱头放在梭子里面的对外眼上，然后用嘴吸出纱头。机匠在工作时必须手、脚、眼、脑高度配合，反应要灵敏。

打石磨

20世纪60年代前，磨子是农民用来粉碎粮食的唯一工具，当时基本每两三个农户家就有一副家用推磨，一副磨值四五担细粮（指小麦、黄豆类），置一副磨子能传几代人。

磨子分为几种，用途各不相同：

油磨是油坊磨黄豆用的牛拉磨。

拉磨，多用在豆腐店，一人站在磨顶头用拉磨架推拉，一人靠磨斜立，一只手帮助推拉，一只手舀豆粒上磨。

坊磨，是磨坊用的磨子，用驴子拉磨。驴子拉磨时要用篾制罩蒙住驴子的眼睛，它才专心转圈。

推磨，是农户的家用磨，用1—4人推动，磨出糁儿、面粉等。

手磨，直径35厘米左右的小石磨，只能磨零星的芝麻、胡椒等。

磨子的石质分为砂石、金山石两种，金山石更耐磨些。家庭人口多、粮食加工量大的人家，磨主每年都要请打磨匠打一次磨，将磨浅的齿槽再打深一点，这样出粉、出面才细、才快。打磨匠的工具简单，只有几把大小铁錾子和一把铁锤。

一副磨子，由磨堂脚儿、磨堂、石磨三部分组成。石磨有上下两扇，推磨时，下扇固定，上扇围绕磨脐转动。上扇磨有1或2个磨眼，加工粮食时，推动上扇磨，粮食通过磨眼，进入两扇磨的中间，经过上扇磨的转动挤压成粉。开一副新磨，必须请打磨匠选购石质好的磨片，先做成成形的磨子，然后开堂口、布磨齿，最后才凿出大小磨眼和四个磨扣眼。正常情况下，一副新磨要用好几代人，所以做新磨的人家少，旧磨复打的多。复打时，打磨匠师傅将上扇掀下，反搁在窝场上，人坐在小凳上，左手拿钢錾子，右手拿锤子，錾尖对准齿槽，用锤向錾根部打去，使原齿槽加深，就这样围着石磨子周围打凿，每个齿槽都要打凿到。打下扇磨时，因为它是固定在磨堂上不动的，所以，打磨匠师傅只好坐在磨堂边，围着磨子打，一般一副磨子一天时间就打好了。

20世纪70年代后，粮食基本全部用机械加工，打磨匠这项手艺已基本消失。

绱鞋子

20世纪50年代前，域内人穿的拖鞋、单布鞋、棉布鞋、钉鞋的鞋帮鞋底全部自己做，鞋帮鞋底分别做完后，必须组合起来，这组合名称就叫绱鞋子，也称上鞋子。此活并非人人能做，域内有专门绱鞋子的手艺人，称之为皮匠。因为布鞋本身牢固性差，农民长年在田间劳作，对鞋子磨损大，做新鞋的量也就大。所以，每个大的自然村庄一般都有四五个皮匠，否则是忙不过来的。

皮匠的工具简单，锥子、弯柄刀、铁托子（亦称朝天凳）、锤子、砧板及钉子、鞋绳、大小不等的若干木楦子等。旺季时，皮匠坐在家里，农户将做好的底、帮料送过来，待几天绱好后来取。到了淡季，他们就挑起皮匠担子串乡赶集。皮匠担子独具风格，两头下垂的弯扁担挑着两只装满工具的篾篮子，人们一看就知道这是皮匠师傅。

布鞋有毛底、卜页底之分。卜页底是出客穿的，当然更讲究得多，绱法不尽相同。毛底是明绱，卜页底是暗绱或叫作反绱，也就是将鞋帮翻过来绱，穿上脚上看不到绱鞋绳的针脚。当然工价也要高些。鞋子绱好后，要用木楦头楦起来，将鞋帮鼓得圆圆的，看上去有模有样。

染布

中华人民共和国成立前，农村人穿的衣服都是家机布做的，家机布又叫土布。家机布是农家自种的棉花和苎麻纺成纱、绩成麻线，自请机匠（织布匠）织成的布。刚织成的家机布是白色，除做白衬衫和被单外，做其他衣服大多要把白坯布染上颜色。白坯布染色大多数人家是送到染坊加工，也有少数农户自己加工。

在没有化学染料前，染坊主要是用靛草的汁为原料。靛草学名叫马兰，又叫大青叶。染坊老板将购来的靛草放在缸内浸泡七天以上，待浸出蓝汁后加入少量石灰，经过反复搅拌，去掉浮沫，待沉淀后捞出晒干就成染料，再通过一定的方法配置成蓝、藏青和黑三种颜色。将这三种颜色加一定比例的水，分别放入蓝、藏青和黑色的三种染缸，就成了染布的染料。

农村染坊多是来料加工。农家将自家织好的棉布或夏布（麻织的布）的白坯布送到染坊，然后将染好的色布拿回去做衣服。客户送来的白坯布要放在清水里泡10多个小时，以去掉经布时刷在棉纱上的糨糊，然后取出清洗榨干后放入染缸浸泡一二个小时上色。上色后捞出晾干，然后放进清水漂洗去掉浮色，再将漂洗过的色布上架晾晒。

如果客户要求印花，染坊老板就将各种花形的花版取出让客户选择，染坊的印花版有凤凰、鸳鸯、菊花等各种花形。印花布的白坯布同样要先放在清水里清洗掉糨糊，晒干后才好印花。印花版厚有1.5毫米左右，印花的腻子（防染剂）是用黄豆面加石灰粉调制而成的，黄豆面与石灰粉的比例随着季节的改变酌情调整。印花时将客户所需花形的花版放在平铺的布面上，将调制好的腻子用刮板在花版上刮匀，此时腻子就通过花版粘在坯布上，形成各种花形。印好花的坯布要让腻子阴干后才能下缸染色。染过色的花布漂洗后晾干，刮去带有花形的腻子。由于腻子粘的部分没有染上颜色，这就形成了花布。

20世纪50年代后，化学染料逐步替代了植物染料，染布的方法由过去的浸染改为煮染。煮染是将清洗过的坯布放到装有颜料的锅里用水煮，煮时要加碱。煮染时坯布要在烧开的色锅里煮上五六分钟后再捞出，用清水漂洗后晾干即可。煮染的优点是着色快、染色牢固。

民国时期，泰州人氏宫德春在坡岭就开设了一个染坊。染坊里设有一个专门晒布高架，约有两三丈高，在那平房小屋的年代，这高架显得更加突出，成为显著标志，周围五六里范围内的村庄的群众都能看到它。由于他家染料颜色品种多，质量好，师傅的手艺精，染出布的颜色鲜艳，长时间不褪色，广受群众好评。

榨油

榨油，就是通过专用工具从黄豆、花生、菜籽、芝麻、棉籽等植物籽或果实中榨出油来。榨油设备虽然不太复杂，但占地大、成本高，普通人家没有这么大的房子和添置设备的本钱，大部分农户还是到油坊去榨油。20世纪50年代前，域内农村以榨黄豆油和花生油为主，秋后或春天，农户将收获的黄豆、花生送到油坊去加工，一般人家榨一次油就能吃上一年。

油坊设备有龙榨和箱榨两种。龙榨就是利用几块龙石（大方块的石头）吊在龙杠上加压，将油压出来。箱榨就是将横在地上的榨箱，从顶头加木楔向前挤压，将油挤出来。

龙榨的龙架为全木质，穿架式，龙头（出油处）由四柱穿架固定，上有一龙杆，龙尾处连接两块重石，成“丁”字形用木杆连接，并升至相应高度，利用杠杆原理，使龙头产生挤压出油。

箱榨的外形就像卧在地上的龙榨，底部是铺设的带有斜度的铁皮板，在低矮一端的顶头安放油缸，以便贮油。箱榨是在较高的一头逐步增加木楔挤压出油。

无论龙榨、箱榨，前套程序一样，先是用大黄牛或水牛拉动大油磨，将黄豆磨成粗碎粒。

豆油榨出后产生的豆饼有生饼和熟饼之分，生饼的原料不需蒸炒，生饼出油少，饼可做豆腐；熟饼出油多，但饼只可供牲畜食用或作为肥料。

龙榨和箱榨的每次用料重量是一样的，都是120千克，梁徐人叫作一作。一作油可出双箍饼22个左右，黄豆饼每只饼5千克左右，花生饼4.5千克左右。如果夹有草箍的饼，重量则稍轻。豆油每作可出9—11千克，花生油每作可出20—25千克。域内的榨油方法主要是箱榨。

作坊里，砌有一只大蒸锅，锅上配有蒸桶，蒸桶内放有两只小麦草（域内人称为齐草）把子。打油师傅们在地上摆上两层直径约33厘米的篾箍，这种箍叫油箍。从蒸桶里抽出两块齐草把子，扎头放在箍的中心，将一把草撒到油箍的周边。然后捧出蒸桶，将蒸热的料倒入油箍里，然后用人工踩踏，踩踏时先从中间踩上一脚，后从油箍周边用脚挑起齐草沿箍边倒入中心，再左手扶住油箍，右手用手中的薄木板铲起踩好的饼送到盘头板上向上层层叠起。一作料踏完后，上盖盘头木板，将原安置好的绳索勒紧，这程序叫作撑拖。撑拖的目的是用木棒将绳子步步绞紧，直到它的高度不超过箱的长度时，就拖倒横放在榨箱内，并将绳子抽去，用铁榔头从顶头把木楔打下去，小楔到大楔，大楔换楔板，再加小楔大楔，一块一块的木楔不停地将盘头木向一头挤压，压出的油从油箍中冒出，淌到底部的白铁皮板上，再淌到顶头的油缸里。榨油是一个十分费力的活儿，工人要高举6—9千克的铁榔头，超过人头，使劲打到木楔上，打一榔头吼一声。俗语说：“豆八百，菜一千，棉籽慢慢鞭。”就是说打一作大豆油，要用铁榔头打八百下左右，菜籽一千下，棉籽还要加码，费时费力，由此可见一斑。

食油是人们生活的必需品，需要量大，域内的自然村基本上都有油坊。

20世纪60年代后，域内采用机械榨油，无论料多料少，随时都可加工，大大减轻了劳动强度。

酿酒

酿酒是一门传统专业技术，酿酒的作坊名为酒坊，又称糟坊。20世纪50年代前，域内的江村、坡岭、梁徐等较大的自然村都有1—2个糟坊。

酿酒的主要用具有蒸煮粮食的大甑子、几口大缸，小糟坊的一个作坊约两间屋大，主要用于存放酒坛子、原料等，酒坊有20担原料翻头就可以开作了。

酿酒的原料有高粱、大麦、小麦、玉米、荞麦、稻谷、山芋干、糯米、稗子等，各种原料煮出来的酒口感是不一样的，域内最喜爱的还是高粱酒。高粱、大麦、小麦等原料，要求颗粒饱满、新鲜、无虫蛀、无霉变、无泥沙、无异杂味、干燥适宜。

酿一作酒要经过煮饭、拉药行饭（拌好酒药后让饭发酵一昼夜）、上缸、入锅、出酒、出酒糟等工序。其中最关键的技术就是行饭，饭生、熟、凉要适度。饭要热，才行得透，多出酒。行熟的饭要凉，产出来的酒又甜又香，但温度太低不宜行饭这些全凭酿酒师傅的经验，如果掌握的关键技术不到家，产出来的酒就发酸。

酿酒必须有酒曲，酒曲（俗称酒药子）是用发酵的谷物制成。旧时，糟坊酿酒用的酒曲全是自己加工提炼而成。

酿酒时，将选择好的优质粮食放进甑子内蒸煮至半熟后出锅，然后将原料铺放在干净的地面上，拌入预先准备好的“酒曲”，再添加一些辅料，保持酒醅的松软度和足够的浆水。常用的辅料有：稻壳、谷糠、高粱壳等。将拌入酒曲和辅料的粮食装入固定的窖池内发酵。发酵时间一般为10—15天。窖内温度上升至30摄氏度左右为宜。旧时没有温度计，作坊师傅全凭感觉判断，如用手捏发酵后的粮食颗粒时，要无硬心，无空洞感，成糊状。用眼看时，发酵的粮食要无气泡，粮食与液体上下分离。用鼻闻，酒香浓郁；用舌试，酸而不甜。

糟坊工人将发酵成熟后的粮食再装进蒸锅内（甑子内）蒸馏。工人师傅用支架在蒸锅上方架起一只“天锅”，“天锅”内装有循环流动的冷水，“天锅”四周设有管道（盘龙），用于收集蒸馏冷却后的酒液。这样，蒸锅内不断向上冒出含有酒精的蒸汽，冲到“天锅”上，由天锅降温后，迅速冷却成为酒水，并进入“天锅”四周管道，最后流进酒桶内。最先蒸馏出的酒叫原浆，俗称泡子酒，越往后蒸馏出的酒的酒精度越低。而酒的香型由使用的“酒曲”决定。将前后蒸馏出的酒重新勾兑，并测定好酒精浓度，然后进行包装，整个酿酒过程就算完成。

旧时没有专门测量酒度数的仪表，全靠肉眼观测。测定时，将刚酿出的酒倒入碗中，用调羹舀起酒再往碗里倒，这样会产生许多小泡泡，也叫酒花。有经验的师傅会根据小泡泡的多少、大小、消失时间长短鉴定酒的度数。如酒花片刻的工夫即逝的叫“平花酒”，又叫关门散，相当于46度左右的酒。

丝网捕鱼

旧时，域内人捕鱼的渔具主要是扳罾、踢罾、爬网和丝网。丝网取鱼俗称丝鱼。丝网是用蚕丝纺成线后手工结织而成。丝网上纲扎有很多蒲草秸浮子，下纲扣着锡脚子，同一条网的网眼一样大小，而各条网的网眼大小不一定相同，有三指、四指，还有二指半的，网眼大的捕捉鲢、鳙等大鱼，网眼小的捕捉鲫、鲹等小鱼。丝网有长有短，长的有300个浮子、400个浮子；宽窄不等，最窄的也有七八十厘米宽。丝线很轻很细，所以网身十分轻便。收网时，丝网穿在一根细细的竹棒上，每一条网穿一根竹棒。

丝鱼前，渔人用鱼叉篙子担着渔桶和装满丝网的盛鱼竹篮子，来到丝鱼的河塘边，把渔桶放在水面上，双脚立于渔桶内中间板子上，一边用鱼叉篙子把渔桶从河的一边慢慢向对岸撑，一边用带好的小竹儿把网放成弯曲状撒于水中，网撒好后，浮子浮在水面上，丝网脚就沉在水里，像一堵墙。渔人撒下网后，便把渔桶划离网远一点的水面上，用篙击打水面，鱼儿受到惊吓，便四处乱窜，一不小心即可触网。鱼头左右两边各有1个鳍，只要有1个鳍触网，受惊的鱼必会摇头摆尾拼命挣扎，结果越挣扎鱼身缠得越紧。所以，鱼一旦触网，就无法脱身，

丝网捕鱼

只得束手就擒。

渔人站渔桶是一项特殊的技术，一般人站上去，很容易翻落入水，而渔人在击水、起网时能在桶内做各种动作，行动自如，如履平地，其关键在于脚下功夫，掌握平衡。当渔桶向一边倾斜时，另一只脚稍带点力，桶自然平衡过来。

邢家社区10组，10家就有七八家用渔桶丝网捕鱼。在大集体年代，该组从事丝网捕鱼有20多人，他们每月向生产队缴纳公积金，增加集体收入，生产队成为远近闻名的富队。

梁徐中心小学学生欢度国庆

说合子

建房合子 建房造屋是人生的一件大事，有时要花一生积蓄，甚至举债。当然，砌房子要量体裁衣，根据自己的经济条件而定。不管是三架梁、五架梁、七架梁、九架梁，不管是瓦房还是草房，都得请木、瓦匠。

旧时，梁徐人盖房子除请风水先生（域内称阴阳先生）看风水外，上梁说合子是必不可少的仪式。

建房是一个家庭最重要的大事，前后要经过几道工序。

首先选好吉日吉时。开工这天，一大早，木瓦工头儿吃过早点早茶，躲在茅厕旁边翻“四页书儿”，预测贫富凶吉。主家点烛焚香，糕、粽、团、圆、肉、鱼、放生鱼、小鞭，一切准备停当。喜神贴在堂屋的正中央，大红福字由木瓦匠用糨糊粘贴，边贴边说合子：

福字生得乌亮亮，出在江南二州苏与杭。

福字本是状元写，魁星提笔断其章。

一点写得像桃子，旁边写成衣领帮。

写上一横再写口，先砌华堂后串楼。

田字写得四角方，主家买田成了方。

我把福字贴起来，恭喜主家子孙总发财。

安磉窠墩 磉窠墩是垫在中柱下的石墩，石墩上放一太平钱，竖柱时要敬香，由木匠说合子：

石头生得四角方，
来自江南高山上，
老板登山看风景，
顺带磉石回家乡。
今日磉窠登大宝，
子子孙孙中阁老。
磉窠安得一字平，
东方安的金，
西方安的银，
中间安的聚宝瓶。
聚宝瓶上插鲜花，
寒穿皮来夏穿纱，
四季荣华发主家。

浇梁　上梁前先浇梁，木匠也要说合子：

恭喜主家砌华堂，我来说个酒浇梁。
木龙生在高山上，长在高山你为王。
春二三月下的种，时梅发芽长成行。
上有青枝和绿叶，下有万古盘根长。
千年遥遥长成尺，万年遥遥长成丈。
大的长得箩口大，小的长得成了行。
山主老爷本姓王，朝着山上望一望。
开山老祖着了忙，手拿开山斧一张。
当中选出木头王，卖与主家砌华堂。
请来篾匠大师傅，他的手艺真高强。
劈成篾子编成绳，竹绳足有数十丈。
上去青枝和绿叶，下砍鼻眼编成排。
等到苍天降滂沱，金生丽水往下淌。
淌过江河五道坎，淌来主家砌华堂。
粗的用来做中柱，弯的用来做大膀。
大小长短不用量，方圆尺寸都正当。
锯子锯来喷喷香，刨子刨来光又亮。
东边雕盘龙玉柱，西边雕荷花海棠。
天逢黄道竖玉柱，地转青阳架金梁。
八洞神仙齐来贺，听我从头说根由。
第一大仙张果老，乐得自在又逍遥。
第二大仙汉钟离，他是一个大肚皮。
第三大仙曹国舅，终南山上把道修。
第四大仙铁拐李，消灾降福宝葫芦。
第五大仙吕洞宾，身背龙泉赴蟠桃。
第六大仙蓝采和，含笑手提百花篮。
第七大仙何仙姑，双手合掌女娇娥。
第八大仙韩湘子，口吹洞箫响云霄。
天上一声凤凰鸣，地上一声金鸡叫。
列位大仙云中过，正是主家上梁时。
主家给我紫金瓶，杜康造酒内中藏。
主家不敢随口吃，匠人不准信口尝。
我把金瓶来扭开，献出琼浆酒浇梁。
美酒一浇木龙头，主家代代出诸侯。
美酒二浇木龙眼，主家八把珍珠伞。
美酒三浇木龙颈，主家有个聚宝盆。
美酒四浇木龙腰，主家身穿紫龙袍。
美酒五浇木龙尾，主家玉带当腰围。
浇过去又浇过来，好比当年王太来。
浇过去又浇转弯，赛过当年沈万山。
圆木最听匠人言，主家富贵万万年。

说完，将壶中酒浇到梁上，称“暖梁酒”。浇好后，主人要包红纸封儿。

抱梁　浇梁结束后，木匠又用红绿绸子扎成绸花（即彩球）系于大梁福字两边，以保主人永远发财，这就叫抱梁。抱梁时木匠也说合子：

一匹绫罗一片绸，苏杭二州带回头。
带得绫罗扎彩球，好似狮子滚绣球。
滚到前沿生贵子，滚到后厅出诸侯。

贺梁　亲戚贺梁送来的绸被面也递给木匠挂上大梁，边挂边说合子：

红绿布儿是绫绸，亲友贺礼挂两头。
一边织的龙戏水，一边织的凤点头。
花红贺礼鞭炮鸣，砌了平房再串楼。
红绿绸布喜洋洋，亲朋好友贺新房。
金花银花龙凤花，八方财气归主家。
今年他贺你，明年你贺他。
荣华富贵发两家！

照梁　房主在罗筛中间贴烧饼大的

圆形红纸，称太阳照妖镜。再用红纸搓尺把长的捻子，蘸上豆油点着，一齐交给匠人。匠人就捧着照妖镜从东往西照，再从西往东照，边照边说合子：

照妖镜往东照一照，妖魔鬼怪四处逃。

照妖镜往西照一照，照出主家光明道。

世世代代都发财，儿孙状元穿蟒袍！

上梁 木瓦匠将大梁两端对准中柱榫头，木匠一边挥舞斧头一边说合子：

今日今时上金梁，红绿布儿挂梁上。

三寸安在龙口里，还有五寸栖凤凰。

凤凰栖在梁中央，状元出在你府上。

脚踏楼梯步步高，八洞神仙把手招。

若问招的是什么？主家上梁时辰好。

日出东方暖洋洋，八宝地上砌华堂。

前面砌的状元府，后面砌的宰相堂。

东边砌的金银库，西边砌的积谷仓。

金银库里财宝多，积谷仓里万担粮。

前面栽上千株柳，后面栽上万棵桑。

千棵柳上拴牛马，万棵桑上落凤凰。

凤凰不落无宝地，状元出在你府上。

金斧落地打个招，八洞神仙都来到。

南北两斗齐来贺，主家金银动担挑。

系梁系到半空中，摇头摆尾是金龙。

若问金龙哪里去，金龙直投主人翁。

今日今时上金梁，金柱竖在金石上。

金人站在金梁上，金梁架在金墙上。

两条金龙盘玉柱，两只凤凰立中央。

紫金果上插金花，富贵荣华发主家。

闭龙口 屋面的瓦片盖好后，要在屋脊中间空一档，待在空档上上最后一片瓦时叫闭龙口。闭龙口时也要说合子，放鞭炮，包红封儿。也有人家不闭龙口，以此证明不是正屋，鬼神均不计较。闭龙口说的合子如下：

新砌华堂两头高，太平金钱安龙腰。

茶叶米儿安龙口，山头龙凤舞得高。

我把龙口闭起来，恭喜主家子子孙孙添福添寿都发财。

此时，主家又把点了红点的馒头接上去，让木瓦匠往下撂，围观的人们纷纷拾起落地馒头，木瓦匠一边撂馒头一边说合子：

小麦生得两头尖，种在田里过九天。

九十月里种下去，霜打雪埋不怕寒。

霜融雪化见太阳，青枝绿叶往上长。

正二月里来薅草，四五月里麦子黄。

头秸上廒房，二秸进磨坊。

磨出粉来白又细，头面二面进厨房。

九天仙女来烫酵，八方神仙把酵装。

做出馒头大又甜，做出馒头来上梁。

我把馒头往上撂，

撂得快，发得快，

撂得高，发得高。

至此，上梁仪式在众人欢笑声中全部结束。

砌灶合子

新砌灶台亮堂堂，

九天仙女下厨房，

水缸不脱长江水，

仓库不脱万年粮。

办酒请来李太白，

烧饭请来王母娘，
请来灶君保平安，
子子孙孙幸福长。

结婚合子

挂门帘
大红门帘六尺长，
百子千孙绣吉祥，
上有金鸡啼北斗，
下有玉兔戏凤凰。
门帘高挂四角拖，
上绣麒麟送子图，
送的长命百岁子，
博士衣帽身上穿。

送房
一进房门步步高，
金龙唱曲凤吹箫。
一步喜花香，
二步巧鸳鸯，
三步连及第，
四步进新房。
早送新郎上凤台，
早风流来早解怀，
福人怀胎十个月，
福人生下福人来。

生育合子

洗三
一只红蛋圆又圆，
孙子将来中状元。
二只红蛋滚上头，
小孩日后封诸侯。
三只红蛋滚绣球，
先住瓦房后住楼。

剃满月头
一把剃刀亮堂堂，
舅舅亲自拿手上。
今日剃的太子头，
明日定做状元郎。
胎毛软绵绵，
系上红丝线，
左手一串金，
右手一串银，
恭喜主家发万年。

戴帽
外公外婆来戴帽，
眉清目秀小儿娇。
大红花帽绣太阳，
凤凰来府报吉祥。
府上财源滚滚进，
瑞气千条花满廊。
小儿聪明赛诸葛，
妙笔生花做文章，
三元及第洪福大，
文武双全世无双。
大红花帽绣朵花，
荣华富贵发两家。

劳动号子

筛花生号子

哎呀的嗬……
早上那个出来雾气腾，
只见那个脚下不见人，

颠三那个步儿跑得快，
抬起花生筛子下田来。

三春那个抵不到一秋忙，
顶忙那个忙不过花生场，
三十六张筛子排开来，
摆开那个阵势就像打擂台。

筛花生喽……
铁口飘锹桑木的那个柄，
一锹那个不下三十斤，
对着那个筛子撂得准，
左右那个开弓似流星。

大哥你在前头打头阵，
不歇劲的连筛三十墩，
兄弟我肩膀窝子拉得酸，
兄弟我波罗盖儿磨得疼。

筛花生吃的是碗英雄饭，
没得本事不要上这花果山，
早上的大包圆子三大碗，
你也不曾比人吃得慢。

大哥你是久经沙场，
小弟我是嫩鸡儿不曾硬翅膀，
本来就不大跟得上趟，
还要那个扫脚带清墒。

兄弟你不要心发慌，
哥哥我出手帮你个忙，
搭界那个边缝带一墒，
你再加把劲儿跟上趟。

哈哈哈……

东北风起毛雨飘，
四下里发暗天不早，
还有三分地不能撂，
今朝的活计不能拖到明朝。

兄弟们那个加油干，
干完回家吃夜饭，
肉在锅里酒在坛，
不怕你是个大罗汉，
吆号吆号吆号……

民间说唱

三十年河东又河西

财主老爷笑嘻嘻，莫笑穷人穿破衣。
十个指头有长短，山上树木有高低。
薛平贵讨饭为天子，朱洪武放牛登了基。
六十年甲子颠倒转，三十年河东又河西。

人将巴到何时休

青山绿水两悠悠，人将巴到几时休。
得了千贯巴万贯，做了宰相巴封侯。
有了驴子想骡马，有了黄牛想水牛。
有了布衣想绸缎，有了瓦房想坐楼。
任凭财富甲天下，无常一到万事休。
万里长城今犹在，当年始皇葬荒丘。

未熟黄粱一枕梦，须知身外本来空。
蟒袍玉带原为戏，红颜白首类转蓬。
石崇豪富范丹穷，早发甘罗晚太公。
彭祖寿高颜命短，一切都在五行中。

劝夫戒赌

太阳下山乌又乌，妻在房中劝丈夫，
劝你丈夫要戒赌，赌钱场上没好处。
整日整夜不睡觉，通宵达旦害处多，
头发昏来脑发胀，两眼通红怪哪个？
别人赌钱常常赢，你去赌钱常常输。
二十三张你不看，六个骰儿碗里掼，
一输就是一大拖，不怕你的钱财多。
输掉何人替你还，家中没有摇钱树。
如若下次再去赌，我大鱼大肉住家拖。
吃干玩净样样卖，甩盘砸碗掼坏锅。
高堂瓦屋都卖掉，三架梁茅棚朝南坐。
来亲到友没处蹲，乱七八糟如狗窝。
堂堂男子大丈夫，再不戒赌不如猪。
收心守分创大业，败子回头就是家，
买田砌屋竖风车，泰州东乡头一家。

长工谣

春季里，雨绵绵，
带着犁耙去耕田。
从早做到天乌黑呀，
苦呀苦，长工真可怜。
夏季里，热难当，
拔草耕田又栽秧，
浑身皮肉都晒黑呀，
苦呀苦，长工好似牛马样。
秋季里，秋风凉，
金黄谷，挑上场，
腰中骨头无力气呀，
苦呀苦，老板吃米我吃糠。
冬季里，霜雪天，
辛辛苦苦忙一年，
两手空空回家转，
苦呀苦，家中无米又无衣呀。
长工们，起来吧，
丢犁耙，拿枪杆，
快快参加新四军呀，
打呀打，
打走鬼子建设社会呀。

四季歌

春季里来绿茫茫，
闺女那个房中绣花忙，
绣朵红花绿叶配，
一只蜜蜂飞进房。

夏季里来农活忙，
闺女那个河边洗衣裳，
清清河水波连浪，
鱼儿戏水对成双。

秋季里来谷登场，
闺女场上晒谷糠，
谷米谷糠难分解，
但愿嫁个知心郎。

冬季里来雪茫茫，

闺女那个房中做衣裳，
不量身裁不合体，
不见郎面泪汪汪。

“忍”字歌

忍字头上一把刀，死于巴丘撇小乔。
石崇豪富不能忍，万贯家财一笔销。
学生能忍寒窗苦，不愁金榜独占鳌。
农民能忍勤劳动，不愁歉收粮食少。
做工能忍勤艰苦，不愁财源进腰包。
生意能忍讲和气，招财进宝利润超。
穷也忍来富也忍，吃苦耐劳莫心焦。
父母能忍儿女孝，儿女能忍孝名高。
兄弟能忍和为贵，莫听他人鬼花招，
夫妻能忍恩爱重，句把言语莫计较。
妯娌能忍家不散，免得丈夫把心操。
忍字为妙一小段，留给众人做参考。

十二月百花歌

正月梅花带雪开，
二月茶花等春来，
三月桃花红似火，
四月蔷薇满架堆，
五月栀子白如霜，
六月荷花满池塘，
七月菱花浮水面，
八月桂花满园香，
九月菊花朵朵黄，
十月芙蓉赛海棠，
十一月里芦花白，
十二月里蜡梅芳。

拙老婆做衣裳

紧打鼓，慢打锣，听我说一个拙老婆，
老婆嫁来十七八年多，未曾做件衣服给丈夫穿。
拿钥匙，开皮箱，拿了钞票廿七八块多，
上了罗塘街，买了一丈老蓝布。
她不问人自充能，搁下两扇门，
一裁裁了三年半，一做做好五年多。
一只袖子长三尺，一只袖子平到胳肢窝，
前头搿到肚脐眼，后面摆在地上拖。
丈夫回来把衣穿，气得脸红脖子粗，
骂一声拙老婆，这件老衣叫我怎么穿?
丈夫郎，莫动怒，且听为妻对你说，
有钱人单夹皮棉有得穿，我左思右想打了小算盘，
一个袖子长三尺，晓得丈夫在外朋友多，
袖子一甩，哪个不喊你一声大姥倌。
一个袖子短，平到胳肢窝，
夏天暑热不要卷袖子，做起活来爽快多。
前头搿到肚脐眼，夏天暑热田里去干活，
省的再去捞衣裤，实在凉快多。
后面摆在地上拖，十月腊月西北风多，
田里去挖胡萝卜，兜住屁股暖和和。
省了一条大棉裤，钞票省了几块多。
称上几斤肉，顺带三斤大萝卜。
合家大小吃得快活活，多亏你有我这拙老婆，
若问我名和姓，就是打鼓佬儿干舅母。

小长工叹十声

小小长工叹一声，无地无钱两手空，

父母双亡欠了债，走投无路去帮工。

小小长工叹二声，帮工钱少手头空，
斗篷草鞋三尺布，半担荒粮到年终。

小小长工叹三声，清明家家祭祖宗，
东家祭祖排场大，长工敬孝在心中。

小小长工叹四声，割麦栽秧忙得凶，
麦把秧把挑到黑，一天到晚不轻松。

小小长工叹五声，踏车灌水农活重，
东家洋糖蘸粽子，粗茶淡饭待长工。

小小长工叹六声，太阳晒得如火烘，
东家堂屋摇扇子，太阳晒熟我长工。

小小长工叹七声，翻粮晒草在场中，
一阵来了雷暴雨，抢收忙煞我长工。

小小长工叹八声，又做轻来又做重，
日里推车又挑担，晚上推磨又要舂。

小小长工叹九声，割稻碾场不闲空，
一阵紧似一阵干，手脚裂口钻心痛。

小小长工叹十声，荞麦收过等辞工，
一天饭食没依靠，饥寒交迫过严冬。

一年四季苦长工，流血流汗一场空，
年年都盼时运转，一年更比一年穷。

风土民情

十里不同音，百里不同俗。洪武赶散，大批外地民众迁至梁徐定居，他们带来的各地风俗文化，经过数百年的融合，形成梁徐特有的风土民情。

生活习俗

住房习俗

梁徐地区，一般农家住房的大门都是朝南，门朝南主要是采光好。朝南并不完全是正南，而是偏东南或偏西南，其中大门偏东南的人家居多，即人们常说的“东南向”。

“后山面水，左水右道”。这是旧时地理先生（亦称风水先生）给人家住房选址遵循的规律，也是旧时人们理想的家居环境。就是说住房后面要有山（玄武），因梁徐一带没有山，屋后地势就要高一些，象征着有靠山、有靠椅，吉利发财。前面要有小河流（朱雀），或者左边是大河流（青龙）、右边是大路（白虎）。不论旧时，还是现今，人们对住房的选址都十分讲究，目的是住下来要安定（不逆向，出入方便不绕道）。梁徐地区夏季多偏东南风，冬季多偏西北风，大门朝南的住房冬暖夏凉。靠河流是方便吃水、用水，靠大路是方便生产和出行。但不管哪种住房、哪户人家，旧时一般都在门前做一土场，留着夏秋季节收获庄稼时打谷、晒粮、晒草用。

穿戴习俗

发型 20世纪初，域内中老年男子多数打长辫子或剃和尚头，也有前面剃光后面留发的“鸭屁股”。儿童则在头顶周围留一带形头发的“马盖头”，或四周剃光前顶部留发的“髻儿头”。姑娘梳独辫子，额前有刘海儿，出嫁后一律梳髻。梳髻极其讲究，年轻的梳爱士髻，年老的梳饼子髻。髻上扎红绿头绳，插银质珠针，插银耳扒儿，别各种花样发夹。

中华人民共和国成立后，中青年男子普遍剪分头，矮平顶。女子除老年人梳髻外，青年人一律是“二道毛子”或梳两条短辫。20世纪60年代后期，妇女曾流行过“运动头”，姑娘梳双辫，烫刘海儿。20世纪80年代，部分妇女开始烫发，有爆炸式、波浪式、一刀卷、丹凤朝阳等。20世纪90年代后，妇女发型有长有短，长为披肩发，短为男装化高平头。青年男子发型则女装化，长发大包头。21世纪开始，染发也成了时尚，有些老年男女将白发染黑。不少青年男女则将黑发染成红棕、金黄。

佩饰 首饰是富有的标志。20世纪50年代前，妇女有簪、钗、环、针、坠、镯、戒指等，质地有金、银、玉等，稍次者有包金、黄铜。小孩佩戴银项圈、银手镯、银脚镯，以及象征吉祥的各种锁链、帽饰。男子戴戒指，老年女人佩戴玉镯。

中华人民共和国成立后，佩戴首饰被视为资产阶级生活方式，逐渐被摒弃，而手表则逐渐成为新宠。20世纪50—70年代初，域内人戴手表的极少；20世纪70年代后期，开始有人戴30元的南京钟山表、45元的扬州琼花表；80年代中后期戴手表已很普遍，金戒指、金耳环、金项链被列为纳聘礼品；男子戴金戒指也日渐增多。进入21世纪，白金、水晶、钻石饰品已不算稀奇。

帽 20世纪30年代前后，成年男子多戴半球形的瓜皮帽，部分体面的人戴四面有宽帽檐的呢制礼帽。儿童则戴有绒球的滑稽帽，可伸缩的狗套头帽。幼童多戴后面有披挂的风帽，风帽上饰“福如东海”“长命百岁”“寿比南山”等。妇女在春秋季扎青头布，或扎黑胡绒布长条形包头，冬季扎勒子或戴平绒帽子。中华人民共和国成立后，男子风行解放帽（亦称兵帽、军帽），妇女扎方巾、头巾。20世纪80年代，随着改革开放，男子多戴鸭舌帽、绒线针织帽，也有人仿古戴礼帽或各式各样的皮帽。妇女先为滑雪帽，后为绒线织成的罗丝帽、八角帽等。

鞋 20世纪60年代前，域内鞋式多为圆口布鞋，粗制的是毛边底，讲究的是百页底，冬季穿河蚌壳式棉鞋，妇女时尚穿绣花鞋，男人平时干活多穿草鞋、蒲鞋，冬季穿稻草、芦花编织的茅窝儿。雨天穿木质工字形的脚套子，稍讲究的就穿用桐油浸泡的蚌壳式厚布面、底下嵌粗短铁珠的钉鞋。中华人民共和国成立后，穿矮帮套鞋（胶鞋）、高帮套鞋、解放球鞋、塑料凉鞋。20世纪80年代，皮鞋、旅游鞋走俏；皮鞋有高帮、矮帮，一脚蹬、系带等款式。青年女子则穿皮靴，皮鞋有平跟、中跟、高跟、坡跟、酒杯跟、菱角跟、圆头、尖头、方头等式样，颜色有银灰、奶白、橘黄、粉红、洋红等式样。

服装 20世纪前期，农村男子多穿大袱襟右边扣布纽扣短衫，满把抄的缀腰长裤，质地多为自家纺织的土棉布、土夏布，俗称家织布，自染成青、蓝、黑色。妇女穿大襟短衫，下着长裤外系腰裙，布料多是老蓝色的印花布，为了挡脏，妇女常系长方形的围儿。中老年人常在腰间系袱裙，俗称育裙。秋季穿双层布料的夹裤，冬季在夹裤上加两根长筒的棉套裤。绅商之家男子多穿长衫外套马褂，单、夹、棉、皮皆有，依季更换，妇女穿旗袍；夏季，男穿香云纱、小纺、横罗等面料制成的短褂裤，女上着大襟短袖衫，下着裙子，质地多为绫罗绸缎。20世纪40年代中后期，老百姓穿洋布、洋缎的逐步增加。

中华人民共和国成立以后，男子时兴中山装、人民装；妇女着列宁装、苏联花布、俄罗斯裙。中式服装渐少，长袍马褂逐渐被长短大衣代替，颜色多为灰、蓝、黑色。20世纪70年代中后期，流行过对襟暗扣中式棉袄。农业合作化后，家庭和集体不再种棉麻，家织土布绝迹，穿衣凭票供应，每人每年2丈4尺，后来降至1丈2尺；三年困难时期，降至3尺5寸，姑娘出嫁向男方要彩礼，布票是重要的一项。店里出售的帐纱、罗纱，1尺布票可买4尺。

“文化大革命”期间，“三装”（中山装、青年装、军便装）、“四色”（蓝、白、黑、黄）一统天下。青年男女以穿黄军装、戴黄军帽为荣。20世纪70年代中期至80年代，的确良、涤卡、棉涤、毛涤混纺、灯芯绒、平绒等面料开始在市场流行，服饰也渐趋多样化。女式大襟服装绝迹，为对襟短衫所代替，且讲究纽扣装饰。男子冬季流行内缝丝绵脱卸式棉袄，卫生衣裤、球衣、球裤、棉毛衫裤开始盛行。

进入20世纪90年代，初期上装为羽绒服，后来皮夹克、皮裙在青年男女中风行，皮大衣、皮风衣涌现。与此同时，西装也进入农家，许多青年人穿西装，打领带。滑雪衫、蝙蝠衫、记者衫、拉链衫、T恤衫、喇叭裤、太子裤、牛仔裤、健美裤、传统服饰唐装、太空棉袄棉裤、各式保暖内衣在青年男女中流行，也受到中老年人青睐。

饮食习俗

主食品 中华人民共和国成立前后，域内人以麦、豆、谷子、高粱为主食，平时三餐以大麦、元麦、高粱糁儿粥、菜酸粥为主，偶尔擀面条、煮面酸粥间口。忙时，早上在粥锅里捺疙瘩，或外摊一锅饼；中午吃大麦、元麦粯儿饭。梁徐一带有个俗语：“米饭要烧，粯儿饭要抄。”意思说煮粯儿饭要勤动铲子。用石磨碾成的粗粒称生粯儿，用碓臼舂去皮壳再上磨磨成的称熟粯儿，熟粯儿饭比生粯儿饭柔软好吃，不刺嗓子。如果劳动强度大，消耗多，下午需要加餐，称作晚茶。晚茶以泡焦屑（炒面）居多，也有摊饼，做面鱼儿（捺疙瘩）的。若是请工，招待要好一点。早上吃涨饼，中午煮熟粯儿饭，晚上吃面条。富裕之家一日三餐是：早上面疙瘩，中午黄谷米饭，晚上面条。冬闲时期，不做重体力活，则以山芋、芋头、胡萝卜、番瓜充当主食，有的农户日吃两餐，以节约粮食。20世纪50年代末至60年代初，梁徐、王石公社部分大队开始种植水稻，20世纪70年代后，水稻开始大面积种植，从此大米饭，取代了代代相传的粯儿饭。

代食品 20世纪40年代以前，一遇灾荒年景，人们便采树叶、挑野菜，掺一点麦糁儿，充饥度日。最普遍的是采榆树脐（钱）、榆树叶、紫辫条叶、香椿树叶、柳树嫩叶、枸杞头儿，挑马头兰、马齿苋、荠菜、无刺的野苋菜、牛舌头、黄花草等，以此度过灾荒。大灾之年，树叶、野菜被采尽，就用榆树皮切小段磨成榆树面烙饼吃，在实在没有办法的情况下，有的人家甚至吃观音粉（烂石粉）充饥。

待客或节日食品 摊饼。常年都可招待客人，小面摊饼讲究薄、脆、香酥可口，冬、春季待客用花生油摊荞面饼。

涨饼。小面发酵成糊浆，舀入锅中文火焙熟，又称糊浆饼，此饼柔软可口，饼内多孔，又称软饼。

摊糍粑。用糯米粉与水调匀，放入锅中文火烙制，沿锅浇油，适时翻烙，待两边金黄时，再用少量浓糖水烹炒，吃起来香甜可口。

裹粽子。端午节食用。亦用于已订婚的男家向女方送节礼。

包扁食。农历五月十三关公生日、七月十五中元节、冬至等几个节日食用，也用在求神许愿上。

做圆子。原料是月粉（糯米粉），20世纪50年代前本地没有栽种水稻，大多数人家用穄米粉做原料，来客以小圆粥待之，包馅儿的大圆子常在过年、灯节、中秋节早上食用，一般农家以芝麻屑拌糖作馅，富家则将猪板油切成丁加白糖腌制后作馅。

蒸馍头。过年食用。贫家蒸糁儿馒头，粗面馒头，或包上咸菜、胡萝卜丝、豆沙；富家蒸细面馒头，包上肉馅。

蒸糕。将月粉和水调成半湿，用糕箱蒸制，两块一叠，点上红点，既美观又可口。儿女结亲送年礼、小孩满月、过周、砌屋上梁，必备糕、粽子、圆子三样，谓之高中三元（解元、会元、状元）。20世纪60年代前，梁徐人做上述食品，用的是粗小面，穄米月粉；60年代后用的是精面，糯米月粉。进入21世纪，梁徐人待客早餐讲究烫干丝，上市购买烧饼、油条、麻团、肉包等各式糕点茶食。

菜肴 早晚佐粥小菜。梁徐人早晚常吃的小菜有咸菜、腌制的胡萝卜、酱油豆儿、萝卜烂、苋菜股、盐渍凉拌生菜、莴苣、菜瓜、胡萝卜缨、炒盐豆、煮蚕豆、青毛豆面糊、炖豆腐渣饼、豆腐乳、面糊炖麻虾。俗话说：小菜一桌，不抵麻虾一嘣。麻虾味道鲜美，不是海鲜，胜似海鲜。炒盐豆、青豆面糊、炖麻虾都是梁徐小菜中的佳品。

汤菜。旧时，一般农户家庭经济贫

困，舍不得花钱买菜，都以自产蔬菜为主。即便豆腐、卜页也是用粮、豆换来，吃豆腐、卜页就算家常好菜。豆腐卜页吃法较多，如：蒜泥戳豆腐，炖豆腐，红烧干儿，咸菜豆腐汤，韭菜豆腐汤，芋头丁儿豆腐汤，蚕豆瓣儿豆腐汤。常吃的汤菜有丝瓜汤、冬瓜汤、螺蛳汤、蚬子河蚌汤，无菜时用酱油开水冲成什锦汤（亦称神仙汤）或摊饼切条烧咸菜饼条汤下饭。夏秋园田豆角蔬菜丰富，常吃的菜有：青菜、韭菜、菠菜、药芹、茼蒿、豇豆、扁豆、茄儿、笋瓜等。来亲到友才炖蛋、涨蛋、炒蛋、煮小鱼儿，条件好一点的剁肉、杀鸡。

婚宴喜庆菜肴。好的人家多为猪六碗，即以红烧肉为主菜的三荤三素共六碗，红烧肉碗底放衬菜，富裕之家讲究六碗八碟或海六碗。20世纪70年代后，菜肴日渐丰富，猪六碗之外加拼盘。进入20世纪80年代，猪六碗的格局被打破，牛肉、羊肉、鸡子、长鱼（鳝鱼）等成为当家菜。红烧肉也常被扒糖蹄、狮子头所代替。进入20世纪90年代，注重色、香、味，更讲究观赏性、营养性、保健性；家常筵席上出现甲鱼、螃蟹、鳗鱼、鱼肚、蹄筋、鱼翅等高档菜，拼盘也被分作8—10个冷碟，且增加高质量的汤菜。

烟酒茶　20世纪50年代前，境内有不少人吸烟，多以吸旱烟为主，最为普通的烟具是一根短竹竿，两头装铜制或铅制烟盅、烟嘴。稍有身份的人讲究吸水烟，将旱烟装入水烟台中点燃吸食。富裕的绅商则吸卷烟，中华人民共和国成立前在本地偶尔可见的有老刀牌、美人牌、大格雷斯等，价格不菲，穷人无法问津。进入20世纪70年代，吸卷烟的人逐渐增多，因需要计划供应，普通人仍以吸旱烟为主，少数吸勇士、经济、大铁桥等低档卷烟。当时有句顺口溜：县里干部两边分（大前门），公社干部四脚奔（飞马），大队干部角四分（勇士）、小队干部吃八分（经济烟），普通社员用戥子称（旱烟）。20世纪80年代，旱烟绝迹。经济宽裕者开始讲究品牌：一云（云烟）二贵（贵烟）三中华，黄果树下阿诗玛。红塔山也风行一时。普通农民则吸华新、云雾山、丽华等。20世纪90年代以后，高档品牌香烟不断更迭翻新，但中华、熊猫、玉溪却久负盛名，而农家一般吸梦都、红杉树等中低档烟，敬客都是10元以上的南京烟。

中华人民共和国成立前，梁徐地区酿酒槽坊较多，农家饮酒多以高粱、大麦等粮食换取。上等粮食白酒称为泡子（60度以上），次等叫花酒（55度左右），最差叫酒尾子（40度左右）。20世纪50—70年代，国营酒厂生产的土烧酒、瓜干酒在本地畅销，但凭计划供应。20世纪80年代，白酒敞开供应，啤酒逐渐畅销，饮啤酒者增多。20世纪90年代，饮酒档次越来越高，普通农家宴客也由三沟（高沟、汤沟、双沟）逐步上升到洋河大曲、孔府家酒、孔府宴酒。20世纪90年代后期，一些企业老板、经济宽裕的家庭，也用口子窖酒、杏花村、五粮液、茅台等名酒招待客人。酒量不太大的人就以米甜酒、葡萄酒、黄酒代之，妇女、儿童以饮料代之。劝酒被视为热情好客，好事成双、三星高照、四四（事事）如意、五福临门、六六大顺、七巧玲珑、八仙过海、九九（久久）平安、十十（实实）在在等成为常用的劝酒词。

旧时农家饮茶以自制为主，常饮的茶有大麦乌茶（大麦炒焦泡茶）、竹叶茶、薄荷茶、茅根茶、车前草茶、白菊花茶等，这些茶都能去暑、生津、解渴。除此还有疏肝理气的金橘茶、去寒生温的生姜茶。塾师、绅商之家，每天早上用特制的小泥锅膛炖茶铫烧茶，燃料多为豆秸、小木片。并有许多讲究：一讲究水，要用雪水、天落水，或不受树叶、杂草污染的河水。二讲究茶叶质量。三讲究茶具精美，夏季要用盛茶不馊的紫砂茶壶，冬季用木质或草制茶焐子使茶不凉（旧时无保温瓶）。富裕休闲之客则讲究到茶馆品茶。茶馆里茶房右手执铫，离桌面茶碗二尺有许，将开水倾倒下来，细水激流，上下三次，谓之三点头，既是借以向客人致敬，又是借三上三下的冲力，冲开茶叶。茶具则用三炮台，即茶碗、茶盖、茶托三件为一套。明前、雨前茶经如是三点头，犹如一泓碧波，透出香气，饮之顿觉口舌生津，心旷神怡。茶客慢饮细品，天南海北，聊到日中，下午去澡堂泡澡，这就是所谓的早上皮包水，下午水包皮。进入21世纪，吃好茶、吃名茶不再是少数人的专利。普通人家家家有茶具，户户备茶叶。来亲到友，必先沏茶。常喝的茶叶有茉莉花茶、碧螺春、西湖龙井等。

岁时习俗

民间节日。也称四时八节，按农历二十四节气分，祖祖辈辈约定俗成。四时指春、夏、秋、冬；八节原指立春、立夏、立秋、立冬、春分、夏至、秋分、冬至，后来渐渐演变为春节、元宵、端午、中秋、重阳、清明、七月半、冬至八个节日。

春节

指农历年。域内人过年的一些风俗传承已有上千年历史。春节从农历腊月二十日开始倒计时数“夜数”。二十四夜送灶，三十晚上吃守岁酒。正月初一零点开始放爆竹，焚香敬菩萨。取火必须是三十夜晚上就准备好火种。家神柜上除点长明灯，还要点上一对或两对蜡烛，敬把子香、檀条香，一枝接一枝全天不断。大门两边、窗户外、茅缸边、灰堆边、土地庙等地方要敬早、晚香。中午吃饭时先用饭粒贴在门神的嘴上，让其吃饱了有精神。洗漱用水、垃圾、排泄物不得倒到室外，不得在室外大、小便。不说脏话污话，以免对神佛不恭，否则，对家宅人口不利。

春节一早起床后，吃过昨晚家主分发的糖果，保佑大家都甜甜蜜蜜，福运亨通。初一全家人要在一起吃饭，寓意团团圆圆。吃过早饭后，先到家族中的长房家拜主、贺年，再到邻里及本庄的本家、亲戚家拜年。

中华人民共和国成立前后，农户生活极其困难，一年到头难得有荤菜入口，过年吃得好，有荤有素；穿得好，新帽、新衣、新鞋袜；玩得好，从正月初一到初五，男女老少地里的活儿都不干，男人聚在一起打打牌、喝喝酒；小孩玩玩游戏。春节期间民间文艺活动异彩纷呈，舞龙灯、狮子灯、跳马灯、跳猴子、挑花担、荡湖船、唱凤凰、唱道琴、送财神不一而足。从正月初一到初十，古人用天气阴晴预兆当年人畜吉凶：“一天、二地、三风、四雨、五牛、六马、七人、八谷、九豆、十棉花。”口耳相传，尽人皆知。

财神日

正月初五是财神日，民间传说这一天是财神菩萨下界送财。人们为祈求财源滚滚发大财，特讲究真心实意迎接财神，敬奉财神。初五一大早就给财神供茶水、点心、糖果，敬香祷告。初四下半夜，敬财神的爆竹声接连不断，上土地山敬头香的人可保一年财气旺。至晚，撤掉过年时家神柜上的供品。

传说中的财神分为文财神和武财神两类。文财神是比干和范蠡，武财神以赵公明（赵公元帅）最负盛名。普通民众所供赵公明财神像皆黑面浓须，顶盔披甲，持宝擎鞭，神像周围常画有招财童子、聚宝盆、大元宝和珍珠、珊瑚之类，以显示财源茂盛。经商之家，往往用红纸手书赵公明神位，贴于木板上，悬挂在店堂二梁，称之为“悬梁菩萨”或“玄坛菩萨”。20世纪50年代前，人们除在家中敬供财神外，域内大的自然村还建有财神庙。逢年过节，敬香者人流如潮，趋之蚁集。有位开明人士见此情景，欣然命笔，写一对联贴于神庙两旁：

只有几文钱，你也求，他也求，给谁是好；

不做半点事，早来拜，晚来拜，叫我为难。

每年正月初五是迎财神的节日，届时，各家午夜起身，点烛敬香迎财神。凌晨，各店铺开张营业，喊财神的早早聚于门前，朗声高叫：“财神宝，来得早，恭喜老板生意兴隆通四海，恭喜老板财源茂盛达三江。”这时店主人就递上红包。店主人为了开市吉利，低价售卖。迎财神是人们希望过上幸福美满生活的一种愿望。

元宵节

正月十三，上灯。早上吃圆子，自制各式小型荷花灯、兔子灯、马灯，内点小蜡烛，供孩童戏嬉耍玩。家家户户在门前晒场上竖一根灯杆，顶头扣铃铛穿绳子，太阳落山后，点上拜烛的灯笼，绑在小竹竿上，扯上灯杆顶。叫上天灯，又说是关帝升天的，为其点上登天的明灯。

正月半，闹元宵。早上吃汤圆，晚上吃炒糖圆儿。家家户户扎麻串把子，即用芦秸秆（高粱秆）或玉米秆做心，外加小麦草扎成的火把，平年12道，闰年13道草箍，每道箍上夹小爆竹。天黑之后，点着麻串把子，在自家田的四角，屋前屋后挥舞，边舞边唱：“正月半噢，炸麻串噢，拾个穗头儿三斤半噢，爹爹称给奶奶看噢，奶奶称把爹爹看噢”“正月半，炸麻串，人家的菜生了癞，我家的菜上街卖”。据传，炸过麻串的田块不生虫子，最后将剩下的小半截麻串把子，竖放在自家门前，烤馒头吃，馒头被烤黄了，上面还有小泡泡蛮香的，说是吃了麻串把子烤过的馒头腰不疼。最后，把麻串把子扔到树杈上，“麻串把子撂得高，高田矮田都打稻”，意在祈求五谷丰登。麻串把子的火呈红色，预示当年是旱年景，火呈白色，预示当年是水年景。

正月十八落灯。过了落灯，社会上一切恢复正常的生活状况，年风结束，可以向债主要钱了。上灯圆子落灯面，晚饭吃面条，门前挂的灯笼落下。

清明节

清明祭祖、扫墓，是大的节日。清明前十天，要为先人坟墓添土。新娶的媳妇要到坟上供饭菜、烧纸，名曰“上花坟”。出嫁的女儿到父母坟上烧纸库。中午在家办饭菜、烧锞儿、纸钱祀奉，沿袭寒食节的传统，供扁食。早饭有习惯用花生油摊杨柳叶儿荞面饼。

端午节

家家门两侧插菖蒲、艾条，代表宝剑、马鞭，供钟馗斩妖驱鬼用，意为保家宅安泰。喝雄黄酒，给小孩子做雄黄袋，挂在身上，可以去毒辟邪健身。裹粽子，粽子吃过后的粽叶子送到河里去，纪念屈原。中午吃“五红”：肉、虾、苋菜、红萝卜、咸鸭蛋等。当地僧尼送端午符和钟馗像，贴在门楣上，可以驱鬼避邪。晚辈敬长辈，送端午节礼。

中元节

农历七月十五为中元节，这一天中午家家办饭菜，烧纸钱祭奠祖先。域内有“早烧清明晚烧冬（冬至），七月半的亡人等不到日中”的习俗。

中秋节

农历八月十五，俗称团圆节，吃月饼，送节礼，唱“月光会”，晚上赏月，敬月光菩萨。贡品为月饼、发酵的面饼、藕、柿子、菱角、山芋、芋头、茶水等，并焚香，寓意五谷丰登、永不分离、团团圆圆。在外地的人这一天也回家与家人团聚。敬月光时供品可以偷，叫“摸秋”，主人见了以一笑了之，不可骂人。

重阳节

九月九日重阳节，饮菊花酒，吃重阳糕，插茱萸、登高，孝敬老人。“吃了重阳糕，就把晚茶撂”，意为进入深秋了，昼短夜长，下午不再加餐了。

冬至

冬至，又叫过冬，这一天要祭祖先，仪式与清明、七月半相同。冬至的上一天称过小冬，域内有的人家过大冬，也有的人家过小冬。

民间习俗

婚嫁

婚姻嫁娶是人一生中最重要的一项礼仪，其过程如下：

请媒 男女成年后，男方家长先请媒人做媒，并提出对女方的要求。根据门当户对的原则，媒人按照男方的要求，进行了解物色，一旦有了消息，立即告诉男方家长。一般男方要同时请两位媒人，一位代表女方，一位代表男方。

说媒 媒人找到大体上适合男方要求的女方后，先告诉男方家长。男方家长出面拜托媒人到女方家提亲说媒。媒人到女方家介绍男方及其家庭情况，征求女方家长意见，女方家长了解同意之后再转告媒人。当然也有少数未经媒人介绍而达成婚姻协议的，或指腹为婚的，但到了适当的时候仍要请出媒人，以示证婚。

访亲 谈亲成熟后，由媒人约定双方登门拜访。大体顺序是：女方先访男方，男方再访女方。访亲的内容主要是看看住宅环境，房屋多少，家具好坏，大型农具有无，粮囤大小，猪牛存栏等。贫穷农户为使访亲成功，也有装门面或借门面，如粮囤底下放麦穗子上面装粮以显其高，将别人家猪牛赶到自家圈栏中充数。坡岭庄曾有一姓王人家，家贫如洗，人家来访亲时，借郑姓住家装门面，竟获成功，后来女方知道了真相，但已发帖，悔之晚矣，只得应允成亲。

访亲也有私下采访调查的，主要是查田产多少，根骨是否清爽（即有没有狐臭），德能如何，等等。有了这些深度的了解，才能定下来谈不谈这门亲事。

发帖 又称押帖，访亲合意后，女方向男方送庚帖，用草纸折成长方形，上面书写：坤造某年、某月、某日、某时生，然后用红纸封包，四面有口，叫四面相通，封面上写“双喜”或“福寿双全”等字，由媒人选良辰送往男方。男家将庚帖供上神柜，敬香祷告，如家中三天平稳，即认定此亲可做。

供帖三天平稳了，请算命先生合婚，掐算双方生辰八字。如果属相相克、相冲、相刑、相害就不行。如相害的说法是：从来白马怕青牛，羊见老鼠一旦休，蛇遇老虎如刀割，猪遇猿猴不到头，龙逢兔儿云端去，金鸡见犬泪交流。大凡如上所述八字不配的，男方就会婉言退帖。如果属相相合的，就将庚帖暗藏，永不露面。

回好 回好就是定亲。由男方主办，请媒人，请女方家族，请男方家族及世交吃酒欢庆，男、女双方互赠礼品，如帽子、鞋袜、衣裳、首饰等，让众人知道亲事定下来了。

送节礼 回好以后，男女双方就正式建立了婚姻关系，在结婚前，每逢春节、端午节、中秋节男方都要向女方送礼，女方也有适当回礼。端午节送粽子、咸蛋；中秋节送月饼、菱藕、柿子等；春节送烟、酒、鱼、肉、水果、衣料等。结婚前的中秋节礼品加送鸭子一对，表示当年要结婚，如女方同意就收下雌鸭回雄鸭，如不同意，鸭子就不收。

通话 男方看好娶亲的日子，请媒人到女方报信，征求意见，商定彩礼，这个程序主要由媒人反复往返男女双方家庭来完成（俗说六次朝南坐，即上坐）。①男方告诉媒人，准备娶亲；②媒人到女方通话，表达男方要求结婚的意思；③媒人到女方商定彩礼，女方不轻易开口要彩礼，不开盘子，表示女人金贵，媒人则反复登门说服女方，认定上了场的麦子是没有打不熟的；④女方对媒人开盘子要彩礼，品种、数量都要从宽，留下还价的余地；⑤媒人登门协商减少品种、数额，与女方敲定彩礼；⑥媒人送去男方选定2—3个好日子交女方选择；⑦媒人到女方要回女方选择的日子回帖；⑧按商定的日子成亲。

陪嫁 女方同意男方结婚请求后，就要为女儿准备嫁妆物品。陪嫁物品有两类：一是嫁衣，二是嫁妆。出嫁之前，女方要请裁缝到家做上一段时期的新衣裳，留给结婚穿，名曰：装新。嫁妆因家庭经济穷富而不同。大户人家有陪房屋田产的，有陪虎头蛇尾的，有陪三铺盖的。中等家庭陪一铺盖、三圆（子桶、脚桶、提亮儿）、三方（梳桌、橱柜、凳子）、三铜（灯台、铜盆、炉子）等。家庭穷也要力求陪上三圆，另外要有一顶夏布帐子（苎麻织的蚊帐）。

待媒 娶亲日子定好后，男方必须提前带亲，次序上：一舅亲，二姑亲，三姨亲，四是一般亲朋。礼节上，要用独轮小车绑一专用木车椅到家中请长辈，一般亲戚只报喜信，请吃喜酒。

正日前一天晚上，请媒人来特别款待，称之待媒，对媒人的称呼因年龄、性别而异，对老年人称“月老”，对中年人称“红线老哥”，中年妇女称“红娘”。与媒人同时请来的有福爹、福奶奶，由他们到场安排开面担、喜面担子的礼品。这一天抬花轿的、挑礼担的、发嫁妆的，所有亲戚、朋友都来吃晚上的待媒酒；女方也带亲邀友，祝贺出阁。福爹、福奶奶，负责接待男方上宾，接受礼品。

迎亲 正日吃过早茶，打发开面担儿、喜面担儿、发嫁妆人员及娶亲花轿动身。开面担儿上装有馒头36只、米糕36墩、面条两刀、合肉一块、礼肉四块或六块、前蹄一只、后膀一只、鱼八条、鞭炮一饼、小鞭若干、红烛两对、烟酒适量。喜面担儿上有万年青两棵，还伢娘席子一条，小碗两只（内装米），红筷两把，红带子，红绒线，红烛，高升，鞭炮等。还要用红纸写好“日帖、喜帖、请帖子”（结婚喜日）和“三官真经”（内包旧皇历书）放在担子上。子桶内装红蛋五只、桂圆、红枣、黑枣、米、茶、麦紊子各一小包等。准备齐全，焚烛敬香，喜面担、花轿动身时放鞭炮送行。迎亲队伍还要配备乐队，一路吹吹打打。媒人或男方迎亲主事亲朋要带足“开门封（即开门礼金）”，以防新娘子的哥哥或弟弟不开门，延误迎亲时间。

出嫁 迎亲队伍要到女方家时，女方家要焚烛敬香，燃放鞭炮，以表欢迎之意。福爹按礼节收受开面担上的礼品。如：礼鱼收四条回四条，叫作两头有余；万年青收一棵回一棵，是两头青；蹄子不收，表示提来提去。摊帘封、刷轿封、上头封、厨匠封、洗菜淘米封、搭鞋封、抱轿封、落方封等准备齐全。开始吃喜酒时，福奶奶为姑娘“上头”（梳妆、插花），新娘穿上结婚礼服，头顶红绸布。上轿时给姑娘怀揣“三官经”“好日子”。出嫁当天还要顺从以下风俗：饿嫁，姑娘不吃茶饭，一天免解大小便。抱轿，姑娘搭兄弟的鞋到轿前，由兄弟抱上轿，表示自尊不是随意上轿嫁人的。哭嫁，姑娘上了轿，妈妈要大哭，说是不哭，女儿会生哑巴。押轿，姑娘上轿后，娘家派人跟着轿子走一程，一是表示送别，而是防止抬轿人在途中折腾新人。

花轿四人抬着步行，路程有远有近，非壮汉不能胜任，所以男女双方对抬轿人都款待有加。抬轿的四个人只有前面领扛的看到路，出现新的情况，必须呼警语，后面的人跟着答应。警语有：大肩抱弯，小肩抱弯，二边挨擦，脚下有空，当心下坡，步步登高等。轿队中有喜事头儿负责轿务，在轿顶上放置木制喜神，关照抬轿人一路护轿。轿前还有扛高灯笼、火把的，轿后有吹打六素（唢呐）；过庄，必须提灯（点亮轿上小蜡烛，以便庄人围观）、吹打；过桥要放高升或小鞭炮，轿子行程无论远近，必须在正日晚子时前到家。

拜堂 轿子即将到达男方家里时要鸣放鞭炮，焚烛敬香。为使新娘足不染尘，豪富人家从大门外到神柜前铺上红地毯，一般人家则以麻袋铺地，在地毯（或麻袋）下散放几根芦柴，地毯两边散放几墩糕。新娘下轿后，有福奶奶搀着走，步入大堂，同时福奶奶朗声说："新娘子进门脚脚生财，步步登高。""一进门，喜融融，门前高搭五彩棚；二进门，步三开，脚下踩的柴玉阶；三进门，进财房，黄金白银动斗量。四进门，进楼房，楼上息的金凤凰……"在香烛辉映下，由福爹指令新郎新娘一拜天地，向家神像、祖先牌磕头。二拜高堂，向男方父母磕头。夫妻对拜，行鞠躬礼，送入洞房。

入洞房后关好房门，新娘顶着盖头静静地坐在床边凳子上，稍许新郎掀去盖在新娘头上的红绸布，二人齐坐到梳桌前，吃富贵肉、富贵鱼、喝交杯酒。

分朝　正日的第二天，新郎新娘穿婚礼服，在福爹主持下再行大礼。拜天地、拜祖宗、拜高堂。随后，新娘被搀进厨房，在喜娘的指点下，将已准备好的物品一一过手，喜娘则说合子：捧上一只斗，财源斗进，满心满意。拿起一杆秤——秤杆满是星，新娘块块都称心。取出秤花——秤不离砣，媳妇不离婆。拿起万年青——白头偕老，万古长青。来到灶台前，让新娘捧三捧米下锅，喜娘则说：一捧金，二捧银，三捧聚宝瓶。拿出筷子——筷子、筷子、快养儿子。拿出桂圆——桂圆、桂圆，夫妻团圆，圆出后代，子孙相传。拿出茶叶包——茶叶喷喷香，府上有红光，早生状元郎。转到室外大场上，将一小恶水（即泔水）缸放在大扫帚上，一人拖着扫帚慢走，让新娘紧追搂恶水缸，喜娘则说：恶水缸儿搂一搂，一圈关了九十九，养出猪来大似牛，卖的银两动担挑，卖的粮谷上廉头。分朝结束，新娘回到新房，男女老少来到新房看新娘，分烟、散糖、撒花瓣、闹洞房。亲戚来到房中，福奶奶指点叫人，并收下红包叫钱。

分朝的一天，新郎请来新娘家全家人及主要亲戚来吃喜酒，互相熟悉，以便以后交往，名为"会亲"，也叫"做朝"。

散客　分朝日后的午饭后散客，出了叫钱的，新娘子发给寄富，也就是两条毛巾内包上几块糖，让客人带上一份吉利回家。

客散后，家中晚饭由新娘子做手擀面，试探新娘锅上的手艺。傍晚，婆婆送块布，要新娘为婆婆做条裤，试探新娘针线活功夫。结婚大事办过后，还有回三朝门、回满月门、交生日、送夏等礼仪。

生育

女人生孩子是件大事，中华人民共和国成立前，由于医疗和接生水平太差，不少孕妇难产而死。20世纪60年代后，随着社会的发展，医疗和接生水平的提高，产妇和婴儿的死亡现象很少发生。

怀孕 男女婚后会怀孕，俗称“有喜”。怀孕初期称“害喜”，这期间大部分孕妇吃饭会挑食，民间有个说法：嗜酸者生男孩，嗜辣者生女儿。在孕期中，忌吃龟鳖、鳝鱼、黑鱼、螃蟹、兔肉、小公鸡及辣椒；穿衣宽松，坐有坐相，睡有睡相，走路要慢，防跌跟头，不能爬高，不举过头东西，不解裤腰带，注意保胎，心情愉悦。

催生 孕妇临产前，娘家人为新生儿做两件红毛衫褂儿及尿布若干块，同时带上准备好的放着灰袋的坐灰匾（坐灰匾用柳条制成，日后当针线匾，灰袋由产妇生养时等羊水用）及装有红糖、蜜枣、艾蒿等物的红布包，红布包象征着保佑母子甜蜜、平安、健康。

过街 娘家来催生后，姑娘还未生养，母亲便会带姑娘回家过一天，晚上必须回来，叫“过街”。姑娘回娘家，不但要心情愉悦，生养方面的事情还可以请教母亲……过街这天，吃了中饭，姑娘会把屁股底下的凳推倒，一声不吭，头也不回，扬长而去。

临产 孕妇腰酸、腹胀、“见红”的时候进入临产状态，俗称“搁了”。这时开始点香，请有接生经验的催生婆，并把孕妇安排进房间，同时把灰匾子、草纸准备好。

生养 催生婆上门后，先把喜脉，然后让家人烧开水等，做好准备工作。孕妇“阵子”来得慢，催生婆让打开门窗，或吃两只鸡蛋，当听到“哇”一声婴儿啼哭，人们心头悬着的石头才算落地。

坐月子 妇女生孩子，从孩子落地到一个月后才可松泛一点，这一个月就叫“坐月子”。“坐月子”有很多规矩，一是三朝内不出房门，一月内不得跨进别人家门。二是扎包头、喝艾汤。三是吃的要忌嘴。

踏生 婴儿落地后，谁第一个跨入房内，就是谁踏的生。伢儿长大成人后的兴趣、爱好、性格都像踏生的人，因此踏生人的品行直接影响到孩子将来的一生，所以，一般人家很注意让谁踏生。一般生了男孩，就选有知识、有品性的知书达理的人来踏生。若生了女孩，就让巧媳妇先进房。踏生虽没有科学依据，却寄托着家人的期望。

开奶 孩子落地24小时后，婆婆便问产妇：“有奶了？”若摇头，便用热手巾在产妇的乳房上轻揉，揉着揉着就见奶水出来了。孩子开奶前，先喂些甘草大黄汤，让婴儿通通肠胃，然后喂一匙黄连汤，再喂糖水，谓之先苦后甜。一般“开口奶”必找其他妇女喂，喝了“开口奶”后再喝自己亲娘的奶。

洗三 孩子出生三天，要请催生

婆来给新生儿洗澡，谓之“洗三”。“洗三”这天仪式很隆重，先焚香点烛，感谢催生娘娘和送子娘娘。这次焚的香不插在香炉内，而是插在一只盛满大米的碗内，寓意日后生活在米箩里。

催生婆给新生儿洗了澡，穿好新衣服，由母亲抱着新生儿向二位娘娘磕头，然后，将二位娘娘的画像化了，请他们上天。这时，催生婆又给孩子“滚蛋”，滚的蛋九只，分三次，一次三只，一边滚一边说合子。这天，还给亲朋好友送红蛋、送糯米粥。

看月子　“洗三”后诸亲六眷陆续上门送月子礼，一般亲朋只送一次，娘家父母要送三次月子礼。一是“洗三”这天，娘家人要带礼来看三朝，半月后，娘家人又来看一次，第三次是孩子即将满月时，再来看一次。看月子除了送油馓子、脆饼、红糖外，还有猪肚、猪腰、鲫鱼等。

做满月　孩子满月这一天，大多要热闹一番。外公外婆是必来为外孙（女）做“满月”，除了带来肉、鱼、爆竹，还有小孩的衣裳、帽子、鞋子、袜子、首饰、百岁钱。

孩子满月这天，要请剃头师傅来剃头，边剃边说合子。第一刀剃下的胎毛，用红绿丝线绕扎起来，挂在帐钩上，意让孩子胆大不怕惊吓。剃了头，还把眉毛剃光，这样长出的眉毛才乌黑发亮，才会成为眉清目秀的人。

回娘家　孩子满月当天或第二天，外公外婆会把女儿和外孙（女）带回家。女儿回娘家，至少住一个月，有些殷实人家会让女儿过了双满月才回家。

生日

做生日，旧时一般只做髫年之喜10岁、而立之年30岁、天命之年50岁、甲子之年60岁、古稀之年70岁、耄耋之年80岁、90岁、期颐之喜100岁生日，而弱冠之年的20岁很少有人家做，不惑之年40岁干脆不做。

做10岁，即髫年生日。亲朋好友都来祝寿。小寿星的外婆家，要有礼担，礼担上一定要有米糕、粽子、汤圆子，意是高中“三元”，即解元、会元、状元，还有新衣服一套，鱼肉、寿面、大小鞭炮等。中午吃寿面，晚上吃米饭；或中午吃米饭，晚上吃寿面。无论中午还是晚上吃寿面，都要盛寿面供菩萨，祝福寿星长命百岁。且掌烛、敬香、磕头、放大小鞭炮。20世纪90年代后，小寿星的外婆家的礼担上还有蛋糕，上面插有10支小蜡烛，吃蛋糕前点上蜡烛，由小寿星吹灭，还要放10响的焰火或礼炮。

做30岁，即而立之年，亲朋好友也都来祝寿，且更为隆重，岳父母家办重礼，其他亲朋好友送礼金。60岁后的生日，办礼的那就是姑娘女婿了。到了100岁的生日，除亲朋好友为寿星老人祝寿外，县、乡民政部门还派专人带礼品上门祝寿，并由乡镇民政科每月发给一定数量的老年营养补助费。

求子习俗

旧社会妇女久婚不育，容易受家庭和社会的歧视。一些求子心切的人，就求神拜佛、许愿作法。

贴对联 凡久婚不育的家庭在春节前就要请文笔好的先生，写一副表达自己求子愿望的对联，于除夕夜贴在房门上。如“喜见红桃多结子，笑看绿竹广生枝”“稻草扎秧父抱子，竹篮提笋母怀儿”等，以此求神灵送子。

另外，还有拜观音、打公婆娘、跨碌碡、抢毛笔、送刘碗等带有迷信的做法。

旧时，域内医疗水平落后，新生儿死亡率高。惯宝宝常以“寄名”方式，求神佛庇佑“长命百岁”。到寺庙庵堂寄名，取名“和尚小”，意为和尚、和尚，永葆健康。子息少又怕孩子夭折的人家则让孩子认多子人家做干儿子，取名则按多子人家孩子的顺序叫“六小”“七小”等，还有的人家以卑微字眼取名，如“呆小”“花小（乞丐）”“狗头”“牛头”“狗宝”等，防止夭折。

求子习俗是一种封建迷信，没有科学依据，20世纪80年代后，境内这种习俗已逐渐淡出。

庙会集场

庙会

梁徐域内的庙会有梁徐、王石和西官垛3处。梁徐庙会是每年的农历二月十一，王石庙会是每年的农历三月十九，西官垛庙会是每年的二月初一。其中梁徐和王石的庙会是在改革开放后形成的，梁徐庙会在2013年后被取消。王石庙会在姜八公路两侧，后因影响交通迁移至三林社区的三林路两侧。集市的摊点主要是出售一些生产资料和生活资料，如餐桌、餐具、橱柜、厨房用品、衣帽鞋袜、儿童玩具、树木花草等。这一天，当地的居民也借助集市带亲戚、约朋友赶集，成为朋友亲戚间聚会的好日子。

西官垛庙会相传起源于明朝，已有500多年历史。地点从东官垛与西官垛的交界处一直到西官垛的西桥口。每年的二月初一上午，由数名穿戴整齐的和尚将菩萨用轿子从庙中抬出，众僧一边行

梁徐“2·11”庙会

走，一边念经诵佛，锣鼓喧天，场面十分壮观。菩萨在庄上游了一圈后，再抬回庙内。这一天，十里八乡的人都来赶集。他们除了烧香祭拜菩萨，更多的是商品交流、集市贸易。会期的前一天，商贩们就到了西官垛，主要是来抢占有利位置摆摊设点。里下河卖藕的人来得更早，他们摇着装着生藕、柴火、锅灶的小船，上岸后就摆开煮藕、卖藕的摊子。庙会这一天，有固定摊点，也有流动商贩。固定摊点主要卖家具、农具、衣服、花灯、藕、苗木、花草等。流动商贩主要卖糖葫芦、棒棒糖、扯铃（空竹）等。除了商品买卖外，还有舞龙、舞狮、耍猴、马戏、杂技表演等文化娱乐活动。西官垛庙会在“文化大革命”期间停止活动，改革开放后恢复，但规模较小，没有原来的那些封建迷信仪式。

集场

中华人民共和国成立后，社会稳定，人民安居乐业，农民生活水平提高，农业生产不断发展，古老的庙会交易已不能满足人们的生产、生活需求。因此，从20世纪50年代开始，各地就自发地增加集市贸易，域内主要集市有梁徐、王石沟、江村3处。梁徐集市贸易时间为阳历的每月逢三、逢六、逢九，交易地点设在梁徐集镇主街道两侧；王石沟集市贸易时间为阳历每月逢二、逢五、逢八，交易地点设在姜八公路王石段两侧；江村集市贸易时间为农历每月逢三、逢八。这3处集市中，江村的集市贸易最早，因为20世纪50年代初期，江村是江村乡政府所在地，为了繁荣地方经济，江村区委、区公所决定在江村设集市，当地人称为桥口小猪儿市，交易地点在村中臭河北岸的一条东西小街上，主要是苗猪以及锅碗瓢盆、菜刀、竹篮、锄头、钉耙等农副产品的交易，1970年停办后没有恢复。

青苗会

民国时期，梁徐的青苗会是传统节日，无固定日期。每年农历五月，麦子收割完毕，夏栽夏种告一段落，田间青苗开始旺长，趁着农闲，不少村庄自发请香伙设坛做会。

每年此时，由10余位会首联议、筹划操办。按次序轮流主持。会期分为一伏时、二伏时两种。一伏时会期是一昼夜加半天；二伏时会期是二昼夜加半天。会期的主要内容大致为：设坛请诸神下界、请土地神入会棚；会首上供猪头、雄鸡、鲤鱼六只眼；敬香、磕头、焚黄元、放爆竹；众人鱼贯跪拜，一一敬神；致祝词，唱献小酒；说书唱戏；香伙斫刀；拆会棚……

做会期间家家带亲友看会，办酒菜招待，忙碌一场，喜庆一番。青苗会的重要角色是香伙，香伙是民间艺人，凭口才和记忆，一锣一鼓，说唱百姓喜闻乐见的唱本，很受百姓的欢迎。

故事传说

钓“鬼”记

1946年秋天，国民党反动派向泰州、姜堰一带解放区大举进攻时，姜泰一带出名的恶棍吴长奎趁机投靠“洋顽”（国民党正规部队），纠合了十余名地痞、流氓等亡命之徒，组织起一支“土顽”（国民党地方武装）“别动队”，吴长奎自任队长。别动队人数不多，破坏性却很大。他们经常到乡下搞偷袭，抢掠百姓，残杀共产党地方干部，抓走革命家属。在新四军转移北撤后，他们更是肆无忌惮，无恶不作，当地人对吴长奎恨之入骨，个个切齿痛心，大家都叫他“无常鬼”。

无常鬼鬼头鬼脑鬼得很。他像一条狡猾的毒蛇，平时缩在敌人的圩堡里不肯轻易露面，经常乘人不备，出洞咬你一口。新四军留下来坚持斗争的姜泰武工支队，几次想逮他都难以得手，只好发动各乡民兵，四处撒网，展开反特除害斗争。

一天中午，姜西游击组在姜泰公路上出其不意地截住2辆三轮车。一辆车上是无常鬼的老婆，外号“花田鸡”；一辆车里是无常鬼的父亲吴仁德。这公媳二人是往泰州城里亲戚家去拜寿的。他们真以为共产党被杀尽了，游击队都跑光了，只带了1个勤务兵护送。谁知，几个游击队员才露了脸，那个勤务兵就逃回姜堰去了。

游击队员押着“花田鸡”和吴仁德，钻进青纱帐里，等到夜间，在姜南一带的高粱地里找到了武工支队。有的人要将吴仁德和“花田鸡”就地枪毙，为牺牲的同志报仇，为受害的百姓雪恨。支队姜队长却摇摇头说：“杀了无常鬼的家眷，难道无常鬼就不敢行凶作恶了？”大家你一言、我一语地争论起来。姜队长说：“打蛇要打头。我看，这两个人可以做钓饵，要想办法钓出无常鬼，除掉这条祸根！”经姜队长这一点拨，小孔明陈亮的眼睛眨了几眨，忽然高兴地一拍大腿：“嘿，我有个主意，保险能把无常鬼钓上钩。”

他讲出一条钓鬼计，大家笑得前磕后仰。姜队长说："好！这条计策想得好！"立即如此这般，吩咐大家分头行动，做好明天钓鬼的准备。这正是：青纱帐里定妙计，黑水河边钓无常。

话说无常鬼得到老婆、父亲被捉的消息后，立刻赶到国民党军团部，要求团长派兵帮他营救家眷。团长听了直摇头，说是东台方面战事紧张，部队要整装待命，不准出动。无常鬼没法，只得点起自己的别动队，又向"还乡团"借了几十名团丁，偷偷摸摸地在四乡八集游转了一夜，连武工队的影子也没有碰到。天亮后，只得垂头丧气地撤回县城里，闷着头咕咚咕咚地灌了斤把老酒，倒头便睡。到了傍晚，勤务兵慌慌张张进来报告说，在镇外黑水河对岸看见了老太爷和少太太。无常鬼从梦中跳起来，跟着勤务兵跑到黑水河边，闪在桥头下细看，只见吊桥那边不远处，父亲和老婆都被五花大绑着，父亲身上还穿着他常穿的客装——上身是团花长袍，外罩黑绸马褂，胸前挂了一块大牌，前天刚剃过的光秃秃的"和尚头"低垂在胸前被夕阳照得发亮；老婆身上还是穿着那件绿花绸缎旗袍，也挂着牌子低着头，已是披头散发。再细看，只有2个带枪的民兵押着，后面跟着几十个老百姓，挥舞着红白纸旗、标语，呼喊着口号。无常鬼眼睁睁地看着父亲和老婆被游斗，心里一阵难过，顿时气冲脑门儿，对勤务兵吼叫："快回去传我的命令，全队集合，跟我过桥营救老太爷和少太太！""是！"勤务兵跑步回去。不一会儿，只领了5名别动队员赶来。无常鬼急得跺脚大骂："妈妈的！还有人呢？"勤务兵说："还有些兄弟们不知道队长现在有行动，都到街上的烟馆、酒店里去了，一时找不回来。"无常鬼看看对岸，游行的人们已经越走越远了。他来不及多想，立刻吩咐左右："勤务兵！你赶快到街上找齐其他弟兄，马上赶来给我增援。其他人跟我过桥！"几个人放下吊桥，冲将过去，张开盒子枪就要射击，无常鬼慌忙阻拦："不能开枪！谁伤了老太爷和少太太，我就要谁抵命！"几个别动队员只好倒垂着枪口，闷声不响地跟着无常鬼追赶游行队伍。

那些参加游行的百姓，看见敌人冲过桥来，立刻阵脚大乱，都扔掉纸旗、标语，惊叫着四散逃走，只剩下2个民兵，用绳索套住吴仁德和花田鸡的颈项，像拖猪牵牛一样地拖着向南郊奔跑。无常鬼几次瞄准民兵想开枪射击，可是，民兵又都在他老婆和父亲的前面跑，要打民兵就得先打死父亲和老婆，他急得放开尖嗓子叫喊："爹爹……翠珍……慢点跑……"一边喊，一边向空中放枪。

吴仁德和花田鸡听到喊声，果然想往地上蹲着，那两个民兵大概急了，一个用拳头乱捶着吴仁德的光头，一个扯住花田鸡的头发，逼着他们又跟着奔跑起来。无常鬼看得心疼极了。就这样前面逃，后面追，追了一会儿，两边的距离渐渐缩短到只有200步远近，可就是追不上。

日落西山，暮色沉沉。无常鬼和几个别动队员还是紧追不舍，两方的距离只差百十步。追到一个拐弯处，前面的几个人往拐角处一闪，就不见了。无常鬼喘着粗气，放慢脚步，抬头一看，不觉大吃一惊：这里前无村，后无店，路两边长着大片红高粱。他们几个人像是钻进了两边高围墙的夹巷里。无常鬼感到势头不妙，尖叫一声，“快撤！”一个别动队员惋惜地问：“那老太爷和少太太就不救啦？”无常鬼一拍屁股，绝望地叫道：“妈妈的！别再老太爷、少太太的了，赶快救我们自己要紧！”几个人刚转身，忽听得高粱地里“叭，叭”两声枪响，前面的两个别动队员应声倒地。无常鬼们慌得就地趴下，举枪向两边高粱地里乱射一通。停枪后听听周围毫无动静，几个人爬起身刚走了几步，又是“叭，叭”两枪，后面的两个别动队员又被撂倒在地。无常鬼吓得屁滚尿流，命令剩下的一个别动队员在后掩护，自己身先逃窜。没跑多远，后面一阵枪响，这个敌人哼了一声，也倒在地上，但是无常鬼终于跑出了高粱地。他松了口气，抬头一看，前面几十步远处，老婆正挽着父亲的臂膀，跌跌撞撞地往前奔跑。无常鬼立刻两眼生光、脚下来劲，欣喜地连声轻叫：“翠珍，翠珍，等等我！”没跑多远，父亲脚下一绊，跌得跪在地上，老婆慌张地拖住父亲往上拉，就是拖不起。无常鬼快步从后面蹿上去，拖住父亲的手臂往上猛提。突然觉得有个冷冰冰硬邦邦的东西顶在后腰上，父亲一跃而起，顺手摘下他手里的盒枪，顶住他的前胸，前后一齐猛喝一声：“不准动！”无常鬼转动头颈前后细看；妈呀！哪里是老婆和父亲！剃光头、穿长袍马褂的正是武工支队姜队长，穿旗袍的原来是装了假发的小孔明陈亮。这正是：作恶终有报，凶手罪难逃，智钓无常鬼，除害在今宵！

截米夺枪

1946年腊月，北风呼啸，雪花飞飘。新四军主力部队北撤后，留下来坚持搞敌情的侦察员王大山，扮成贩运大米的车夫，从泰兴取回一份情报，推着独轮小车，往大河东根据地急奔。到了西野村，正要穿村而过，忽然，从村子里闪出国民党军的两个匪兵，端着枪挡住去路，喝声“站住！”王大山心头一震，不好，撞见鬼了！其实，王大山并不害怕两个匪兵，几年来，他身经百战，经常和敌人面对面地打交道，从来不晓得个‘怕’字。他所着急的是今天一定要把情报送到根据地。两个匪兵把枪一指说：“跟我们走！”王大山心想：走就走，我正要看看你们这里有多少人，多少枪呢，他跟着两个匪兵进了村。村里的大路上排着十余辆独轮木盘小车，车上都装满了粮食口袋，那些车夫们个个愁眉苦脸，破衣烂鞋，在寒风里冻得直打战。王大山一看就明白了。自从新四军主力北撤后，国民党军每天“清乡”“扫荡”，烧杀抢掠，无恶不作，抢粮拉夫，肆无忌惮，这天是他们又在运送抢来的粮食，在这里休息的。

两个匪兵，一胖一瘦，一高一矮，活像一对滑稽演员。他们一递一声地反复盘问王大山从哪里来，到哪里去。王大山说他叫张小山，是贩米的。矮个子匪兵手指王大山的小车子命令说：“老子走累了，你送我们到泰兴去。”接着又对车夫们大叫：“快走！快走！”车夫们在敌人的威逼下，推起沉重的小车，一个个从王大山身边走过去。当最后一辆车推到王大山身旁时，那车夫一掀破棉帽，目光一闪，与王大山打了个照面。王大山心里一亮：这车夫原来是副区长老韩。

十几辆小车吱吱吭吭地上了路。两个匪兵往王大山的小车两边一坐，喝道：“快走！”王大山心里骂道：好吧！老子今天要把你们两个狗娘养的送上阎王殿！嘴上却笑嘻嘻地说：“嗨嗨，老总，我推你们到泰兴后，你们千万要放我回来呀！”

“他妈的少废话！快跟上去！”“嗨嗨！老总放心，我张小三生了双快腿，推上你们二位，在这班车夫周围来回打转转也不会掉队的。”说完，推起小车，小跑步地赶上前。两个匪兵都开心地笑起来。

这王大山是全区游击队里有名的“大力飞毛腿”。30岁出头，高个子，大头方脸，长得真像一座山。能打能跑，能说会道，爱开玩笑。要说他腿快，曾经往南通送情报，200多里路一天来回，到家时太阳还挂在天上；要说他力大，有一次晚上，他一个人从姜堰敌据点里抓了个“舌头”，挟在胳肢窝里一口气跑了25里，一个班的敌人也没追到他。这刻，他推着两个匪兵，走了20多里，心里有点不耐烦了，就故意把小车子歪到这边，扭到那边。矮个子匪兵骂道：“妈的，你故意作弄老子，我枪崩了你！”王大山苦笑着说：“我哪敢作弄老总呢，不是我说笑话，你们二位老总，一位有200斤，一位只有百十斤，我这小车一边重，一边轻，不大好推，再说，我还是早上在泰兴城里吃了两个烧饼，现在已是中午了。唉！不怕二位生气，你们是‘饱汉不知饿汉饥，只怪饿汉没力气……’”矮子兵说：“别他妈的诉苦了，到前面村子里找吃的。”

车队进了一个村庄。村头有一家烧饼店。这家店也该倒霉，刚出炉的一筐烧饼，被两个匪兵看到，立刻命令大家歇下来，端来烧饼，每人分了几只。王大山啃了两只烧饼，看见副区长向他打了个暗号，进了厕所，王大山也装着解手，凑到老韩身边。老韩低声说：“这车子上全是大米，一定要想法夺下来解决军烈属春节的困难。”王大山说：“这条路上常有敌人，而且沿路有敌人据点。难下手啊！”老韩说：“能不能想法把他们引上小路？”王大山一愣神说：“对！把他们引上‘奈河桥’，进了奈河桥我就有办法对付这两条狗。你组织大家把粮推走。我到大河东找你们。”两人三言两语订好计划。各自暗中准备。

烧饼吃光了。匪兵又吆喝大家赶路。王大山问：“老总，从哪条路走？”“从大路走。”“哎呀，你们不知道，我今天早上就是从这条大路上过来的，再往前10里，有条洼儿沟，上面的桥被人拆了，小车子过不去呀！”老韩也搭话说：“是呀，我前天送米到泰兴去，到了洼儿沟过不去，只好打转到这里从小路走的，多走了大半天哩。”匪兵听了不耐烦地说：“好啦好啦，就从小路走，要快些，天黑以前一定要赶到泰兴城里。”王大山说：“像他们慢慢蹭蹭的，不走到半夜才怪哩！老总，我推你们前面走，我走多快，你叫他们也走多快，保证天不黑就能到泰兴。”矮子兵又乐了，“行。你带头，到泰兴后赏你5个银角子。喂！大家听着，现在我们在前头走，你们要跟上，谁掉队就枪崩了谁！”王大山推着匪兵连跑带溜。老韩在车队后面连声地启发大家“跟上，跟上”。车队紧钉住王大山的屁股，车夫们都累得张着嘴直喘粗气，还有人在叽里咕噜地骂王大山是“马屁虫”。老韩听了暗暗好笑。匪兵们可开心啦！一会就回过头来对王大山竖竖大拇指。王大山跑得更快。一口气跑了十来里，到了一条大河边。这条河叫奈河。河宽、水深、风大、浪急。河面上有座奈河桥，有七八丈长，只有2尺多宽，是10节跳板搭成的，每节跳板下面支着两根木桩。胆小的人真不敢在上面走。王大山却推着小车直往桥上奔。两个匪兵正想下车过桥，王大山劝道：“老总放心，不必再烦你们下车了，我笃定稳稳当当地推过奈河桥。”说着话，脚步更快，车盘压在桥板上，小桥晃晃荡荡咯吱咯吱，吓得两个匪兵死命地抓住车梁，紧抱枪，闭着眼，缩在车子两边，嘴里像念经似的：“当心，当心……”。

车子到了桥中间，王大山突然把车子放下，两条车脚正好和桥板一样阔，车子两边都架在河面上，两个匪兵睁开眼问：“停车干什么？”王大山嘻嘻地笑着说：“老总，你们怀里的枪筒子老是在我眼前乱晃乱晃的，怕把我晃花了眼，会把你们推到河里去的。所以，你们还是把枪给我替你们背着吧！”一边说一边伸出两只手抓住两支枪管子猛地抽过来。匪兵惊慌地回头瞪着王大山。王大山还是笑嘻嘻地说：“哎哟，不能乱动，再动就要掉下河啦！”两个匪兵往屁股下面一看，只见车下面河水滚滚，寒气逼人；再往桥两头看看，又狭又长，直像是通向阴曹地府的“奈河桥”。想下车吧，桥板压在小车底下，他们的脚悬在河面上，要下车就得下水，如果这边一个下去，这独轮车就要倒向那边，那边的人也非下水不可。唯一的办法只好坐在车上不动，等车夫推过桥去再说。可是，车夫却站在小车后面，不慌不忙地掏出烟袋抽旱烟。

再说老韩在后面早已和车夫通了气。此刻见王大山把两个家伙堵在桥中间，立刻叫大家掉转车头，直奔东北方向而去。两个匪兵听到后面小车的响声不对头，扭头一看，知道上了当。急得大喊大叫。王大山用烟锅敲敲两个家伙的脑袋说："老总，别叫了，这地方前不巴村，后不着店，一进腊月就没人敢从这里过了。你们叫也没用！只要叫我王大山几声'爹爹'，我就成全你们。"两个匪兵一听他原来是王大山，吓得浑身抽冷筋。他们早就听人传说游击队里的王大山厉害，真是：久闻其名，未见其面。二人吓得齐声高叫："爹爹！王爹爹！王老爹！"王大山开心地说："乖乖！别叫了。因为你们做尽了坏事，满身脏气，我老爹今天让你们好好洗个澡、清清身子，阎王老爷才准你们进门哩！"

说着，像卸货物那样，捧起小车向前一翘，两个家伙惊叫着，"扑通扑通"地下了河，打得河里的水点冰花像碎玻璃似的乱飞。王大山放平小车，背着枪坐在车后，一边抽烟，一边像在动物园里观看河马似的，看着两个家伙在玩水，矮个子匪兵会游水，高个子却是个"旱鸭子"。那矮子从水底冒出头来，正要向岸边游，高个子也从他屁股后头冒出头来，一把搭住矮子，死不松手。那高个子本来就有二百斤出头，再加上湿透的棉衣，吊在矮子身上，矮子哪里拉得动，两人就这样死搞在一起，在水里翻翻滚滚。王大山两锅烟还没抽完，两个家伙就渐渐地不动了。他指着淹在水里的两具死尸笑道："哈哈，因为你们心肠坏，所以过不了'奈河桥'！"

他回头看看运粮的车队早已远去，急忙脱下外衣，把两支枪包好在小车上退下桥，掉转车头，直往东北奔去。

纺纱织布反封锁

1943年初，泰县抗日民主根据地开展轰轰烈烈的大生产运动，姜南区委带领区、乡、村干部开荒种菜养鱼捕虾，还决定办一个机关合作布厂。

3月的一天，副区长尤振东找来学过织布手艺的张葛乡指导员宋春霞，要他具体负责筹办布厂。尤振东对宋春霞说，为了粉碎日伪封锁，党中央提出精兵简政，开展大生产运动，毛主席在延安亲自种菜，朱总司令亲自开荒种地，周副主席不顾右臂伤残，很短时间就学会了纺纱，王震等同志率领八路军三五九旅把"到处是荒山"的南泥湾变成了"陕北的好江南"。我们也要开展大生产运动，把布厂迅速地办起来。

宋春霞接受了任务回到乡里后，一连几天走东家串西家，了解哪家有闲置的织布机，哪家有梭子，动员群众把积余的纱借出来，接着又认真选择厂址。姜南区紧靠姜堰镇伪据点，敌人三天两头就下乡“扫荡”，办厂的地方既要隐蔽安全，又要便于发生情况时能迅速转移。经过再三考虑，确定办在江村河南的农民钱德永、钱德根家。他们两家各有前后两进六间房屋，屋后是条大河，河宽水深，十分僻静，加之周围家家都织布，不易暴露。两家房主为人老实，听说厂要办在他们家，满口答应，立即腾出了前面一排6间房子。这样把借来的6张纯木机每家各安装3张，又从区里没收的敌产中借了点钱作为资金，凑足了30包纱，布厂便诞生了。

厂里的工人有13个人，除了请来的经织、染色的3个师傅外，其余都是军属、干属和残废军人。纯木机技术要求不高，不几天，大家就基本掌握了摇纱、织布的要领，单独操作了。那时生活很艰苦，吃胡萝卜饭，山芋糁儿粥，每月工资最多的9斗米，可是工人们从无怨言，生产的积极性很高，每天都起早贪黑，很少休息。没过多长时间，厂里每天就能生产120码布，就是30多丈布，纯盈余五六丈布，有时还可多一点。伤残军人黄友才本来可以在家休养，可是听说区里办布厂，坚决要求到厂里来参加劳动，他说，我不能上机织布，就学摇纱，在家里白拿补助，心里不踏实。他进厂后虚心向大家学习，利用工余时间反复练习，不久就掌握了一手摇纱的好技术，他每天提前上班，推迟下班，节假日也很少回家，总是超额完成任务。他还常常讲抗日打鬼子的故事，鼓舞同志们的生产热情。大家互相关心，互相帮助，相处十分和睦，房东不但不要房金，还常常帮助工人烧饭、擀面，外面一发生情况就主动帮助打听。小小的布厂，充满了团结紧张的气氛，越办越兴旺。

布厂织的布除调给区里使用，有时也扛到江村的小猪集市上去卖，卖的钱交区里支配。由于有了布厂，干部身上穿的粗布衣服大部分换上了布厂生产的细布衣服。到了冬天，同志们也能穿上新棉衣。布厂还抽出一点利润给区里开展拥军优属活动。

1945年9月，抗日战争取得了胜利，为了抓紧经济建设，增加积累，改善人民生活，泰县县政府决定继续把布厂办下去，仍由宋春霞领导。这样姜南布厂的一些工人、将生产工具搬到了姜堰，又增加了没收的太纶布厂的30部铁木机，不久布厂就在黄家祠堂里办起来了。同年，为了纪念抗日战争的胜利，经县政府秘书陈堃提议，取名为“胜利布厂”，这就是泰县胜利布厂的由来。

张家巷的故事

在姜堰南郊，中干河西，周山河北侧，有一个村子叫作张家巷。张家巷曾是一个荒草遍地、麋鹿成群之海滨一隅。

据传，张家巷的前身叫作张垛镇。张家巷离东海不远，距泰州只有20多公里，为海水冲击而形成的高垛子。

张家巷北边有一条龙溪，呈东北、西南走势。现在的龙溪，只是大体轮廓，只有那些上了年纪的人才知道其原貌。中华人民共和国成立后，龙溪成为张家巷与邻村的分界之标志。按理说，这张家巷应当是姓张的人多，可这里却偏偏张姓人少而陈姓人多，张巷村3组则全是姓陈的住户。

唐朝末年，由于北方战乱较多，南方相对较为稳定，一些避难之人不断向南方迁移，他们见这里地势较高，自然野生动物不少，可以暂且安身，于是就在这儿以打猎开荒为生，经数百年的繁衍生息，逐渐形成了一个村庄。又经数年发展，这里渐渐成为一个繁华的集镇。那时候，里下河地区的水产品，长江以北旱谷地域的农业、副业、手工业产品均汇聚此处，批零销售，贸易兴旺，且富有名气。庄北边有18个靠船码头，形成18条水巷；庄南边人来车往，日夜络绎不绝，形成18条官巷。因庄上的首富人家姓张，且张姓住户居多，势力较强，便依据高垛子的地势特点，而取名为张垛镇。

到了元末顺帝年代，因朝政腐败，社会矛盾加剧，导致天下大乱，各地先后出现农民起义。这当中，其实力最雄厚、兵力最强大的要数张士诚、朱元璋。朱元璋的势力则仅次于张士诚。为了争夺天下，朱元璋决计要除掉心腹大患张士诚。朱元璋听从军师刘伯温的建议，在洪泽湖高家堰决堤淹张士诚的部队，时值连降大雨，张的部队正驻扎在长江以北、淮河以南地区。也许老天爷有意帮助朱元璋，张士诚注定要灭亡，那“湖上坝”一倒，马上天水接凡水，天水似瓢泼倾盆，凡水像无数涌泉，不停地向上泛滥，张士诚的士兵顷刻成了冤鬼，而张家巷也同时被洪水淹没。昔日，十分繁荣的南北货集聚地，渐渐被滔滔洪水所卷来的流沙埋没下去。据祖辈言传，由于有些祖坟添得很高，一些在洪水中挣扎而爬上高坡的人幸存下来，其余大多数人全被淹死。

明朝建立以后，朱元璋做了皇帝。为了坐稳江山，他施行了一系列减少税收收买人心的政策，一段时间内，天下比较太平，农业、手工业、商业不断获得发展。洪武年间，江南苏州阊门有一个叫陈良的生意人看中了这里，并定居下来。据《陈氏家谱·卷二》载，陈良在此先后生下五子，后代兴旺发达，久而久之，渐成气候。陈良后辈延续到第四代时，又在这儿兴建起一条较为繁华的街巷，并欲取名为“陈家巷”，但张氏的后世子孙决然不同意，致使地名长时间不能确定下来。此事一直拖延至明朝天顺年间，陈氏家族中出了个进士叫陈佐，时任江西广信府正堂（见《陈氏家谱·卷三》），事件闹到了他那儿，凭陈家势力，定名“陈家巷”陈佐完全可以一锤定音。但陈佐是个学问渊博、心胸宽广之人，经过一番斟酌，他以息事宁人的态度处理此事，决定既不用“陈家巷”，也不用“张家巷”，而是用“张巷”二字作为地名，这既体现了这里过去的繁荣昌盛，又暗含今后陈氏所建立的街巷将会不断兴旺与发展。同时，不用“陈家巷”作村名，也表明整个陈氏家族的开阔胸襟，更能团结庄上的张、王、李、赵等姓氏共谋发展。后来，人们把张巷又顺口叫成了张家巷，这就是张家巷的来历。

张家巷的陈氏家族人丁兴旺。在明朝嘉靖年代，陈家出了一名进士，名叫陈居仁，时任礼部郎官（见《陈氏家谱·卷三》）。明朝万历年间，陈氏家族中有个叫陈昌的，中为举人，在朝中任内阁中书（见《陈氏家谱·卷三》）。清朝道光年代，陈家又出了个陈元丰，任清朝之郎官（见《陈氏家谱·卷十二》），他也是个心胸开阔之人。

张家巷的陈氏家族人丁兴旺，事业也不断发展。明朝永乐年代，传说陈家仅马就养了四五十匹。这些马有的用来出外贸易乘骑，有的用来拉车运输。为了方便自家的马和来往客商的马洗刷，以及供马饮水等，陈家就在村子东首（张巷村4组地域）专门挖了一条水沟，名曰“马汪”，该河名一直沿用至今。

明朝天顺年间，张家巷陈氏家族仅茔地就占了19亩之多，地点就在龙溪，姜堰市曾出版了一本有关民间传说的书籍，就是以“龙溪”作为其书名的。另外，又用了三亩半地砌了几间房子，专供看守茔地的人居住（见《陈氏家谱·卷三》）。那龙溪之地形似一条飞龙由东北向西南而来，其东、西两端形成一条长埂状，高低起伏，曲折灵动，溪内常年水源不断，溪的最西边较为宽阔，最东边略显狭窄，西边像龙头，东边像龙尾，犹如真龙落地，尽显龙脉之气。那些看守坟茔之人，其职责主要是防备外族之人偷葬于此，以免占了陈家的龙脉之气。

1966年，张巷大队在龙溪南侧的张巷村5组地域开挖东西走向的丰产河时，曾挖出古井20多口，出土的井砖一律成拱形，每一块砖上都有“公母榫”。至今，有的人家还存有这种拱形井砖。在张家巷东部，老北河北侧，有一块高垛子田，20世纪60年代初平田整地时，曾在地下挖出石碑一块，上有“泰州东首张垛镇”的字样。说明往昔的张家巷确实曾叫过张垛镇。

中华人民共和国成立前后，凡陈氏家族之男子须于每年的清明节前要去给祖坟添土，根据祖训，坟要达到一定的高度，站在坟顶上，要能看到丹徒县境内的圌、蒋二山，寓意陈氏子孙要心胸开阔，站得高，看得远。心胸开阔之人，人气必旺，事业必兴！

打鱼郎巧和“拆字诗”

某日，三个女婿齐到丈人家拜寿。

大女婿是煤炭窑的矿主，二女婿是茶楼酒馆的老板，三女婿是打鱼的。自然喽，大女婿和二女婿是看不起这个打鱼郎的。见了面也不和他打招呼，二人管自饮茶谈笑。吃酒时他们二人敬酒吃菜，客气得了不得，独不和三女婿谦让。

三女婿见他们二人傲慢无礼，很是气愤，也就不和他们客气，自管自地大杯喝酒，大筷吃菜，一刹那风卷残云，几盘好菜都被他吃了精光。大女婿、二女婿急了眼，两人顾不得客套，互相挤挤眼，踢踢脚，都要想个坏点子捉弄一下三女婿。

大女婿开口说：“今天为丈人祝寿，要热闹些。不要像牛一样闷着头只管大吃大喝，我们来作诗添趣吧！”

二女婿拍手附和：“对对对！作诗，作诗，作得起来的饮酒吃菜，做不起来的罚他离席！”

三女婿说：“我斗大的字识不到一石，只会打鱼，不会作什么诗。”

大女婿、二女婿听后暗地里开心，大女婿说：“这可不行，我们二人都同意，你一个人不赞成不行，现在我出题，今天要作个‘拆字诗’，就是把一个字拆开成两个一样的字。再用这两个字做出一首诗”。我先来做给你们听：“出字拆成两个山，一山煤来一山炭，煤炭本来是一色，这是煤来那是炭。”

二女婿连忙奉承：“做得好！做得好！现在我也来做一首：吕字拆成两个口，一口茶来一口酒，茶酒本来是一色，这是茶来那是酒。”

大女婿赶紧吹捧：“做得妙！做得妙！”便指着三女婿：“现在轮到你做了。”

三女婿冷笑道：“原来这就是诗，这样的诗我也能做。”于是手指二人说：“二字拆成两个一，一是龟来一是鳖。龟鳖原来是一色，这是龟来那是鳖！”

一鞭子的恩怨

19世纪，坡岭庄上有一位绰号靥碗爹的人，实名叫郑德怀，他勤劳节俭，家庭殷实，可算是富庶农户。

俗话说，三春换不到一秋忙，麻雀都要赶秋场。光绪某年秋天，靥碗爹身盖斗篷，手执牛鞭子，夜以继日地在打谷场上驾牛碾场，虽然疲惫不堪，却硬着头皮打起精神吆喝着牛儿在场上转圈不息，一心要趁着好天气将高粱、谷子从穗中碾出来，晒干扬净进仓，渴了，水也顾不上喝一口。

突然间，冒出一个年轻小伙子前来向他叫苦要饭吃，靥碗爹气不打一处来，心中火起，摘下肩上的牛鞭子，忽地对着小伙子猛抽一鞭子，骂道：好吃怕做的懒东西，年纪轻轻，想吃白大饭，就让你先吃一下鞭子，让你明白一下粒米皆从辛苦得，寸薪岂是等闲来的道理，赶快给我滚开，否则再来几鞭子，让你长长记性。仅这一鞭子就已打得小伙子皮开肉绽，就地打滚求饶，灰溜溜地走了。

若干年后，霤碗爹家中养了十几头壮猪，听说下河水乡的猪价比上河高，他就用船把猪装到溱潼猪行出售，船到后，猪行里的颜老板寒暄几句后，热情接待，吩咐将猪关进猪圈，当晚及次日都是好酒好菜招待卖猪客，就是不提过磅结账，霤碗爹心起疑惑，偌大一个猪行，难道会用好的招待骗了我的猪子钱不成。不过老板再三招呼，尽管放心，我一定会用最高价格将你的猪子收购。在热情招待玩耍三天后，老板方才吩咐过磅结账，明确用最高价格结算。此时的霤碗爹不得其解，就问颜老板为何对我如此厚待？颜老板说："您老人家是否记得你曾用牛鞭子抽打过一个年轻讨饭花子的事？你这一鞭子打的就是我，这一鞭子把我教育成人，从那以后，我就勤劳做人，发展到今天，开了猪行，如今恩人到我眼前，我表示一点报恩之举，这是理所当然的！"霤碗爹这才恍然大悟。

从那以后，他们结下了深厚友谊，也为上下河之间的生意往来，开拓了新的通渠，如下河的砖瓦、窑货、穰草，上河的山芋、萝卜、花生等相互交易。直至他们的下代人交往都很密切。

棋客

从前，陕西有个人专以下棋赌钱为业，人都称他为棋客。棋客越赌棋术越高，赌注也越下越大，赌遍了陕西各地，竟没有一个对手能赢他。后来，也就没有人敢与他对棋了。

棋客决定远游外地找人赌棋。他特地雇用了一顶四人彩轿，轿前用红布写了一条惹眼的大招子：棋战全省无敌手！从陕西出发，游赌了山西、河南、湖广、江西等地，皆无敌手，赢得金钱若干。随着游赌的进程，那轿前的招子也不断地改写成"棋战三省无敌手""棋战四省无敌手""棋战五省无敌手"……到了江苏省时，就改写成"棋战七省无敌手"了。棋客为了免得往后再麻烦，索性写成"棋战天下无敌手！"

一天早晨，棋客的彩轿进入扬州街头，不少人愤愤欲战，却又有些胆怯。在围观的人群中，有个买菜的小和尚，看了那条招贴，急忙奔回平山寺院，找到寺内住持，将棋客斗赌的情况说了一遍。住持却冷冷地说："佛门弟子，与世无争，随他去吧！"小和尚着急地说："师父有所不知，他那条招子写得太横了，我就不信他真是棋战天下无敌手。"住持听得怔住了："啊？此人竟敢如此夸口，骄者！傲者！"当即吩咐小和尚去请那棋客进寺对弈。

小和尚赶到街市上，找到棋客说了

来意。棋客坐在轿内，半睁着眼问："你那庙里有多少银两？你那当家的老和尚能输几盘哪？"小和尚气得指住棋客鼻子说："阿弥陀佛！我家师父说了，你果真是棋战天下无敌手，请进山门去杀一盘，你如果没这份胆量，就赶快扯掉这条吹牛的招子，趁早回去！"棋客也被小和尚激怒得急跺轿子，分开看热闹的人群，打轿跟着小和尚上了平山堂。

到了寺院门外，棋客下轿抬头一看，不禁大吃一惊：只见山门外贴了一幅黄纸告白：南客让车，北客让马，若逢陕西客，让车又让马。棋客转念一想：嘘！荒山古庙，寺内野僧，只不过是井蛙观天，少见世面，夸夸海口而已！于是，放胆跟着小和尚进了中殿，见过住持，相互客套一番，摆下了棋盘。棋客看看那位住持，已是老态龙钟，便怀疑地问："请问法师，你那山门外写明了'若逢陕西客，让车又让马'，此话可是玩笑？"老和尚哈哈一笑说："那是几个小徒的棋规，如果你那'棋战天下无敌手'不是戏言的话，贫僧愿意奉陪，除了你让一车一马，还再让一炮！"说着，将自己一方的一车、一马、一炮丢开，说道："请！"

棋客心里又好气又好笑："这个老和尚简直把我当成三岁顽童了，好吧，我先给点厉害他看看！"霎时间，咫尺沙场摆阵势，河道两岸杀气腾。棋客猛攻快进，步步有方，毫无半分顾虑；老和尚以守代攻，着着有道，阵脚一点不乱。一盘棋，从早晨杀到中午，未分胜负；从午时走到黄昏，不见高低，直到夜间二更以后，棋客的鼻梁上渐渐冒出了汗珠子。老和尚反守为攻，步步紧逼，直将对方的老"帅"逼进死角。棋客神情紧张、愁眉苦脸地盯住棋盘，再也不敢轻举妄动了。他痴痴呆呆地坐了个把时辰，也没想出一点办法，心里很不是滋味，借口解手，走出大殿，站在一棵老松树下对天长叹道："咳！我自从陕西出游，棋战七省、威名赫赫，自以为是天下无敌，岂料到今天竟要败在让我车、马、炮的老僧之手！当初不该把大话说绝、海口夸足，如今我还有什么脸面活在世间呢！"想到这里，他转身走到那口"天下第五泉"的井旁，想投井自尽。忽听得身后一声喊："慢！你那棋还未定胜败，却为何要寻短见？"棋客转身细看，月光下站着一位长眉银须的寿星老儿。寿星说道："刚才我站在窗口看了你的棋，你若是再出一步当头卒，这盘棋不就有救了？"棋客听了，连连称是："多谢仙翁指点，若是救活我的棋，我当对天相谢仙翁救命之恩！"一边说，一边对老人拜了三拜，转身回殿，老和尚正在等他。棋客毫不思索，举手将当头小卒推进了一步。老和尚心头一怔问道："这步棋不是客官你自己想出来的吧？"棋客被问得面红耳赤，低头不语。老和尚一推棋盘，宽宏大量地说："好吧，这盘棋就算和棋吧！"

原来，那位老寿星正是寺内的长老，

他已经在窗外观战多时。看到棋客将败，为了救棋客一命，才赶到外面救了棋客这一着。当棋客推出当头卒时，住持就猜出这是长老暗中指点，只好将棋停战，不敢再逼人太甚。

当天夜里，那位棋客丢轿弃物，单身一人，悄悄地溜出扬州，回陕西去了。

抢老子

有个老头儿，天天出去拾屎。一天早上，他在路边看见一个包袱掉在地上，他喊又喊不到人。便坐在那儿等。不一刻，来了个骑马的人，问老人可曾看到包袱，老人问他是什么样的包袱。骑马人说出了样子，老人就把包袱交给那人，那人打开包袱说："这钱，我分一半给你。"老人不要，骑马人走了。

老人的儿媳知道了，骂他呆，还把他赶出门去。无法，老人来到一个种园田的光棍那儿，光棍说："你就帮我看门口吧！"

光棍天天出外卖菜，都带很多食品给他吃，老人过意不去，便趁光棍卖菜时，拿起铁锹帮他挖土，一挖挖了个金缸。光棍回来见了，高兴得很，便用金钱造了一座房子。二人生活很适意。

一天，老人到街上茶馆吃茶，那乡下的儿子知他发了财，喊他，他不理，儿子便派人来抢他，光棍知道了，哪里肯让他走，也来拉老人，恰巧，那骑马人也来了，问起起因，便把老人抱上马，骑着跑了。

聪明摆渡的娘子

旧时，泰州城东有一条直通姜堰的老官河，中途有一处葛港渡口，是南北通行的重要所在。

一天，来了三个陌生人过河。他们见到摆渡的是个漂亮小娘子，有意刁难，存心不良。一个走在前面的大个儿说："呔！你把船靠到岸边来！"摆渡的女人就把船撑到岸边，单看你们怎么样？三个人蹲在船头上，动也不动，故意让船搁浅。久经风霜的摆渡娘子知道他们要无赖，毫不犹豫地跨上了岸，用篙子一顶，船顿时离开岸边好远，她一个箭步穿梭如燕子似的，跳上了船。三个过河人大吃一惊，认为这摆渡的娘子是水上的女英雄，不敢轻视。船走开了，摆渡娘子："问三位尊姓？"他们还想刁难摆渡的女人，用谜回答，一个说"够不到"，一个回"十八子"，一个回"耳边东"。摆渡的女人不假思索地说："你们三位原来是'高、李、陈'先生"。三个过渡人真心佩服摆渡女人聪明，转而请教大姐贵姓。她一听也用谜回答说："我问高先生借个头，问李先生借只脚，问陈先生借个耳朵挂旁角。"三个人一听吓得汗珠儿冒，高先生捧住头，陈先生摸耳朵，李先生跪在船上喊求饶："怕只怕今天我们三个人性命都难保。"

摆渡的娘子一见真可笑，她说："你们都是大草包，一点知识也没有，满瓶不动半瓶摇。下次出门对人要有礼貌，我这摆渡的'郭'大娘远近闻名，哪个不知道！"

"酒、色、财、气"

从前，泰州东南乡梁徐域内有个穷书生名叫李宏，他的才华出众。上京赶考，三科未中。闲居在家，或饭前歌赋，或酒后狂吟。

一日到秋江亭游览，见墙壁上留有《西江月》词一首，说的是酒色财气的短处：

酒是烧身硝烟，色为割肉钢刀。
财多遭忌损人命，气乃无烟火苗。
四件将来合就，它的害处不少。
劝君莫恋最为高，才是修身正道。

书生一看，认为酒色财气不可缺少，没有酒失去了应享的宴会，没有色绝灭子孙后代，没有财啥事也不好办，没争气简直是忠臣奸佞不分。他提笔也在墙壁上写了一首：

三杯能和万事，一醉善解千愁。
阴阳和顺喜相求，孤寡须知绝后。
财是润家之宝，气为造命根由。
助人为乐反成仇，此论多么差谬。

他写罢感到精神疲倦，入座休息，打起瞌睡来了，忽然满室异香，在朦胧中只见四女，一穿黄，一穿绿，一穿白，一穿黑，由外而入，排列在李的面前。李宏问："尔等何人，为何到此？"四女答："我等是仙女遍游人间，昨日有诗人在此辱骂我们，今蒙先生为我等解释前行，特此前来当面叩谢。"李宏一听："请各通姓名？"

黄衣女说："杜康造下万家春。"

红衣女说："一面红装爱煞人。"

白衣女说："生死穷富都属我。"

黑衣女说："氤氲世界满乾坤。"

李一听她们是代表酒色财气很好，也有诗赞赏："香甜美味酒为光，女貌芳年色更妍。财积千箱称富贵，善调五气是真仙。"

四女感激万分说："既蒙先生为我们解释前程，复蒙夸奖，我等感恩不尽。愿先生在我们四女中选一无过之人，奉陪枕席，少效情怀。"李一听："不可，不可。小生立志攀月中丹桂，无心恋野外闲花。"四女一听："先生此言差矣，汉司马相如文章魁斗，唐李卫公开国元勋。他俩一聘文君，一纳红拂，今日良缘，错过难得，望先生三思。"李宏一听："有理，但不知哪一位仙姐是无过之人，小生情愿相留。"

黄衣女道："妾乃无过之人，愿为先生执箕帚耳。有词为证：

善助英雄壮胆，能添锦绣诗章。
神仙造下解愁方，雪月风花玩赏。
好色能生疾病，贪杯意志坚强。
人仙醉倒紫云乡，不羡公侯将相。"

李一听，心满意足，正要上前挽留，只见红衣女怒斥道："你这贱婢，隐瞒自己，来谈人的短处，为啥说好色能生疾病，先生休听她的巧言，她的过错我有诗为证：

少帝丧身因酒毒，江边李白捐其躯。

劝君莫饮无情酒，醉后教人心意迷。"

李一听醒悟，他说："少帝是汉灵帝之子，何后娘娘养的叫刘群，还有王美人养的陈留王比少帝小五岁，董卓进京废长立幼，用鸩酒害死少帝，立陈留王为献帝。对！古人亡国捐躯皆酒之过也。小生不敢相留。"红衣女道："我实在无过之女，情感侍奉先生左右，有词为证：

每羡鸳鸯交颈，又看连理枝开。

深知花鸟动情怀，岂可人无欢爱。

君子好逑淑女，佳人贪恋多才。

红缨帐里两和谐，一刻千金难买。"

李高兴极了，亲自向前挽留，谁知最后一刻千金难买恼怒了白衣女，喝道："你这贱人，难道我不知你吗？你的缺点可大呢？有诗为证：

尾生桥下水涓涓，吴王西施事可怜。

贪恋花枝终有害，好姻缘变恶姻缘。"

李一回想不错："尾生丧命，胡差止国，皆由于好色，请去勿留。"

白衣女说："小女无过之人，有词作证：掌握三才权柄，荣华富贵从生。

纵教好善圣贤心，空手难施德行。

有我人皆钦敬，无我到处受轻。

休因闲气斗和争，问我须知有命。"

李一听："好！如有你撑腰，我取科第如反掌耳。请仙姐留下。"

谁知黑衣女听到"休因闲气斗和争"，气愤地说："人没有气还能活着吗？真是一派胡言，你的错误我揭发，有诗为证：

有钱有势虽英雄，命若无时枉弗功。

昔日石崇因富死，铜山不助邓通穷。"

李点头："有道理，石崇是西晋的大臣，他与皇上比富而丧命，邓通是西汉文帝的上大夫，因功劳大，皇上赐他铜山文帝死后免去官职，铜山收回最后饿死。李亦不敢相留。"

黑衣女说："先生，只有我一人是无过之女，有词为证：

自从混沌开辟，阴阳二字成功。

含为亢气败为风，万物得知萌动。

人有身躯七尺，喉间三寸流通。

财和酒色尽脓包，无我谁能享用。"

李决定收留黑衣女。只见酒色财三女上前骂道："大胆的贱人，竟敢说我们都是脓包，你的罪过可大哩。有诗为证：

霸王自刎在乌江，有智周郎命不长。

多少阵前英雄将，皆因争气把命丧。"

李一听："你们四女都有过，一概不

留。”这时四女互相埋怨这个说：“先生爱我，你偏争气。”那个说：“先生爱我，你又嫉妒。”互相争吵打起来了。

只打得酒女乌云乱，色女宝髻歪，财女捶胸叫，气女倒尘埃。一个个蓬头散发遮粉面，不整金莲撒娇鞋。

李回想，他们四女殴斗，也不过为我一人耳。不免向前劝解才是，气女一把扯住李的衣襟，李猛然惊醒，不见四女踪迹。提起笔在墙上正式地写了四句：

“饮酒不醉才为高，好色不乱乃英豪。

无义之财君莫取，忍气让人祸自消。”

假皇帝

从前，泰州东南乡梁徐有个唱戏的，在戏台上演过皇帝，可唱了三年戏，也没大出息。他知道皇帝要到苏州行香，就赶在皇帝之前行骗。

他穿着演戏用的龙袍到了苏州府，苏州府的官员迎接，摆酒，一连三四天吃喝玩乐。可他进门出门的时候，都要把头侧过来，知府老爷旁边的司仪觉得奇怪：“演戏时，皇帝出台生怕刮掉龙冠，才侧过头，他怕是个假皇帝。”但是，又怕惹怒皇帝是要砍头的，谁敢说他是假皇帝呐？

知府老爷不敢明问，便对假皇帝说：“陛下请赐一个‘忍’字！”

假皇帝说：“你怕我是假皇帝，要我写个字看看。”知府老爷连忙跪下：“不敢！”

假皇帝说：“拿文房四宝来！”

于是，有人捧来文房四宝。假皇帝挥笔先写了上部，刀字加上一点，出手确实不凡，他正欲写上“心”字，旁边的司仪说：“皇上，你是来行香的，不是赐字的！”

假皇帝也怕这“忍”字写出来，露了底，于是，把笔一甩：“对，不写了！”

知府大人连忙让人给假皇帝一箱金银，打发他走了。

知人知面不知心

有个卖糖的，住在和尚庙里，说定一年八块钱，一连住了八年，把六十四块钱交给老和尚：“我回家了。”

和尚说：“还来吗？”

卖糖的说：“家里好就不来……”

走后不久，卖糖的又转回头，和尚忙问：“你怎么又回头了？”卖糖的说：“你庙上有片树叶掉在我的袋里，这是庙里的公产，我不能要，特地送来的。”

和尚一见，心里高兴，这个人这么忠良，连一片树叶都不要，便说：“卖糖的，你就不要回家吧，在我庙中看大门。”并把庙中的钥匙全交给他。

他得到钥匙后，趁和尚外出做佛事，把大师傅的房门打开，把金银全装进袋内，用扁担挑着走了。

和尚回来一看，不好，庙里的财产全被偷了。就叹道："树叶一片他不要，见了金银一担挑。真是知人知面不知心啊！"

走时郎中

有个郎中，没有药本，眼看过年了，还没有钱过年，妻说：你也出去走走啥，弄几个钱回来过年。郎中说：瓶里一粒药也没得呀，到哪儿走？妻说，你不出去走动更没得药啊。郎中无法，就用小车耳上的泥搓了三个丸儿放到瓶子里，推着车子出去了。

再说有个斋佣（富户）的媳妇，三岁的孩子夜里尿床，眼看过了年，她怕把新被单尿脏，就用麻丝把孩子的小鸡鸡扎了起来。第二天，孩子屙不出尿来，哭闹不止，一家人急得团团转，连忙请先生，可就是治不好。正巧，郎中到这儿，敲起大锣，斋佣连忙叫人请他来，他看了看孩子，心中有数了，就叫家里人拿来一只大桶，挑一担河水一担井水，然后将孩子衣裳脱了把孩子放入桶内，孩子冻得直哭，他拿出一只泥丸给孩子吃了，不一刻，孩子的小鸡鸡也冻得缩上去了，郎中暗暗把麻丝一抹，孩子屙了一泡尿，便上铺睡觉了。

斋佣感谢郎中，给了他二斗米，还请他吃了一顿酒，临走时，斋佣说："你那丸药真灵，叫何名啊？"郎中说："这药叫'千里滚盘砂'。"斋佣说："把这药卖给我吧！"郎中说："仅剩二粒，要一担米呢！"斋佣说："一担米就一担米。"

郎中把米堆上小车子，高高兴兴推回来，过了个快活年。

白肚县官

从前，有个县官一字不识。他怎得做官的呢？因为他有钱，拿钱买了个七品芝麻官。有一次，省台大人下来视察民情，把这个县官叫来问道："请问，你县黎情怎样？"答道："大人，本县这几年梨子减产，桃子倒是丰收。""哎，我是问你小民？""大人，我小名叫狗子，我家父亲给我取的。""哈哈，真是个白肚子！""大人，我肚子不白，我家老婆才是白肚子呢。"省台大人怒道："废料，滚下去！"

名联佳句千古绝

清代，通州有姜、黄两公子，结伴乘船赴京赶考，一路上他们尽情地欣赏着两岸风光美景，时而引吭高歌，时而吟诗作对。一日途经白米，岸边有一只大白公鸡引颈啼叫，姜公子有感而发，随口吟出"白米白鸡啼白昼"的上联，随后二人苦思冥想也不对不出下联，只得闷闷不乐坐在船舱中。傍晚船行至梁徐黄村地界，落日的余晖如血似火，将河水染得通红，远处薄雾如纱，炊烟袅袅，渔歌互答。忽闻两只黄狗在狂吠，二人听到叫声走出船舱。黄公子见景生情，随即脱口而出："黄村黄犬吠黄昏。"姜公子一听连说："千古绝对！千古绝对！"后来二人赴京，双双高中。二人衣锦还乡，重游白米、黄村，向人们讲述这副对联的原委，众人无不称赞。从此，这一千古名联在姜堰乃至全国，传诵至今。

武艺高强的张九爹

清朝年间，梁徐油坊头有个武艺高强的人，姓张排行老九，人们习惯称他为张九爹。张九爹是油坊头一带的富户，家有田地600多亩，开有糟坊、粉坊，可算得是富甲一方。太湖的强盗听说后，欲来比武劫财。这一天午后，一伙强盗蜂拥而至，将张府团团围住。此时张九爹正在老通扬运河北岸的村庄采办油坊原料，家人无奈，一边紧闭大门，以巨石支撑，一边鸣锣示警。张九爹听到锣声，知道家中出事，急忙赶到河边，可惜风大浪急，渡船又在南岸，无法可渡。张九爹急中生智，见河中停泊一条商船，于是一个踮步，窜到船桅上，高叫一声："对不起，借一步。"又一个踮步，跳到南岸，紧接着一阵短跑，跃上自家房顶高声喊道："有种的就上来。"强盗头领铜头阿三见之，飞奔上屋，二人在屋顶上你来我往，争斗数十回后，难分胜负。铜头阿三决定使用绝招——铜头击鼓，他趁张九爹不备，弯腰用头直向张九爹腹部冲来，张九爹也不闪让，将肚皮一收，凝聚真气，铜头阿三的头深深陷进张九爹的腹中，进不得又出不来，牢牢地被铆住了。少顷，张九爹肚皮一挺，将铜头阿三反弹出去，铜头阿三从屋顶跌落在三丈开外的地面上，满头青紫，翻着白眼，吐着带血的沫，其他强盗一见，魂飞魄散，立即一个个跪地求饶。张九爹由此名声大噪。

民谣童谣

民谣

六网十八撑，
推起来直是哼。
头伸多长，
脚蹬个塘。
车子一隑，
浑身是债。

注：此谣流传于梁徐乡曹黄庄一带。它描绘了中华人民共和国成立前农民推独轮车挣钱、受苦受累的情景。

智沙桥，狠严庄，
忠厚不过坡岭上。

注：沙（梓）桥隶属张甸镇，严家庄、坡岭属梁徐乡。谣谚说的是三个庄上人的一般性情。

铜江村、铁时庄，
打不进的九子市、小东庄。

注：民国初年，江村、时庄的钱氏地主建立民团，势力很强，与官府勾结，横行乡里，鱼肉人民，公开与共产党赤卫队为敌，吹嘘为“铜打的江村、铁浇的时庄”，反动到底。

脂油爆炒梁徐庄，
梳头打扮移兴庄，
拾粮拾草蒋家庄。
曹王庄，三条巷，
半升糁儿借通庄。

注：这首歌谣流传于梁徐乡一带，反映了这里几个村庄的特点。蒋家庄、曹王庄穷人多，富户极少；梁徐庄是陆姓地主的巢穴，过着奢靡的生活；移兴庄在外地做工的人多，讲究打扮。

养猪不赚钱，
回头看看田。
种田不养猪，
秀才不读书。

注：这首谣谚流传于姜堰南乡。农民重视养猪，他们有经验，一头猪等于一座“小化肥厂”，猪粪垩田有机质含量多，长

效、发谷，土壤不板结。

地下泉水流不尽，
社里劳力用不尽，
土地潜力挖不尽，
地产粮食吃不尽，
党的恩情说不尽，
高兴的歌儿唱不尽。

注：这首民谣产生于姜堰南乡，曾载入作家出版社1958年版《跃进新民歌·红旗插在人心里》。

过去种田种到老，
粯饭糁粥吃不饱，
现在社里栽了秧，
人吃米饭牛吃草。

注：这是1956年梁徐老农钱荣官编出来的一支歌。梁徐一带，从前都是旱田，农民吃米很不容易，每年越冬，连牛草都得到下河去买。农业合作化后，实行旱改水，从此人有米吃，牛有草吃了。

土地成片田成方，
荒滩变成米粮仓。
灌溉全面电机化，
工厂日夜隆隆响。
猪满圈来羊满栏，
绿树成荫鱼满塘。
房屋一幢幢，
电杆一行行。
家家广播响，
户户电灯亮。
老人欣喜度晚年，
小孩欢跳上学堂。
政治夜校队队办，
读书读报声琅琅。

注：20世纪60年代后期，泰县农村平田整地，兴修水利，农业丰收，农民生活水平提高，高兴地唱出了自己的心里话。

沙土稻花香，
水利增产粮，
穷庄变富庄，
多亏共产党。

注：这首歌谣产生于1965年，是姜堰南乡农民对旱改水的颂扬。姜堰南乡高沙土地区，原来水利不兴，只种旱谷，不长水稻。中华人民共和国成立后，地方政府领导农民兴修农田水利，1949年至1965年，单这方面所做的土方工程，就有2934万立方米，水利促进了农业增产，大部分农田实行稻麦轮作，旱涝保收。

家有余粮，
钱存银行，
住了瓦房，
用上高档。
一个姑娘，
何必再忙。

注：这段歌谣反映党的十一届三中全会以后，农村推行了联产承包责任制。

农、副、工三个轮子一齐转，经济发展，农民收入增加，生活改善，无不欢欣鼓舞。但是实行计划生育，一些有女无男户，又觉得自己“缺后”，不想再忙碌了。

穷东一，变了样，
队队都有储备粮，
猪牛养得肥又壮，
社员快乐喜洋洋。

注：东一，是王石公社的一个生产大队，三年困难时期以后，落实党的各项政策，农业生产得到恢复，出现了新气象，农民高兴地唱出了这支歌谣。

旧社会：新三年，旧三年，
缝缝补补又三年。
新社会：新一件，旧一件，
洗一件，换一件。

注：抄自1957年县委宣传部编印的传单。通过穿衣问题，说明新旧社会两重天。

过去：住房猪窠大，
吃的豆腐渣，
穿的破棉花，
虱子成把抓。
现在：农民当了家，
钞票舍得花，
穿的卡其布，
骑的脚踏车。

注：这是20世纪50年代泰县三干会上开展新旧对比教育时传诵的歌谣。“车”，土音cā。

吃饭讲营养，
穿衣讲漂亮，
住房讲宽敞，
出行讲便当，
太平盛世寿命长。

注：这段歌谣流行在坡岭一带，进入21世纪后，人们生活水平不断提高，在吃、穿、住、行方面有了更高的要求，人们的寿命越来越长。

刮锅刮锅，
阿嫂阿哥。
阿嫂阿哥，
麦黄草枯。
阿嫂阿哥，
割麦插禾。
刮锅刮锅，
人少鬼多。

注：这首歌谣流传于泰县广大农村。布谷鸟，农民俗称为“刮锅雀儿”或“麦锅雀儿”。每年谷雨前后，布谷鸟日夜啼叫，催收催种。农民谐其鸣叫声，释其义，谱出了三节歌谣，首按原意“刮锅”开头，闻之熟悉亲切，不生疏，遂呼喊阿嫂阿哥，提醒农时抓紧备耕，继而催做农活。在战争年代，日伪军、反动派，常趁收获季节，下乡抢粮。于是，农民又增补了第四节歌谣，一面借鸟语，咒骂敌人，一面以此相互提

醒，当心敌人来抢粮，似乎成了一种护粮暗号。

地主家有万担粮，
穷人无米愁断肠。
地主逍遥住瓦房，
穷人种田蹲破房，
年年劳累无所得，
卖儿卖女去逃荒。

注：此歌谣流传于梁徐一带。中华人民共和国成立前，在地主的残酷剥削下，农民生活异常痛苦。

坡岭庄，坡岭庄，
十年就有九年荒。
地主富农来逼债，
拖儿带女去逃荒。

注：坡岭庄即梁徐街道坡岭社区。

坏十七上住乌鸦，
春风吹吹结盐花，
秋风吹吹开芦花，
哪年哪月长庄稼？

注：“坏十七”是原王石乡新生村的一块耕地名称。这块地是盐碱土，荒芜多年，长草不长粮。1975年突击开荒，开沟爽碱，当年水稻收到四百八十斤一亩，1978年单产千斤出外，1979年小麦单产五百多斤。

砂礓田，水汪汪，
高垛田，沙土扬，
十年就有九年荒，
一年到头喝菜汤。

注：这首歌谣在梁徐乡蒋家庄一带流传。这里土质很差，加上水利不兴，农业生产水平很低。直至20世纪70年代以后才改变了面貌。

官垛东荡，
年年缺粮，
要得翻身，
如鳖爬缸。

东官荡，穷地方。
土沙花碱不长粮。

注：东官荡，即东官社区。这里土质沙、碱严重，粮食产量低。20世纪60年代开展农业学大寨运动以后，兴修农田水利，治沙治碱，生产水平逐年提高。

拾粮拾草蒋家庄，
讨饭拉棒赵戴汪。

注：蒋家庄、赵戴汪，为梁徐乡的两个自然村庄。

爬桥爬桥，
十家九“跑”，
幸有不“跑”，
薄产全了。

注：爬桥，是梁徐乡的一座小村庄，中华人民共和国成立前是贫雇农聚居的地

方。“跑”是当地人讨饭的代词。

铺跟人走，
家住鞋上。
草鞋一双，
三十里天亮。
草屋五架梁，
满顶是天窗。
晴天还好过，
下雨漏成汪。
下雪难招架，
刮风如筛糠。

注：这首歌谣流传于汤野，诉尽了中华人民共和国成立前农民无住房、住破房的苦衷。

汤起早，
陈半夜，
王家舍不分寒和夏。

注：这首谣谚，反映中华人民共和国成立前汤野附近3个村农民辛勤劳动的特点。

天下农民是一家，
不分什么你我他，
封建势力都打垮，
分得土地回老家。

注：这是1946年“五·四”土改时期，流传在泰县农村的一首歌谣。

贫农胆最大，
地主怕归家，
中农两头说好话。

注：这是反映第三次国内革命战争时期，梁徐一带根据地贫农、中农、地主的心理状态的歌谣。贫农敢于和国民党斗争，中农向国共两方面说好话，保命保财产，地主逃亡不敢回家，怕斗怕杀。

日出东方一点红，
人民救星毛泽东。
早晚巴到共产党，
蒋家匪帮要送终。

注：这首歌谣产生于1948年。歌谣反映了国民党统治区群众迫切盼望解放的心情。

前官的桥，
西官的窑，
李野的货郎满地跑。

注：这是反映原王石乡前官、西官、李野3个村在中华人民共和国成立前人们为了生计而从事的几种职业。

东庄刷硝，
西庄抬轿，
洪家舍的糖担遍地跑。

注：这是反映原王石乡林家荡一带农民在中华人民共和国成立前为了生计而从事的几种职业。

童谣

萤火虫，亮亮红，
到晚来，满天空，
飞到西来飞到东。
拿扇子，去扑虫，
放在一个葫芦中，
好像新灯笼。

注：这首捉萤火虫的童谣原载《泰县乡土教材》。

小孩儿，不要闹，
莫睡迟，要起早，
穿衣服，不要好，
孝父母，敬兄嫂，
上书房，要学好，
不去玩，不要吵。

注：这首儿歌是勉励小孩学好的，原载《泰县乡土教材》。

太阳一出一点红，
哥哥骑马我骑龙，
哥哥骑马上山去，
我骑蛟龙上海东。

注：这首描写儿童骑竹马的歌谣原载《泰县乡土教材》。

金太阳，普天照，
共产党真公道，
买卖生意一道税，
苛捐杂税都取消。

注：这首儿童歌谣原载《泰县乡土教材》。

方言俗语

方言

（一）

波罗盖儿——膝盖

扒屎郎——屎壳郎

板油——脂油

包心——馅儿

绷簧——弹簧

扁螂——臭虫

嗒嗒儿、搭煞儿——拖鞋

短膀儿——短袖衫

釜冠——锅盖

火荧虫儿——荧火虫

继花——鳜鱼

夹档——空隙

扛落——篮子

癞宝——蛤蟆

马子——马桶

茅缸——粪坑

爬爬凳儿——小矮凳子

捧盘——托盘

水跳码儿——水码头

酸粥——菜粥

田鸡——青蛙

土地狗儿——蝼蛄，也喻指内奸

瓦爿——破碎的瓦片

河歪儿——河蚌

晚老子——继父

粯儿饭——大麦、元麦等加工成颗粒煮的饭

小车子——独轮车

扬灰——风化后的石灰

月粉——糯米粉

蚱螂——螳螂

长马儿——留着产仔的小母猪

壮猪——可以宰杀的猪

（二）

板摇不动——坚固

半边人——丧偶者

蹩脚——倒霉，不高明

不爱好——不干净，不讲究

不丑——好，不难看

不服赌——不服输

不识好——不知好歹

不是省油灯——喻为不好对付的人

不作数——不算数、不一定

不作兴——不应该

出门——女孩出嫁

促气——经营不正常，动物临死前呼吸不畅

呆局——好运

倒眼毛——倒霉

的的剥剥——千真万确

丢点儿——开始下雨

赌东东——打赌

发劲——使劲

发橛子——发脾气

发禄——长得快

分门透气——大功告成

粉皮儿娇嫩——皮肤又白又嫩

扶手摸脚的——帮助做点小事

嘎固——固执

该派——应该

告作——浪费、作耗

各是——其他

估估作作——大约，大概

古当先——古时候，过去，从前

古年八代——很久以前

瓜瓜儿亲——远房亲戚

官腔别调的——装腔作势

惯宝儿——一般指只有一个子女，稀少而受到宠爱

锅皮锈——害羞，不大方

哈儿糊——做事马虎

害火眼儿——知道的事装不知道，民间称为行阴

忽批料——脾气、习惯较坏的人

虎狼神——气势汹汹

惶不起——不好推脱

惶气巴巴——不好意思

惶腔——没趣，惶恐

幌子三——什么也没有

灰毛鼠浪——不鲜艳

夹巷儿——小巷子

结棍——厉害

嚼蛆——胡说

看稀脚影儿——看稀奇

磕强——相互之间经常斗气

老憨皮——形容行动缓慢遇事不急的人

两秋呃昃——两边拉平

罗印——指纹

落厘头——得到点儿好处

落头落脸——不顾情面

麻木神儿——做事不计后果

麻难头——难题

马溜子——好动，坐不住，不稳重

马马儿腔——女儿腔、娘娘腔

蛮搞草——不讲理的人

冒顶——一群牲畜中最大的一个

没搭煞——没出息

没得影子——瞎说，无根据

没局气——没有运气

没手抓痒——无从下手

没说相——没关系，没得事

没嘴没面——不善言表之人

闷汤阴儿——不热不冷的水

猛一充——突然

泥斑儿——鲇鱼

旁拐儿——主题以外的事

起天色——天要下雨

强如——作为

抢手夺脚的——抢着做事

热炀炀——热乎乎

人着公评——理由大家评

肉身不安的——心神不定

上了吊吊港儿——事情办不成，到了绝路

勺拐——不正经

耍子——玩

死无滥用——没本领之人

塌化——简单；把大事化了

叹性——丧失信心

讨巧——占便宜

哇招——招供，口头保证

乌八代——不负责任的人

息胎——死胎

虾儿勃跳——待人、做事很热情

杨树头——性格刚直的人

一二当之——不慌不忙

约莫作儿——大体上，大概

吱巴乃嘴——笑嘻嘻

捉野雀——找外快

作拱——故意捣蛋

作耗——浪费

做格局、做格式——装样子

做蜡烛事——做糊涂事

俗语

日常生活类

矮子里面选将军

八八钱儿八八货，八八生意八八做

八败命不怕死来做

把戏人人会做，各有巧妙不同

白鸽子拣亮处飞

饱汉不知饿汉饥，责怪饿汉没力气

比上不足，比下有余

便宜没好货，好货不便宜

不懂装懂，一世饭桶

不怕不识货，就怕货比货

不要屙金屙银，只要见眼生勤

朝中无人莫做官，锅上无人莫去端

趁火接犁头

秤砣虽小压千斤

吃不穷，穿不穷，算盘不到一世穷

吃酒论弟兄，买卖讲分毫

吃嘞柿子吃不得蟹

穿钉鞋，带拐棒

从南京到北京，买的没得卖的精

从小一看，到老一半

打不到粮食一熟，娶不到老婆一世

打到驴子磨子转

打也来，骂也来，蚀本的交易不能来

胆大漂洋过海，胆小寸步难行

到什的山，砍什的柴，到什的日子把命挨

冬吃萝卜夏吃姜，不要医生开药方

对面说话，心隔千里

儿孙自有儿孙福，不替儿孙担忧愁

分钱要省，万钱要用
好花有人栽，好果有人摘
荒年饿不死手艺人
黄牛力大上岸，水牛力大下河
黄鼠狼专拣病鸭儿咬
货比三家不吃亏
家里不烧火，外头不冒烟
家有贤妻，夫不遭横事
家贼难防，偷到屋梁
家中有一金，不如有一老
节约好比燕衔泥，浪费好比河决堤
进了哪家门，就像哪家人
酒肉朋友，患难夫妻
快马没好步，慢工出细活。
腊月的黄土贵三分
癞宝要命蛇要饱
冷是风冷，穷是债穷
麻布袋，草布袋，一代管一代
麻雀虽小，五脏俱全
马戏人人会做，各有巧妙不同
买不尽的便宜，吃不尽的亏
买鸡儿找不到卖鸡儿的
满床儿女，不及半床夫妻
没得个三分三，不上花果山
媒人不担担，保人不还钱
宁吃锅头饭，不说过头话
千好不如一中
墙打万丈之高，挡得不来之人
亲不过已，已不过嫡
穷出来的主意，饿出来的病
取到经来唐僧的，惹到祸来行者当
人无十全，瓜无滚圆
人在人情在，人走两隔开
三分吃药，七分调理
烧虾儿等不得红
十个指头有长短，林中树木有高低
说嘴的郎中没好药
天作有雨，人作有祸
田鸡跳出去，癞宝爬进来
小洞儿不补，大洞儿吃苦
心慌吃不得热粥，走马看不得三国
新娘进了房，媒人撂过墙
学问学问，靠学靠问
眼睛一眨，母鸡变雄鸭
要吃龙肉自下海
要得好，祖上好
一顿省一把，三年买匹马
一家有一主，一庙有一神
有钱难买二八月，黄金难买少年时
有钱难买老来瘦
好天防阴天，丰年防荒年
有事有人，无事无人
远路没轻担
在家千日好，出门时时难
早起山光，晚起山荒
只有错买，没有错卖
只有复理，没得复打
忠厚人有人欺，忠厚马有人骑
嘴强占半边

农事类

处暑萝卜，白露菜

春打五九尾，庄稼下厄水
春打六九头，来年不用愁
春耕深一寸，顶上一遍粪
春雾吊百虫，春雨贵如油
寸麦不怕尺雨，尺麦就怕寸雨
打过春，赤脚奔，挑野菜，拔茅针
大暑以前小暑后，两暑当中种绿豆
到了小满大麦黄，芒种养蚕又插秧
稻上场，麦进仓，黄豆挑在肩头上
稻莠螺蛳麦莠蚌
稻莠毛毛雨，麦莠稚稚风
冬雪药百虫，春雪调百虫
二月清明早下秧，三月清明不着慌
干芝麻，水绿豆
谷雨两边豆
过了三月三，鸡蛋鸭蛋好当饭
黄秧搁一搁，到老不发着
惊蛰闻雷五谷丰，春分见雨病人稀
九九杨花开，活计全出来
雷打菊花心，米粮贵如金
立冬膛晚麦，小雪止犁钯
立秋前头种荞麦
立夏三天割菜籽，立夏十天麦焦黄
六月不热，五谷不结
麦莠西南风，就怕要送终
芒种芒种，样样要种
芒种往后无昼夜，男女老少不离田
七葱八蒜——七月栽葱，八月下蒜
七月枣儿八月梨，九月柿子红了皮
清明到，麦叫叫
清明麻，谷雨花

清明前后，栽瓜种豆
清明湿种，谷雨下秧
清明杨柳朝北拜，一年能还十年债
秋旱出黄金
三春换不到一秋
三耕四耖，不垩长稻
夏至不踏车，冬至不坐夜
一寸桃花（雨）一寸金，一寸谢花（雨）一寸银，三寸谢花（雨）送了命
有收无收在于种，收多收少在于管
雨水麦怀胎，立夏麦吐芒，小满麦穗齐，芒种麦上场
栽树不如栽竹，栽竹不如种谷
种麦不开沟，来年难丰收
种麦拾稻根，害虫无处生

气象类

北闪不过三朝雨，南闪一打热煞人
不怕初一下，只怕初二阴，初三下雨天不晴
初一满天红，初二、初三戴斗篷
春寒定有雨，夏寒井底干
春雾一朝天，夏雾晴半天
东北风看雨雪，西南风看日月
东闪太阳西闪风，南闪有风北闪空，中间霍闪有凉风
风不过西，过西连夜吼
缸出汗，地面潮，咸菜滴卤有雨到
蛤蟆叫，大雨到
黄豆起鼓，热煞老虎
鸡鸭早上窝，有雨也不多

九九南风都不怕，送九南风旱一夏
九月南风一天半，十月的南风等不到暗
久晴西风雨，久雨西风晴
雷是闷声有大雨，炸雷过后天放晴
蚂蟥浮水面，不久天要变
蚂蚁拦路天转阴，蜜蜂出窝天放晴
猫狗啃青，雨在近两天
蠓虫扑脸，有雨不远
南风吹到底，北风来还礼
七月神鬼天，牛背湿半边
清明要明（晴天），谷雨要雨（下雨）
秋天无雨北风多，刮到南风是雨窝
日落西山一点红，半夜起来搭凉棚
三天南风刮到晚，睡觉不用盖被单
三月三，冻得眼睛翻
蛇拦路，雨临头
时天西风，打水的吊桶
数九的天，御史的脸，说变就变
霜加东风一日晴
霜加南风连夜雨
水底泛青苔，必有大雨来
四月八，大风刮，十条沟，九条挖
太阳落到底，明日没得雨
太阳起早现一现，两三天内难见面
天上鲤鱼斑，晒谷不用翻
晚上烧霞，热得咔咔
五月南风当天雨，六月南风旱到底
小暑不见日头，大暑晒破石头
烟囱里烟不上天，明天笃定是阴天
雨落梅头，烂掉犁扣
早上烧霞，等水烧茶
重阳无雨望十三，十三无雨冬天干

歇后语

裹脚布洗脸——没上没下
被单做席子——反来
程咬金卖箬把——搭不得纲（钢）
崇四做官——没处到任
床底下养仙鹤——抬不起头来
大门上的春联——一对红
大拇指掏耳朵——巴求不得
刀豆角儿下面——清汤寡水
道士吃狗肉——块块好
道士的帽子——糟（招）掉了
灯草拐杖——做不得主
电灯点火——其实不然（燃）
二百钱开当铺——翻不过头来
二姑娘棉袄——里外难（蓝）
斧头掉在锅角上——着（斫）躁（灶）
斧子掉进麦田里——着（斫）忙（芒）
耕田不带鞭子——要（吆）喝
瓜叶子枯掉呃——疼（藤）死了
锅子上的抹布——专门揩油
锅膛里的火叉——一头热
过了午时卖雄黄——迟了
过年娶媳妇——双喜临门
合个单子吃药——害一样的病
黄连树上挂猪胆——苦上加苦
黄鼠狼看鸡——越看越稀
夹巷里跑马——难回头
江边上的蚊子——吃客

叫花子搬家——一无所有
轿子里翻跟头——不识抬举
九曲桥上拖毛竹——拐弯抹角
韭菜炖蛋——算冲(葱)
酒端子量米——身子(升子)有病(柄)
腊子头上伸筷子——沾光
癞宝坐在等盘里——私称私贵
癞宝垫床脚——硬撑
癞子做和尚——现成的头脑
老和尚念经——有口无心
老母猪耕田——嘴凶
老母猪进考场——哪一家的人马
老鼠关在灯笼里——吃粥(烛)
老鼠衔飘掀——大头在后头
老鼠钻进书箱里——吃本儿
老丝瓜子——浑身精(经)
两个哑巴睡一头——没得话说
六月的脂油——熬不住
楼房旁边搭鸡窝——比出高低
卖窑货的跌跟头——没得一个好东西
茅山的土地——照远不照近
帽子没沿儿——顶好
美女照镜子——里外都好看
磨坊死骡子——歇作
木匠拉锯——有一来,有一去
泥块瘩儿长胡子——土佬儿
泥鳅游水——摇头摆尾
娘儿两个抬了个蠓虫儿——大小是个交易
牛皮纸蒙鼓——不堪一击
蚯蚓翻跟头——腰杆子不硬

瘸子上山——步步得劲
三十夜打老子,初一叫老子——礼是礼 法是法
筛子做锅盖——有出气,没进气
山上开门——各是一家
寿星老儿打莲花——一板一腔
瘫小住高楼——上下两难
提亮儿没把子——饭桶
土地老爷搬到沟坎里——自身难保
土地庙不盖瓦——神气通天
袜子没底儿——升(伸)上去了
蚊帐里放风筝——不得远去
向和尚借梳子——找错了对象
乌龟吃萤火虫——肚内明
西瓜皮做帽子——滑头
盲人摸到墙巴子——到局
盲人拾到钱——你看
盲人照镜子——不知好丑
小葱拌豆腐——一清二白
小和尚念经——有口无心
小媳妇吃豆——不想(响)
雄鸡害嗓子——不提(不啼)
薛仁贵的衣裳——白跑(袍)
烟囱上披麻——燥(灶)死了
扬州琼花——无二朵
瘸和尚说法——能说不能行
元宵节看马灯——来的来,去的去
糟坊里打酒——又去一壶
正月半卖门神——迟了
蜘蛛害屁股——没事(丝)
砖瓦厂失火——谣言(窑烟)

人　物

梁徐历代人文蔚盛。明清以来走出多名进士，当今更是人才荟萃，灿若群星，他们或在家乡，或在国家最需要的地方，为国家和民族倾心尽力。他们中有为革命捐躯的先烈，有在科技战线作出突出贡献的院士、学者，也有外籍人士投身到这片热土，为梁徐的发展增色添彩。

人物传略

钱桂森（1827—1902）

原名桂枝，字莘白，一作馨白，号盦，一号稚庵、犀庵，梁徐街道前时社区人。徐世昌、段祺瑞等人的老师，与光绪帝师翁同龢为至交。他是晚清重臣，清末教育家、藏书家。

钱桂森少年好学，擅长辞赋。清宣宗道光三十年（1850）进士，授翰林院庶吉士。历任山西道监察御史、国子监司业、翰林院侍读、侍讲、侍读学士等，并充国史馆协修、纂修、总纂及文渊阁校理、直阁事。咸丰至光绪时，屡次典试贵州、湖南、顺天、广东、浙江等地。德宗光绪六年（1880）、九年（1883）两次出任会试同考官。光绪十四年（1888）督学安徽，光绪十八年（1892）为内阁学士兼礼部侍郎，被奉为文章宗匠。晚年历主钟山书院、安定书院讲席，返泰任胡公书院山长。以诗酒自娱，与蒋鹿潭、徐剑虹等过从甚密，时相唱和。

其"教经堂"藏书丰富，大半得之翰林院，所藏之书，版本价值较高，且多为著名藏书家进呈之本，为四库底本。《四库全书》完成后，库本所据之底本，并未发还范氏，仍旧藏在翰林院里，日久为翰林学士拿回家的为数不少。前有法梧门，后有钱犀庵，均为不告而取。另外，同治年间端华被诛，怡府图书尽散，时钱桂森在京，购进不少。任翰林院编修期间，在四库全书馆管理和登记全国进呈的善本古籍，遂精于鉴别，所有进呈之书，发还者外，还留有部分底本。

钱桂森还乡后，筑"小天目山馆"以庋藏，久为北京厂肆书商觊觎。殁后北京书贾张兰亭、李紫东于宣统二年（1910）来泰重金购其善本，剩余者为如皋周必祥席卷，转售于如皋沙健庵，其中亦不乏善本。藏书处有"教经堂""学有用斋"，藏书印有"暂为御史再入翰林""海陵钱犀庵校藏书籍""辛道人""教经堂钱氏印""钱犀庵藏书记"等。钱桂森被誉为近代泰州藏书三大家之首。

钱桂森晚年引疾归乡，他不干涉地方事务，唯对百姓民生大事仍旧倾情关注，乐于为民请命，且多有贡献。由他著写的《一松轩诗稿》《段注说文校》等流传于世。

林馨山（1864—1934）

字桂荣，梁徐街道坡岭社区人，光绪十六年（1890）科武进士。曾任游击、参将和御前花翎侍卫等职，封为武功将军。

林馨山出身布衣，几代种田兼营工商业。他是独生子，幼时读书，聪慧好学。曾应科举考试，两次均以门第寒微而未能中选。生有拗劲的林馨山，遂弃文就武攻练刀马箭石，矢志不渝。考中秀才、举人，直至第七名进士。

林馨山秉性刚直，不畏权贵。在京为官达12年之久，公正廉明，勤于职守，深得光绪宠信，但也得罪了一些权贵。因不满慈禧专权，且国事日非，他遂提前告老还乡。1906年，因宿怨，在家无端遭到两江总督端方的诬陷，全家人几遭不测之祸，但他不屈不挠，历尽艰险，只身徒步去京上书光绪，力诉冤屈。经派员至南京、泰州及其家乡查明，端方指控各项罪状，均系捏造，历时4年有余，终于得到昭雪。

林馨山遭打击后，更无心于官场，但他却时时注意为乡邻排忧解难。在家乡，他竭力反对赌博、斗殴、盗窃和无故涉讼等恶习。他曾召集地方长者商议禁赌之事，制定地方规约，如有违者不分亲疏，处以罚金，罚修路或修涵洞。林馨山除爱国爱民外，家教也很严，他反对不务正业的纨绔子弟，对子女要求能耕则耕，能读则读，须学一技之长，赖以自立。

辛亥革命后，林馨山受民主思想的影响，一心想以教育、实业救国，带头在家乡募捐创办了坡垅庄小学，曾先后与实业界人士于海山、王荣甫、朱润之等人合股，在兴化兴办电灯厂，在泰州兴办大源轮船公司。

林良周（1919—1946）

梁徐街道坡岭社区人。林良周小学毕业后务农。1942年加入共产党，任坡邢乡指导员兼农抗会长。1944年，调任中共姜南区委组织科长兼区农抗会长。牺牲前任姜南区委副书记兼区队副政委。

林良周幼年丧父；全家以8亩租田为生。1934年，遭受蝗灾，地主登门逼租，大哥被抓，衣物被抢，田被夺，门被封。世道不平，在林良周心灵上打下很深的烙印。1941年春，本乡地主段某收罗地痞流氓，横行乡里。林良周气愤不过，就以“抗日救国，除暴安良”为号召，组成青年协进会，与之针锋相对。一次，段某派爪牙强收丁昌发田里的黄豆，林良周即率10余青年前往干预，将其爪牙押送区抗日民主政府处置，受到表扬。群众拍手称快，地富及伪保长则在背地里骂他是“反王”。林良周当了农会干部，他们便腐蚀拉拢，企图破坏减租减息，遭林良周揭露。林良周经常深入边区，宣传和发动群众，带领民兵到据点附近散传单、贴标语、进行政治喊话。就连最近的葛港伪军也不敢轻易过河。一次，林良周获悉，伪军从塘湾运来两船粮食，一到林家楼，即遭林良周带领的民兵基干队伏击，伪军猝不及防，当即丢下十多吨粮四散逃命。

第三次国内革命战争开始后，姜南区一片白色恐怖。林良周妻子被抓，家门被封。还乡团悬赏捉拿就地坚持斗争的林良周。妈妈从虎口逃出来，劝林良周赶快转移。林良周则问妈妈：“你还记得当年地主逼租封门的事吗？”又说：“我们要为穷人谋翻身、求解放，不能再过那种日子。要是只图妻儿团聚，当初就不出来革命了。”他不顾个人安危，率领区队割电线、炸桥梁、毁公路，神出鬼没地打击敌人。当时，驻张甸的国民党军经常下乡骚扰，林良周就把二塘、江村等4乡民兵组成联防队，保护群众。1946年7月的一天，张甸一股国民党军又来二塘乡抓人抢物。林良周率联防队出其不意两下夹击。敌军不知虚实，丢下衣物，仓皇逃窜。《江潮报》以显著位置报道了这一胜利消息。同年8月下旬的一个夜晚，林良周率区队冒着蒙蒙细雨，奔袭江村还乡团，20多个自卫队员在睡梦中当了俘虏。地主还乡团闻名丧胆，谈虎色变。一次，小股自卫队企图偷袭坡岭，但又不敢贸然进庄，就在庄后向一位老太打听虚实。老太太说：“好像看到林政委了。”敌人一听林良周的名字，掉头就溜了。

1946年10月26日，泰县县团攻打张甸据点。林良周奉命率区队在西园沟一带执行警戒任务。姜堰来增援的300余国民党军偷渡运盐河，从背后包抄上来。林良周率一小组掩护区队撤退，不幸腿部中弹。他当即命令其他同志突围，自己只身断后。国民党军迫近时，他的子弹已经打光，就纵身跳下河去，撕毁随身携带的文件，密集的子弹射向河心，林良周胸部又中一弹，献出了年轻的生命。

宋春霞（1923—2017）

梁徐街道双墩社区人。

宋春霞出生在一个贫苦的农民家庭。宋春霞兄弟姐妹6人，因家贫寒，父亲到上海谋生，宋春霞6岁那年，父亲病死在上海，本来一贫如洗的家庭更是雪上加霜。不久，二哥因工伤死于无锡，二姐死于白喉病。为了生存，他的大哥和母亲到苏州、上海做苦工。宋春霞和祖母在家，春天靠挑野菜、打粽叶卖钱，夏天靠拾麦穗、拾草，秋天靠拾谷子、高粱、挖山芋过日子，冬闲时才能上学读书。母亲和大哥辛辛苦苦在外做工，一年到头也挣不到几个钱，过年回家，还掉租债后，已所剩无几。尽管全家在死亡线上苦苦挣扎，可地方上的地主、反动势力还不时上门敲诈勒索、收租逼债、强拉壮丁，在他幼小的心灵上，打下了深深的阶级仇恨的烙印。13岁那年他开始自谋职业，先后学过木匠、织过布、做过烧饼。

1942年，宋春霞加入了中国共产党，他以开烧饼店做掩护建立了一个秘密交通站，每次都能按时完成上级交给的任务。从抗日战争到解放战争，以及后来的建设新中国的过程中，他坚决服从党组织的安排。先后担任过乡党支部书记、区游击连政委、区委副书记、书记、县公安分局局长、副县长、县长等职务。

1943年，宋春霞任张葛乡支部书记。他发动群众组织起来抗日保家乡，先后建立民兵基干队、农抗会、妇抗会、儿童团等群众组织开展对日伪的斗争，坚决打击顽固不化的乡、保长；积极开展“二五减租”，动员当地青年踊跃参加新四军和地方抗日队伍；在不到1年的时间内，发展共产党员28名。

1944年1月，宋春霞调任五元乡任支部书记。他团结地方开明人士和日伪政权中爱国人士，有效开展对日伪的斗争。

1945年1月，宋春霞调任江村乡任支部书记。他一面开展对日斗争，一面组织生产。他组织召开诉苦大会，提高农民的阶级觉悟，让农民勇敢站出来与恶霸地主进行斗争，使全乡“二五减租”工作顺利完成。

1945年6月，宋春霞任姜南区公安助理。他组建除奸队，重点打击在地方上作恶多端的汉奸。抗日战争胜利后，他组织在姜堰城区开展惩奸反霸运动，在重拳打击下，一些地方上的邪恶势力受到应有惩罚。他服从党组织的安排，在极端困难的情况下，通过各种办法筹建胜利布厂，在国民党势力的眼皮下组织生产，为共产党地方部队解决了穿衣问题。

1946年10月，在新四军北撤后，宋春霞任姜南区委副书记。他进村入户，访贫问苦；成立武工队对倒田倒租的地主、作恶多端的国民党顽乡保长进行坚决打击。在留下坚持斗争的地方干部北撤时，他带领撤退人员冒险突围。

1947年6月，宋春霞率领区游击连在张尤庄伏击国民党还乡团，歼敌50多人。

中华人民共和国成立后，宋春霞先后任泰县人民政府副县长、县长。20世纪50年代，他在里下河地区搞“沤改旱”、在南部高沙土地区“旱改水”试点，使粮食产量增长一倍以上。在以后的工作中，他为泰县的经济和社会发展作出了很大贡献。

1983年离休以后，充分发挥自己的余热，对社会、对人民尽可能有所贡献。常为老区扶贫、老龄工作和关心下一代等工作而四处奔忙。

郑奇（1954—2009）

原名郑旗，梁徐街道坡岭社区人。

郑奇7岁入良周小学读书，12岁考取姜堰中学，因“文化大革命”影响未能入学，后在本村农业初级中学就读，16岁初中毕业后经推荐到姜堰中学读高中。1972年回乡务农，在此期间多次在本公社多所中、小学代课，后任梁徐人民公社广播站通讯员。

1975年，郑奇由贫下中农推荐进入南京师范学院美术系学习，毕业后分配到江苏农学院教学设备科任绘图员。1980年考取研究生，到南京师范学院美术系攻读中国绘画史。1982年毕业，分配到江苏商业专科学校任教。1983年任学报编辑部副主任。1989年任江苏省烹饪研究所副所长，同年加入九三学社。1993年，调入南京博物院工作。1994年，任《东南文化》杂志编辑部主任。1995年，破格晋升为副研究员。1997年，破格晋升为研究员，同年加入中国共产党。1998年，任古代艺术研究所所长。2002年，调入南京航空航天大学，被聘为博士生导师、文化产业研究中心常务副主任，并被南京大学聘为兼职教授。1996年1月，由国家文物局派遣赴美国阳伯翰大学讲学，同年9月由德国巴斯夫公司邀请赴德国参加《四个和尚七个画家》画展。1997年应澳门艺术博物馆之邀前往讲学，其间还多次出国参加画展，被公认为学者型画家。

郑奇的研究以中国绘画史为主，涉及社会学、技术美学、文物学、人类文化学等多方面，出版著作（含与他人合著）20多部，发表论文100多篇。

郑奇曾参与主持国家“九五”社会科学课题“中国绘画学”的编写工作。代表作有《中国绘画哲理刍议》、《中国绘画对偶范畴论》（与他人合著）、《中国绘画六法生态论》（与他人合著）、《人类文化生态学导论》（与他人合著）、《扬州八怪评论集》、《叠石造山》、《古代名画赏析》、《无锡社队工业年谱》（与他人合著）、《东方文明之光》（与他人合著）等。出版画册有《21世纪优秀艺术家画集·郑奇》等，并出版过音乐作品《此身宛若云一朵》盒带专辑（董欣宾词，郑奇谱曲，共8首）等。

人物简介

田广余

1936年8月生，梁徐街道葛联社区人，退休前在中国人民解放军9511厂工作，同时兼中国表面工程协会理事、中国电镀协会理事、北京电镀学会理事。

1956年，田广余从姜堰中学毕业，被直接保送到扬州工学院。1959年，田广余从扬州工学院毕业，分配到北京国防科委某军工研究所。后调入北京某军械厂任总工程师，继续从事军工科研生产方面的工作。

田广余长期从事电镀技术工作，主要成果有“铝氧化层电解着色”“铝及其合金黄烟碱性化学抛光”等，发表《论述锌锡金电镀新工艺》等论文。

田广余结合本单位的电镀产品，研制出“自动控制电镀废水装置”，获得全军科技进步三等奖，并取得国家专利。中国电镀协会聘请田广余为中国电镀协会常任理事，并颁发荣誉证书，以表彰其在中国电镀事业中做出的突出贡献。

20世纪80年代，国内电冰箱有些主要零配件靠进口，国内还不能自主生产，为了攻下电冰箱中的蒸发器和冷凝器的技术难题，田广余组织力量进行开发研制，反复试验，多次修改方案，终于成功研制“丝管式蒸发器”“丝管式冷凝器”“复合式蒸发器”，获全军科技一等奖，为我国早期电冰箱国产化做出较大贡献，田广余也被晋升为高级工程师，并列入《中国专家大辞典》。

杨如馨

1943年11月生，梁徐街道二塘社区（原王石乡东塘村）人。1965年7月毕业于苏州丝绸工学院（现苏州大学纺织与服装工程学院）染整工程专业，毕业后留校工作，历任苏州丝绸工学院助教、讲师、副研究员，苏州大学研究员。2004年至2009年，受聘为苏州经贸职业技术学院教学督导委员会督导和苏州大学主办期刊《现代丝绸科学和技术》责任编辑，后旅居加拿大多伦多市。

20世纪80年代，杨如馨主持研究石化部“九五”攻关项目“SR-851真丝绸高效精炼剂”。20世纪90年代，他参加研究的“酸改性共聚酯纤维的开发及应用”等项目均获部级科学技术进步奖三等奖。1998年杨如馨赴美国参加国际纺织学术论文交流会，发表的论文受到国际纺织行业专家的赞许，会后受聘请与美国佐治亚理工学院纺织化学系合作完成纺织品喷墨印花在丝绸上的应用研究项目。

杨如馨参编了染整工程高等教材《纺织物染整工艺学》，连续为近20届学生使用。先后参编了纺织工业知识丛书《纺织物染整》、轻化工程高等教育教材《新编纺织物染整》等专业书籍。出版译著《印染基本原理和前处理》。杨如馨先后在国内外纺织学术期刊发表论文40余篇，其中发表于英、美、印等国纺织研究期刊的有4篇，半数以上的论文获省部级论文奖。

杨如馨受聘于美国佐治亚理工学院，半年时间就取得了斐然的学术成果。他拒绝了美国方面的挽留，毅然回到祖国，将“纺织品喷墨印花在丝绸上的应用研究”技术成果引入国内。值得高兴的是当这项新技术介绍到国内后，立即兴起了纺织品喷墨印花技术和印墨产品研制的革命，为赶超国际前沿染整技术作出了开创性的贡献。

缪荣株

1944年1月生，梁徐街道岭家社区（原梁徐乡同心村）人，1968年12月毕业于南京师范学院中文系。历任泰县县委宣传部党员教育科副科长、泰县县委委员、港口镇党委书记、县整党办公室副主任、县人民银行行长、泰州金融学会副秘书长。47岁时因在港口镇党委书记任上辛劳患了内分泌失调，致使右眼球摘除。他重拾童年文学梦，走上文学创作之路，成为江苏省作家协会会员、《泰州晚报》专栏作家、姜堰区作协副主席。主编《泰县金融志》《姜堰名人》，分别由江苏人民出版社、凤凰出版社出版。先后在《人民日报》《中国青年报》《中国报告文学》《中华散文》《雨花》《福建文学》《新民晚报》《扬子晚报》等中央、省、市报刊发表文学作品1000多篇，多篇获全国、省市奖，30多篇作品被《散文选刊》《今日文摘》《小说精品》《小小说选刊》《微型小说选刊》《民间故事选刊》等入选。出版小说集、散文集5本。长篇小说《银行风云》在2020年《今古传奇》第四期、2020年6月中国作家网分别发表。

陈文笃

1945年5月生，梁徐街道周埭社区（原张巷村）人，1965年7月高中毕业于姜堰中学，保送中共中央办公厅机要干部学校，1970年1月被选调到中国人民解放军中央警卫团，即8341部队，参军入伍。在中南海工作23年，先后任副处长，正团职、副师职秘书。1993年3月，被中央军委授予大校军衔。1993年6月，调任公安部警卫局办公室主任，正师职，武警部队建制。1999年2月，被任命为公安部警卫局副局级调研员（副军职），2001年7月，晋升为武警少将警衔。

陈文笃长期从事党的警卫工作和公安警卫部队的建设管理工作。1992年10月，与他人合作编著《震惊世界的政治谋杀》，全国新华书店发行。1997年7月、1999年12月，陈文笃参加香港回归、澳门回归全过程安全警卫工作的组织实施，起草了所有的会谈预案、警卫方案、请示报告和简报总结。因在香港回归安全警卫工作中表现突出，1998年5月荣获公安部三等功一次。1998年3月，陈文笃主编《警卫工作教程》，2000年8月，主编《警卫人员训练教程》，这两本书陈文笃均撰写第一章并对全书统稿。该书由中国人民公安大学出版社出版，内部发行，全国公安警卫部队作为教材使用，对警卫工作和警卫部队的正规化、现代化建设作出了应有的贡献。

窦亚平

1951年生，官野社区人。窦亚平1975年参加工作，先后任王石中学教师、王石乡文教委员会常务副主任、泰县文物管理委员会办公室主任、姜堰市文化局文物科科长、姜堰博物馆首任馆长、全国重点文物保护单位天目山遗址管理办公室主任。窦亚平是中国文物学会会员，中国钱币学会会员，文博副研究馆员，泰州市纪检监察学会、历史学会、钱币学会常务理事，享受市级劳动模范待遇。

窦亚平任泰县文物管理委员会办公室主任后，潜心文博考古，领队抢救发掘南华汉墓群，其学术报告被南京博物院《东南文化》杂志刊载，填补了泰州境域汉文化研究资料空白。设计的白马庙海军诞生地文物保护规划，项目成果被列入扬州文物大事记。在姜堰博物馆建设、溱潼历史文化名镇整治、姜堰坝口筑堰遗址抢救性考古、天目山西周古城入选“江苏大遗址”等重要项目中，多次受省文物局通报表扬。文博理论探索，被《中国文物科学研究》主编彭卿云在信札中称为乡村学者。所撰写的《姜堰文物综录》计100条11.8万字，被载入《中国文物地图集·江苏卷》。从事文博考古工作后，发表国家级论文11篇、省市级论文19篇，多次受到光明日报社、中国文物报社、中国钱币杂志社的表彰和奖励，5次持获奖论文参加省级以上学术年会。撰写大众考古散文3卷61篇50多万字，其中37篇在省、市、县（区）发表。在泰州“凤城讲坛”，姜堰电视台、老干部大学、镇（街）社区演讲地方文史46场。2020年，受到泰州市哲学社会科学界联合会表彰，获评为“学会工作先进个人”“全省文物系统先进工作者”。

陈锡宏

1953年11月生，梁徐街道周埭社区人。1969年12月应征入伍，1978年7月毕业于南京大学，2013年退休。退休前，他是高级编辑、正师职务、大校军衔。

在工作期间，陈锡宏先后担任中国人民解放军某部队指挥排报话员、副班长、班长、营直书记，南京大学中文系学生会主席、汉语言文学专业1975级班长，海峡之声广播电台编辑部编辑，总编办公室副主任、主任，专题编辑室主编，副总编、总编、台长，中国人民解放军某基地专家组副组长。

陈锡宏曾任海峡之声广播学会会长，当选为第七届中华全国新闻工作者协会理事，被聘为全军新闻系列高级职称评委会评委、中国广播电视协会优秀新闻评委会评委、《解放军报》军事新闻学术期刊《军事记者》顾问。

陈锡宏从事新闻工作39年，历来重视把党的方针政策同宣传任务结合起来，加以探讨和研究，1997年，陈锡宏出版专著《求索集》。他曾先后主编出版《我们的足迹》《新的历程》，参与编辑出版《上下求索》《探索与改革》等业务书籍，有10多篇作品在全国、全军性评比中获奖，如《两岸文化交流的先声》在全国青年节目评比中获二等奖。陈锡宏撰写了10多篇业务理论研究文章。先后荣立三等功1次，被记集体三等功1次，获得嘉奖7次。

杨善基

1953年12月生，梁徐街道邢家社区人。双登集团股份有限公司创始人。双登集团拥有多个具有自主知识产权的名牌系列产品，生产的固定型阀控式密封铅酸蓄电池在国内享有盛誉。

杨善基以绿色环保为己任，认真贯彻污染防治方针和建设项目“三同时”制度，引进具有世界一流水平的生产设备，投资兴建铅酸废水处理设备等装置，实现废水“零排放”。

杨善基积极履行社会责任，兴建学校、修桥铺路、慰问特困家庭，累计捐资3000多万元，为社会发展和民生改善作出了重要贡献。

杨善基先后获得“江苏省劳动模范”“中国轻工行业劳动模范”“江苏省高新技术产业化工作先进工作者”“国家有突出贡献的中青年专家”等诸多荣誉。2010年获“全国劳动模范”称号，2019年入选“改革开放40年百名杰出苏商”，彰显了他在商业领域的重要地位和对社会的深远影响。

曹曙明

1955年1月出生，梁徐街道张埭社区（原张埭村）人。曹曙明1978年毕业于扬州师范学院数学系，1978年至1981年在盐城师范学院数学系任教，1981年调到农业部南京农业机械化研究所工作，其间在南京农业大学完成农业经济与管理硕士研究生学业。先后担任南京农业机械化研究所办公室秘书、秘书科科长、办公室主任、党委副书记兼副所长、党委书记兼副所长、党委书记、法人代表。兼任中国农业工程学会常务理事、国家植保机械产品质量检测中心主任、农业农村部农业机械重点实验室主任、农业农村部现代农业装备专家库专家等职。

曹曙明在南京农机所工作期间，主编《中国农机化学报》《中国农机化年鉴》，主持国家、省、部级科研课题20多项，发表论文30余篇。他与他的科研团队先后获农业部丰收计划科技成果三等奖、中国农科院科技进步二等奖、中国机械工业联合会科技进步三等奖、江苏省农业综合开发一等奖二项和二等奖一项、江苏省教委科研成果二等奖、江苏省科技推广三等奖等多项荣誉。

曹曙明先后承担1000余项国家各类重大科研项目，获得各种科技成果100多项。他与他的同事们创造了多项“中国第一”和“全球第一”。全球第一台水稻插秧机在该所诞生，党和国家领导人曾将它作为“国礼”赠给缅甸、印尼、越南、朝鲜、埃及等20多个国家。中国第一台植保机械也是由该所研制成功。

曹曙明撰写论文《如何做好新时期研究所党务工作》，获中国农科院思想与政治工作研究会优秀论文二等奖。他多次获得中国农科院“优秀党务工作者”“优秀共产党员”“建设管理先进个人”等荣誉称号。

戴友锋

原名戴友凤，1955年12月生，梁徐街道坡岭社区人。工学博士，高级工程师。

戴友锋1976年12月参加中国人民解放军，先后在解放军洛阳外国语学院、解放军信息工程学院、解放军信息工程大学学习毕业。他是上海市浦东新区科技发展基金专家，上海市政府采购评审专家。

在服役期间，戴友锋运用计算机信息技术，主持并参与完成军队技术革新课题几十项，先后获中国人民解放军科学技术进步二等成果奖三项、三等成果奖四项、四等成果奖和优秀软件奖等奖励10多项。

20世纪80年代初，戴友锋先后撰写学术论文和专业技术总结报告几十篇。

2000年9月，戴友锋从部队转业到上海市浦东新区政府工作。他主持和参与完成的国家、市、区级重大信息化工程项目20多个，先后获国家、上海市和浦东新区各类信息化成果奖10多项。在国内核心期刊和学术研讨会上发表论文和报告几十篇。

2002年，戴友锋主持研制开发的“上海市浦东新区建设局地理信息系统”被国家建设部评选为2002年全国信息化示范工程项目。

戴友锋是国家智慧城市专家委员会（筹）专家，先后参加了《国家智慧城市试点暂行管理办法》《国家智慧城市试点指标体系》《国家智慧城市创建任务书》和国家智慧城市第一批、第二批试点城市的评审工作。连续三年代表新区政府到北京参加全国智慧城市评估总结大会并登台领奖。

戴友锋转业到浦东新区工作后，多次被评为新区先进个人、优秀共产党员、优秀公务员，荣立浦东新区政府个人三等功一次。

杨元喜

1956年生，梁徐街道双墩社区（原梁徐乡周野村）人，博士、教授、大地测量与卫星导航专家，北斗导航系统副总设计师。2003年，被授予专业技术少将军衔。2007年，当选为中国科学院院士。2010年，被推荐为第八届中国科协委员。2010年，当选为中国第二代北斗卫星导航重大专项专家委员会委员。2008年至2012年，他先后担任中国卫星导航年会执行主席、《测绘学报》编委会副主任等职务。2011年，当选中国科协第八届科普委员会副主任，同年当选为第十二届全国政协委员。

杨元喜创建了自适应抗差滤波理论，在航空、航天、陆地及海洋动态导航定位中有着广泛的应用潜力。成果已成功应用于我国GPS道路修测系统，解决了车辆拐弯和加速导致的定位异常的关键技术问题，结果明显优于国外进口系统。相应软件系统装配到各测绘大队GPS道路修测车和地图修测车上，计100多台，并成功完成了全国134万多公里县乡道路修测任务。2005年，该成果获省部级科技进步一等奖。

杨元喜主持完成了“2000GPS国家大地控制网数据处理工程”，统筹解决了我国不同部门布测的GPS网之间的不相容、精度不匹配和坐标基准不统一等多个问题，建立了我国统一的新一代地心坐标框架，使我国地心坐标框架由原来的10米级提高到了厘米级，我国大地控制网步入国际先进行列。相应成果在2004年获国家测绘科技进步一等奖，2006年，该成果获国家科技进步二等奖。

杨元喜主持完成了“全国天文大地网与空间网联合平差工程”，将我国70多年的经典大地测量成果统一于新一代大地坐标框架。该工程成果包含多项理论创新，使我国成为继北美、西欧之后又一个完成超大规模大地网平差的国家。

杨元喜先后主持、参加国家自然科学基金课题10多项，并多次参加国家863项目和国家重点项目的研究工作，同时承担了多项国家重大科学工程和10多项省部级重大科学工程研究与建设工作，并取得了1项国家科技进步二等奖，5项省部级科技进步一等奖。他的科研成果被广泛应用于测绘、航空、航天工程，为我国测绘技术发展和我国现代化建设做出了重要贡献。杨元喜已完成学术专著2部，合著3部。发表学术论文290余篇，其中SCI收录论文40余篇，EI收录150多篇。

杨元喜主要从事大地测量研究，研究方向为动态大地测量及测量数据处理及质量控制理论，在测量抗差估计理论和自适应估计理论方面作了系统研究，是相关观测抗差估计系列理论体系和自适应抗差导航定位理论体系的原创者。

杨元喜注重人才培养，他培养的博士研究生大都成为行业佼佼者，6篇论文获全军优秀博士论文奖，3篇论文获省级优秀博士论文奖。杨元喜1991年被国家教委、国务院学位办授予“做出突出贡献的中国硕士学位获得者”；1993年，享受政府特殊津贴；1996年，获德国Humboldt奖学金奖励；1998年，被评为“优秀中青年专家”；1998年，获国家杰出青年基金资助；1999年，获中国科协“求是杰出青年实用工程奖”；2011年，获“何梁何利科技进步奖——地球科学奖”；2020年获2019年度“中国航天基金会钱学森杰出贡献奖”。

曹福亮

1957年11月出生，梁徐街道官野社区（原王石乡西官村）人。

1978年，他以优秀的成绩考进南京林业大学。1986年至1989年，他在母校读研后，获农学硕士学位（森林培育学专业）。1991年至1992年，他作为访问学者在加拿大多伦多大学和雷克海德大学学习。1997年至2004年，就读于加拿大不列颠哥伦比亚大学研究生院，获哲学博士学位（森林生态学专业）。

1994年至1999年，曹福亮先后任南京林业大学森林资源与环境学院、风景园林学院副院长、院长。2000年，任南京林业大学副校长。2010年，任南京林业大学校长、党委副书记。2007年起，兼任《南京林业大学学报》自然科学版主编、中国林学会银杏分会主任委员（中国银杏研究会会长）、中国经济林协会副会长、中国林学会森林培育学副主任委员、中国林业教育学会副理事长、中国园艺学学会干果分会副主任委员、中国林业教育学会副理事长等职务。

曹福亮一直从事森林培育学（经济林方向）的教学和科研工作，先后主持和参加30余项国家及省部级研究课题，其中，主持“十二五”国家科技支撑重大项目1项，有19项成果获国家、省部级科技进步奖等各类奖项。他作为第一主持人，获国家科学技术进步奖4项，国家林业局科学技术进步奖、二等奖各1项，梁希科学技术奖、梁希图书奖、中国科学会科普作品一等奖各1项，2014年获何梁何利奖。另外，他作为主要参加人，还获国家科技进步奖三等奖1项，国家林业局科技进步奖、二等奖3项，江苏省科技三等奖1项。

曹福亮先后在国内外学术刊物上发表论文300余篇，在工程科学技术研究领域方面的成就，得到了社会的广泛认可。他先后入选“江苏省普通高校跨世纪学术带头人培养对象”、江苏省“333跨世纪学术技术带头人培养工程第二层次培养对象”“林业部跨世纪学术带头人培养对象”。2008年，他被评为江苏省“333第一层次江苏中青年首席科学家人选”。同时，他被授予“江苏省青年科技奖”“江苏省有突出贡献的中青年专家”和“江苏省青年科技标兵”等称号，享受国务院政府特殊津贴。2010年，他被评为“全国优秀科技工作者”，荣获“十佳全国优秀科技工作者提名奖”。2011年，他当选中国科协第八届全国委员会委员。2013年，他当选为江苏省第十八届人大代表。2015年，他入选中国工程院院士。

陆夕云

1963年4月出生，梁徐街道梁徐社区人。现任中国科学技术大学工程科学院执行院长，教授、博士生导师。中国科学技术大学力学和机械工程系主任。2019年当选为中国科学院院士。

1981年9月，陆夕云考入南京航空航天大学（原名南京航空学院）空气动力学系。1985年9月，免试进入中国科学技术大学近代力学系读研。1992年，获中国科学技术大学博士学位。他先后在美国宾州州立大学、休斯敦大学、田纳西大学空间研究院、日本东京大学、东北大学、香港科技大学和新加坡国立大学等高校以访问教授、访问研究员和博士后等身份进行学术交流和合作研究。

走上工作岗位后的陆夕云，为科学技术的不断攀升作出了积极的贡献，成为中国科技界动力学、生物学、旋涡运动研究学的尖端人才，同时，他也获得了很多学术荣誉。他是教育部“长江学者奖励计划”特聘教授、中国科学院“百人计划”和教育部“跨世纪优秀人才计划”的获得者，入选首批国家级“新世纪百千万人才工程”，获国务院政府特殊津贴；教育部“长江学者和创新团队发展计划”创新团队带头人和国家自然科学基金委“创新研究群体”学术带头人；获全国优秀博士学位论文指导教师奖、中国科学院优秀研究生指导教师奖和宝钢优秀教师。

陆夕云在国际学术界也占有重要的一席之地。他被国际理论和应用力学联盟（IUTAM）邀请担任第“23届世界力学家大会”的分会主席。陆夕云多次应邀在重要国际学术会议上作学术报告。他是《力学学报》等10多个国际国内学术期刊的编委和执行编委、基金委数理学部第五届和第六届专家咨询委员会委员、力学学科发展战略研究秘书组副组长。他参与撰写基金委力学学科“十三五”规划战略研究报告、2011年至2020年我国力学学科发展战略研究报告，主要负责流体力学部分的报告。

陆夕云在国际国内学术期刊发表论文200余篇，国际学术会议发表论文100余篇，研究成果在国际学术界取得好的反响。

武华松

1964年生，梁徐街道桥黄社区（原黄村村）人。武华松1984年7月就读于武汉大学工程测量专业，1988年取得本科学历。1999年5月取得南京大学研究生学历，并就职于江苏省测绘局基础地理信息中心。1992年为江苏省基础地理信息中心数据作业组组长、检查员、工程师。2007年后，先后任江苏省基础信息中心数据采集部副主任、主任、高级工程师、测绘监理项目技术总监。2015年12月通过江苏省研究员级专业技术资格评审晋升为研究员级高级工程师。

武华松在从事的测绘工作中，大多是露天作业，他的足迹遍布江苏大地，涉足四川、重庆、宁夏等地区，并走出国门，被派遣到也门人民共和国贾哈里至马卜里公路工程建设，是援外专家组先遣成员。

他为宿迁市第二次土地调查工程、市域基础、控制测绘，为盐城市区基础测绘二期工程的调研测绘工作提供了技术要素。上述两项工程分别获得省优秀测绘工程二等奖、三等奖。

武华松是城乡一体化工程项目领衔

人，其中张家港、泰州市等市区城乡一体化现代地籍工作项目获得优秀测绘工程二等奖；海安县新农村建设测绘保障服务示范项目的技术设计、生产过程中的质量控制，获得国家优秀工程银奖。

他带队检查南京、盐城、宿迁等市区1:10000“十二五”基础测绘更新工程，获得2014年省优秀测绘地理信息工程一等奖；他负责的南通市地面沉降监测工程获得优秀测绘工程一等奖。

2014年，他主导的地理信息公众服务系统“天地图·新沂”项目获得国家银奖。省级地理信息云服务平台构建与应用效果，获得国家级地理信息科技进步奖一等奖。

陈荣发

1966年11月生，梁徐街道周埭社区人，博士，教授，硕士生导师。

陈荣发1991年东北大学毕业后分配到扬州大学工学院工作。他勤奋学习，2003年获东南大学机械工程专业硕士学位，2008年获南京航空航天大学机械制造及其自动化专业博士学位。2009年至2010年获得德国政府奖学金资助，在德国乌尔姆应用科技大学材料学院担任客座教授。先后任扬州大学科学技术处副处长，扬州市材料性能强化技术中心主任，扬州大学机械工程学院教授、博士生导师，扬州市第七、八届政治协商会议委员、常委等职务。

他坚持教学和人才培养相结合的培养模式。他先后讲授《工程材料》《铸造合金熔炼》《材料测试分析》《焊接工艺及设备》等本科生课程；讲授《表面与界面》《纳米薄膜技术基础》和《环境材料》等研究生课程。发表《表面工程技术课程教学探索》《材料成型及控制专业课程改革实践》《对培养工科类人才创新能力的思考》等教学论文15篇。

陈荣发重视基础研究和应用研究的有机结合。主持和参与国家级项目10项，省部级项目12项；在《金属学报》《航空材料学报》和《Journal of Materials Science &Technology》等国内外期刊发表科技论文110余篇，其中第一作者46篇、SCIEIISTP检索32篇；编著《真空获得系统设计》研究生教材等5部；获国家授权发明专利26项，实用新型专利30项；获省部级以上奖项2项。

陈荣发重视科技成果的转化，经常深入科研基地及挂联企业一线研究相产、加工技术。先后获得扬州市“绿扬金凤”科技创新领军人才，高邮市“秦邮人才集聚计划”创新领军人才等荣誉称号。

罗存喜

1966年12月生，梁徐街道桥黄社区（原油坊村）人。

罗存喜在读初中期间，他擅长跑步，由于刻苦训练，1989年获得扬州市初中组1000米比赛第二名。1985年7月，罗存喜被四川峨眉铁道学院录取，就读四年制本科。大学毕业后他被分配到中国铁道部武汉铁路四院工作。作为武汉铁路四院工程技术研发与管理骨干的优秀代表，罗存喜先后任宁西铁路、京沪高速铁路、广深港客运专线、广珠城际铁路等干线的指挥长。在高铁工程建设的一线，他坚守在工程建设现场，及时处理工程施工难题。在磁浮与轮轨高速主要技术标准的科学论证中，罗存喜主导完成了《京沪高速铁路设计暂行规定》的编制，精心撰写出《京沪高速铁路徐州至上海段可行性研究》。同时，他扛起了京沪高速铁路勘察指挥部指挥长的重任。

面对沪宁段密集的城市群、高度发达的经济带、错综复杂的河网湖泊环境保护及军事禁区等选线难题，罗存喜带领勘察设计团队精准施测、科学论证，组织科研攻关课题，全面掌握了各路段复杂情况的实际应对方案，出色完成了勘探设计和科学拟定先进可靠的工程技术方案，确保工程的正常施工。

在中国高铁勘察设计行业头牌—武汉铁路四院的平台上，罗存喜以其严谨务实的态度、忠诚担当的作风，奋力践行“诚信、创新、永恒，精品、人品同在”的铁道兵精神，他在从业道路上收获了“全国铁路系统火车头奖”“湖北省青年技术岗位能手”等多个荣誉，成为中国高铁勘探设计的精英。

曹海涛

1976年1月生，梁徐街道官野社区（原王石乡前官村）人，南京师范大学数学科学学院教授，博士生导师，南京师范大学强化培养学院副院长。

曹海涛1996年7月，毕业于苏州大学，获学士学位。2002年7月，毕业于苏州大学，获博士学位。2004年7月，清华大学数学系博士后出站，之后曾在加拿大Lakehead大学和日本Tsukuba大学等国外大学进行学术访问。曹海涛主要研究方向为组合设计及其在编码密码中的应用。曹海涛在三元系大集、可分解设计等离散结构的研究中取得较好的研究成果。截至2020年7月，曹海涛在《Journal of Journal of Combinatorial Theory Series A》《IEEE Transactions on Information Theory》《Designs Codes and Cryptography》《Discrete Mathematics》《Journal of Journal of Combinatorial Designs》等杂志上发表专业学术论文50余篇，其中一篇被评为2019年《Discrete Mathematics》杂志最佳论文之一。

截至2020年7月，曹海涛主持参与省级及以上基金项目超过10项。他的讲解从简到难，层层递进，浅入深出，鼓励学生们积极探索最新研究问题，让师生们学习了前沿知识，拓宽了学术视野。曹海涛任教以来共培养研究生30多人，其中1人的博士论文被评为江苏省百篇优秀博士学位论文。

陈霞

女，1980年生，梁徐街道二塘社区（原王石乡东塘村）人，江苏省政协委员、省中外社会文化交流协会《丹青世界》杂志主编、上海后世博研究中心文化发展推进办公室副主任、北京艺海如歌文化传媒总裁、苏州陈霞爱心慈善基金会理事长。

陈霞曾经是一名白血病患者。2000年9月，年仅20岁的她身患急性粒细胞白血病，2001年6月，台湾中华脊髓库找到了与之相配的骨髓。陈霞成为大陆第一例接受来自台湾的骨髓患者并配对成功，从而获得新生。痊愈后的陈霞走上了感恩之旅。多年来，她联合海峡两岸多地的政府机构、慈善部门、知名书画家，组织了几十次爱心活动，所募集善款全部用于社会弱势群体和病、残、孤人员和失学儿童等的救助。陈霞先后担任江苏省红十字会“形象大使”，被授予江苏省“三八红旗手”“江苏爱心大使”等殊荣。陈霞著有《陈霞日记》《生命20小时》《生命如此美丽》等公益书籍，销售所得全部捐给中华骨髓库，并成为全国知名的青年女作家。以个人经历拍摄的电影《生死时速》、由著名导演谢晋及其子谢衍联袂拍摄的20集电视连续剧《髓缘》在台湾公映，引起强烈反响。

2006年，陈霞在张家港市成立了以个人名字命名的“陈霞文化艺术会馆”，为广大艺术爱好者和收藏家提供了一个广阔的交流平台，并建立了艺术作品与收藏群体之间的良好关系。

2020年8月13日，江苏省人民政府关于授予第五届“江苏慈善奖”决定中，陈霞获优秀慈善工作者。

2021年11月，入选“助人为乐”类中国好人。

陈力

1982年4月生，梁徐街道二塘社区（原王石乡东塘村）人。高中毕业后考取解放军理工大学，本科毕业后留校硕博连读。后在军事科学院国防工程研究院从事博士后研究，在陆军工程大学爆炸冲击防灾减灾国家重点实验室担任副教授、博士生导师。2012年，赴西澳大学土木与资源学院任访问学者。现为东南大学土木工程学院教授、博士生导师、爆炸冲击防护研究中心主任，主要从事燃气和危化品爆炸灾害效应及防护工程计算与设计，以及工程结构抗爆炸冲击等相关研究。

进入大学以后，陈力出色地学好专业课程。因学习成绩优异，陈力多次获得学校奖学金，并于2003年、2008年先后获得解放军理工大学学士学位和博士学位。此后，他在军事科学院国际工程院从事博士后研究，在陆军工程大学担任副教授、博士生导师。2012年，陈力被国际防护结构学会（IAPS）聘为会员。陈力先后担任全国基础设施防震减灾青年委员会副主任委员、国家自然科学基金会创新群体成员，是我国最年轻的爆炸力学专家之一。

陈力主持国家自然科学基金项目4项，国家“973”计划项目子课题1项；参与国家自然科学基金重点项目、国家重点研发计划重大科研项目30余项；获得国家科技进步二等奖1项，省部级科技进步一等奖1项、二等奖3项。发表论文150余篇，其中SCI收录50余篇（其中JCR期刊收录30余篇），E1收录70余篇，获期刊《Advances in Structural Engineering》最佳论文奖。获国家专利授权（公开）20余项，软件著作权4项。参编《民用建筑抗爆设计规范》等军、民用规范标准3部。2016年、2018年分别荣获国家优秀青年科学基金（抗爆结构）和“爆炸力学优秀青年学者”称号。

蒋颖

女，1983年12月生，梁徐街道梁徐社区人。现任澳大利亚西澳大学孔子学院院长、澳大利亚麦考瑞大学国家软实力中心特聘研究员等职，同时兼任澳大利亚慈善机构沃途澳洲基金会主席。

蒋颖从读小学到上大学，学校举办的各项竞赛活动，她都积极参与并获得好成绩。蒋颖在英国伯明翰大学获得硕士学位后，于2006年前往澳大利亚，在阿德莱德大学传媒学院继续深造，并于24岁获得跨文化传播与公共关系博士学位，成为该学院最年轻的博士学位获得者。2009年，蒋颖留校工作，成为阿德莱德大学人文学院第一位获得终身教职的亚洲员工。

2008年，蒋颖被香港龙汇基金会评选为全球100位杰出华裔年轻领袖之一，12月获评为澳大利亚科研理事会亚太优秀青年学者。2013年11月，获得南京大学新闻与传播学院提供的访问学者邀请。2018年，获得金合欢奖。蒋颖致力于推动中澳交流，她先后参与并促成多个中澳大型合作项目。被评为澳大利亚十大杰出华人青年之一。

2013年至2015年，蒋颖先后发表《中国，改变与合作型科研》《澳大利亚政客使用微博与中国社区链接分析》《微博空间新的透明度形成的分析》等论文。撰写的著作有由阿德莱德出版社出版《中国网络民族主义：挑战西方媒体的“肖像描写”》、由麦克米兰出版社出版《社交媒体与公共关系：E外交》等。

王晓雪

女，1994年10月生，梁徐街道梁徐社区人。国家级运动健将，中国女足运动员。

王晓雪于2007年进入江苏女子足球队，随后逐渐成长为一线队主力中卫。2013年，她以优异的发挥帮助江苏队夺取第十二届全运会成年组女足冠军。2018年，王晓雪入选国家队。2019年，她为江苏女足包揽国内联赛全部冠军立下了汗马功劳。2020年10月入选中国女足，11月3日至12月3日，列入香河国家足球训练基地组织的集训名单。2021年，王晓雪入选2020年东京奥运会中国体育代表团足球项目运动员名单。2021年夏天，王晓雪随中国女足征战2020年东京奥运会，9月25日，王晓雪在中华人民共和国第十四届运动会成年组女足决赛中首发登场，帮助联合队1-0战胜上海队，夺得冠军。2021年12月，被江苏省委、省政府给予个人记大功奖励。2022年1月，王晓雪随中国女足征战2022年亚足联印度女足亚洲杯，2月6日，王晓雪在女足亚洲杯决赛中首发登场并在第90分51秒完成关键封堵，帮助球队以3-2逆转击败韩国女足夺得冠军。比赛中，王晓雪不仅化解对手进攻，还多次为队友助攻，尤其是她用身体“堵枪眼”的瞬间感动全网!

梁徐水利建设的开拓者

杭寿庆（1926—1998），张甸镇三野村（原梅垛乡缪野村）人，自幼家庭清贫，从小做过长工，解放战争时期参加革命。中华人民共和国成立后，先后任张甸区科长、副区长、梅垛乡（公社）党委书记，1972年调至梁徐公社任党委副书记，1975年任梁徐公社党委书记，1983年退居“二线”。杭寿庆是在梁徐任职时间最长、口碑最好的书记。他那勤恳、朴实的工作作风在梁徐人民心中留下深刻的印象，尤其水利建设领域作出了突出贡献，为当地经济社会发展奠定了坚实基础。

20世纪70年代初，地处姜堰通南地区的梁徐生产条件差，垛子田、塌儿田、沟洼地多，不能灌又不能排，一遇灾年，收成寥寥无几，社员口粮不足，全公社有一半以上的生产大队要吃国家统销粮。为了改变这一状况，杭寿庆和党委一班人决定对全公社水利建设重新规划，他多次和县水利局的技术人员到现场勘查测量，制定方案，拿出分期实施计划。每年冬春就组织全公社的干部群众，完成一个或几个较大的河道开挖和削垛平田工程，在那没有机械作业、靠肩挑人扛的年代，其辛苦程度可想而知。每个河道开挖，他都亲临工地，有时还与民工一起挖土挑土。

1973年至1983年，投入37万多个工日，新开乡级河道7条，总长15千米，其中中心河分2年施工，总长4.5千米。1975年至1976年，组织全公社民工配合县完成了中干河的开挖和周山河第一次清淤工程，完成了老七里沟和梗沟的清拓工程等；对全公社85%的土地进行了平整，路、渠、沟完成配套，95%以上的地块旱能灌、涝能排，从此粮食产量实现稳产高产。随着稳产高产农田的建成，粮食自给有余，粮食困难的问题在杭寿庆任内得以解决，从此摘掉了“统销”帽子，为当地百姓带来了实实在在的福祉。

人物名录

1949—2021 年梁徐街道受国家、省、市级机构表彰的先进个人名单

表 13

序号	姓　名	性别	出生年月	工作单位	表彰项目	表彰年份（年）
1	郑同琪	男	1930.04	梁徐中心小学	江苏省先进工作者	1960
2	刘宜安	男	1942.01	江苏双登电源有限公司	享受国务院政府特殊津贴人员	1992
					省有突出贡献的中青年专家	2000
3	杨善基	男	1953.12	江苏双登集团有限公司	省有突出贡献的中青年专家	2000
					全国劳动模范	2010
4	钱善和	男	1964.02	姜堰市梁徐建筑工程公司	北京市劳动模范	2000
5	钱友网	男	1965.12	江苏双登富朗特新能源有限公司	江苏省劳动模范	2021
6	严桂娣	女	1969.05	泰州市天力铁芯制造有限公司	江苏省五一巾帼标兵	2014
					江苏省三八红旗手	2018
7	孟咸金	男	1970.07	江苏双登电源有限公司	江苏省劳动模范	2006
8	陈　霞	女	1981.01	二塘社区	江苏省三八红旗手	2018

梁徐街道革命烈士名录

表 14

姓　名	性别	出生地	出生年份（年）	参加革命年份（年）	牺牲年份（年）	牺牲时身份	牺牲地点及原因
杨庆友	男	梁徐邢北村	1887	1943	1944	张甸区农抗主任	张甸被捕牺牲
钱夕林	男	王石前时村	1893	—	1947	时庄乡农会会长	时庄乡被捕牺牲

续表

姓　名	性别	出生地	出生年份（年）	参加革命年份（年）	牺牲年份（年）	牺牲时身份	牺牲地点及原因
唐德仁	男	王石湾塘村	1895	1946	1947	吴港乡乡长	吴港乡被捕牺牲
钱夕久	男	王石前时村	1895	—	1947	时庄乡农会会长	时庄乡被捕牺牲
冯长海	男	梁徐坡岭村	1896	1947	1947	姜南区通讯员	姜南区被捕牺牲
林永山	男	梁徐坡岭村	1897	—	1947	坡岭村村长	坡岭庄被捕牺牲
周明荣	男	梁徐周野村	1898	1944	1946	姜南区联络员	周家野被捕牺牲
林福基	男	梁徐坡岭村	1899	—	1946	—	坡岭被捕牺牲
于才庆	男	梁徐周陈村	1901	1945	1948	周埭乡指导员	周埭乡被捕牺牲
钱余明	男	梁徐江村村	1903	1943	1947	姜南区游击连班长	梁徐江村因战牺牲
陈　园	男	梁徐同兴村	1903	—	1948	坡岭乡通讯员	梁徐邢家被捕牺牲
乔杰余	男	王石东三村	1904	—	1948	东野乡调解主任	东野乡被捕牺牲
陈金龙	男	梁徐同兴村	1905	—	1944	八桥村农会会长	沙梓乡被捕牺牲
刘家喜	男	梁徐双林村	1906	—	1947	东林村村长	东林村被捕牺牲
俞金德	男	梁徐邢家村	1906	—	1947	邢家乡翻身主任	姜堰被捕牺牲
陈倚文	男	王石东塘村	1906	1944	1945	姜南区游击连班长	江都邵伯因战牺牲
陈倚松	男	王石东塘村	1906	1940	1947	华东野战军某部班长	顾高王野因战牺牲
夏云清	男	梁徐邢北村	1907	1947	1947	邢岭乡乡长	邢岭被捕牺牲
黄克礼	男	王石东塘村	1907	—	1948	二塘乡农抗主任	二塘乡被捕牺牲
孙友吉	男	梁徐双墩村	1909	—	1948	坡墩乡七村村长	坡墩乡被捕牺牲
余兴龙	男	梁徐梁徐村	1909	—	1947	周埭乡农抗会主任	梁徐被捕牺牲
郑光跃	男	梁徐坡前村	1910	—	1948	坡良乡二村村长	坡良乡被捕牺牲
陈桂龙	男	梁徐柳家村	1910	1945	1946	周埭乡指导员	姜堰因公牺牲
陈金余	男	梁徐同兴村	1910	1942	1944	分区特务五团机枪手	江都塘头因战牺牲
周以立	男	梁徐周野村	1910	—	1947	姜南区周野村农会长	姜堰被捕牺牲
汤桂福	男	梁徐四盟村	1911	1941	1949	解放军某部战士	山东徐阳县因战牺牲
周殿甫	男	梁徐周陈村	1911	1942	1942	姜南区游击连排长	王石港西因战牺牲
张桂银	男	王石东三村	1911	—	1948	东野乡优抗主任	东野乡被捕牺牲
董文旺	男	梁徐江村村	1912	1945	1947	江村西野村村长	梁徐张巷因战牺牲
朱庆章	男	梁徐江村村	1912	—	1948	新四军二团班长	梁徐坡岭牺牲
林桂英	女	梁徐梁徐村	1913	—	1948	周埭乡妇女主任	姜堰被捕牺牲
杨兆开	男	梁徐邢家村	1913	—	1948	邢家乡翻身组组长	张甸被捕牺牲
张凤宝	男	梁徐张埭村	1913	1945	1947	江村区游击连战士	梁徐坡岭因战牺牲
杨宏才	男	梁徐双墩村	1914	—	1947	坡良乡八村村长	梁徐蒋舍被捕牺牲
朱如章	男	梁徐江村村	1914	1942	1948	—	张甸因战牺牲
许国秀	男	王石东一村	1914	—	1947	东官乡治安员	姜堰因战牺牲

续表

姓　名	性别	出生地	出生年份（年）	参加革命年份（年）	牺牲年份（年）	牺牲时身份	牺牲地点及原因
刘志如	男	梁徐赵桥村	1915	—	1944	张葛乡联络员	张葛乡被捕牺牲
杨志昌	男	梁徐邢家村	1915	—	1947	—	姜堰因战牺牲
张凤银	男	梁徐张埭村	1915	—	1947	张葛乡村长	梁徐俞家田被捕牺牲
钱忠洪	男	王石西塘村	1915	—	1946	二塘乡民兵中队长	梅垛尹庄被捕牺牲
钱夕楠	男	王石前时村	1915	1940	1947	姜南区游击连指导员	太宇殷家舍被捕牺牲
朱友才	男	梁徐张联村	1916	1943	1947	姜南区游击连战士	梁徐垛塘因战牺牲
陆生根	男	梁徐梁徐村	1916	1944	1945	新四军一纵四团战士	山东津浦因战牺牲
周金来	男	梁徐同兴村	1916	1943	1946	新四军某部三营工兵	涟水因战牺牲
杨兆元	男	梁徐周野村	1916	—	1948	张葛乡周野村村长	张葛乡被捕牺牲
钱洪叶	男	王石西塘村	1916	1939	1946	二塘乡指导员	姜堰被捕牺牲
钱忠广	男	王石前时村	1916	1943	1947	时庄乡乡长	太宇殷家舍被捕牺牲
肖宝祥	男	王石东一村	1916	1947	1947	蒋垛区游击连通讯员	仲院许庄被捕牺牲
许龙义	男	王石东三村	1916	1944	1945	新四军苏中军区某部二连班长	兴化因战牺牲
林桂宝	男	王石东三村	1916	—	1948	东官乡六村村长	东官乡被捕牺牲
陈玉米	男	梁徐同心村	1917	1942	1944	新四军特务团班长	江都塘头因战牺牲
钱存喜	男	王石前时村	1917	—	1947	时庄乡治安员	太宇殷家舍被捕牺牲
林国财	男	王石后林村	1917	—	1946	林黄乡后林村村长	后林村被捕牺牲
郑宏元	男	梁徐坡岭村	1918	1942	1947	姜南区财经员	姜南区被捕牺牲
缪里元	男	梁徐同兴村	1918	1946	1947	泰县独立团战士	海安大河东因战牺牲
高柏年	男	梁徐同兴村	1918	1945	1945	新四军老二团排长	桃花山因战牺牲
林国法	男	王石仲林村	1918	1943	1945	新四军老二团副班长	高邮三垛因战牺牲
井荣华	男	梁徐张联村	1919	1940	1946	新四军一纵战士	桃花山因战牺牲
周以福	男	梁徐周野村	1919	1944	1946	江村区游击连侦察员	苏陈因战牺牲
周以江	男	梁徐周野村	1919	1948	1953	志愿军某部班长	朝鲜因战牺牲
曹　俊	男	王石前官村	1919	1940	1947	解放军某连指导员	泰州海陵因战牺牲
杨朝网	男	梁徐邢家村	1920	1943	1947	—	邢家庄被捕牺牲
杨存书	男	梁徐双林村	1920	1945	1945	新四军战士	山东曲阜因战牺牲
杨稳书	男	梁徐双林村	1920	1946	1948	解放军某部机枪手	东北因战牺牲
吴国田	男	梁徐梁徐村	1920	1948	1951	解放军某部战士	广西因公牺牲
俞洋标	男	梁徐同兴村	1920	1942	1944	泰县独立团战士	塘湾因战牺牲

续表

姓　名	性别	出生地	出生年份（年）	参加革命年份（年）	牺牲年份（年）	牺牲时身份	牺牲地点及原因
钱松旺	男	梁徐小江村	1920	1946	1946	姜南区通讯员	梁徐西院沟因战牺牲
曹德银	男	王石前官村	1920	1942	1942	新四军六团八连战士	兴化沙沟因战牺牲
翟年青	男	王石李野村	1920	1944	1947	华东野战军炮连战士	孟良崮战役牺牲
徐兴伯	男	王石港西村	1920	1944	1948	华东野战军一师司号员	淮海战役因战牺牲
周仁全	男	王石东一村	1920	1939	1947	泰县独立团连长	梁徐江村因战牺牲
林良周	男	梁徐坡岭村	1921	1940	1946	姜南区区委副书记	梁徐西院沟因战牺牲
郑章元	男	梁徐坡岭村	1921	1943	1946	新四军机枪班班长	盐城因战牺牲
杨春涛	男	梁徐邢家村	1921	1941	1947	华东野战军某部副连长	海安县因战牺牲
卞广泰	男	梁徐双林村	1921	1942	1946	油坊乡基干队队长	梁徐宜兴庄被捕牺牲
曹宝玉	男	王石西官村	1921	1945	1945	新四军老二团战士	兴化沙沟因战牺牲
张同才	男	梁徐张联村	1922	1941	1942	新四军老二团战士	黄桥因战牺牲
井太生	男	梁徐张联村	1922	1945	1946	新四军一师一团战士	桃花山因战牺牲
杨昭乔	男	王石东塘村	1922	1947	1948	解放军某部战士	姜堰因战牺牲
王兆美	男	王石钱舍村	1922	1942	1946	吴港乡乡长	姜堰南面被捕牺牲
钱存裕	男	王石吴野村	1922	1937	1949	华东野战军某部战士	上海因战牺牲
郑祥礼	男	梁徐双墩村	1923	1945	1946	姜南区游击连长	姜堰因公牺牲
陆春珍	男	梁徐坡前村	1923	1943	1947	华东野战军一纵机枪手	山东因战牺牲
郑兴元	男	梁徐坡前村	1923	1945	1946	姜南区游击连班长	梁徐西院沟因战牺牲
周金银	男	梁徐邢北村	1923	1944	1945	分区特务五团排长	高邮三垛因战牺牲
陈吕俊	男	梁徐张巷村	1923	1942	1946	分区特务团战士	盐城伍佑因战牺牲
沈昌华	男	梁徐张巷村	1923	—	1947	周埭乡民兵中队长	梁徐双墩被捕牺牲
卞士宏	男	梁徐坡岭村	1923	1942	1945	泰县独立团战士	兴化因战牺牲
段荣海	男	梁徐同兴村	1923	1946	1949	江村区游击连排长	岭家庄因战牺牲
陈金堂	男	梁徐同兴村	1923	1942	1952	志愿军某部指导员	朝鲜因战牺牲
陈少清	男	梁徐小江村	1923	1941	1945	梁徐乡乡长	梁徐张巷被捕牺牲
钱忠旺	男	梁徐小江村	1923	1943	1946	姜南区农抗主任	梁徐双井村被捕牺牲
陆棉南	男	梁徐梁徐村	1923	1945	1946	新四军六纵机枪手	花园李堡被捕牺牲
周存录	男	梁徐周野村	1923	1948	1953	志愿军某部班长	朝鲜因战牺牲

续表

姓　名	性别	出生地	出生年份（年）	参加革命年份（年）	牺牲年份（年）	牺牲时身份	牺牲地点及原因
夏长财	男	王石东塘村	1923	1942	1944	新四军一旅一团三营战士	江南新墩因战牺牲
杨兆权	男	梁徐邢北村	1924	1938	1939	分区特务团连长	兴化因战牺牲
林良却	男	梁徐坡岭村	1924	1944	1947	华东野战军某部连指导员	山东麻雀楼因战牺牲
林　忠	男	梁徐坡岭村	1924	1944	1945	新四军某五连战士	新丰城因战牺牲
陆云山	男	梁徐梁徐村	1924	1944	1945	苏中十四团四连班长	盐城伍佑因战牺牲
林伯春	男	王石仲林村	1924	1942	1947	姜南区干部队队长	王石东单口因战牺牲
曹岳旺	男	王石前官村	1924	1943	1946	姜南区游击连战士	王石黄沙沟因战牺牲
陶文法	男	梁徐汤野村	1925	1944	1948	—	因战牺牲
陈文志	男	梁徐江村村	1925	1944	1947	—	大泗因战牺牲
丁加余	男	梁徐邢北村	1925	1945	1945	泰县独立团通讯员	山东因战牺牲
周　伯	男	梁徐邢北村	1925	1943	1947	姜南区宣传科长	梅垛被捕牺牲
林良凤	男	梁徐坡岭村	1925	1944	1946	新四军二纵战士	坡岭庄因战牺牲
井荣福	男	梁徐张联村	1925	1940	1946	新四军某五连战士	桃花山因战牺牲
万虎宝	男	梁徐周野村	1925	1943	1951	志愿军某部班长	朝鲜因战牺牲
郑开元	男	梁徐农科所	1925	—	1944	梁徐坡岭乡民兵班长	坡岭被捕牺牲
徐明芳	男	王石李野村	1925	—	1946	官垛乡民兵中队长	泰兴宣家堡因战牺牲
钱生美	男	王石前时村	1925	1944	1946	华东野战军某部班长	海安南洋花桥因战牺牲
凌夕甫	男	王石东一村	1925	1941	1949	蒋垛区游击连连长	厦门关因战牺牲
许国发	男	王石东三村	1925	1943	1947	华中野战军一纵三营战士	如县因战牺牲
林稳基	男	梁徐坡岭村	1926	1943	1943	新四军某部炊事员	山东因战牺牲
刘顺宏	男	梁徐汤野村	1926	1946	1951	志愿军战士	朝鲜因战牺牲
王启贵	男	梁徐蒋家村	1926	1945	1951	志愿军战士	朝鲜因战牺牲
陈忠碗	男	梁徐张巷村	1926	1945	1946	新四军老一团班长	江阴因公牺牲
陈吕贵	男	梁徐张巷村	1926	1943	1945	新四军老一团战士	东台因战牺牲
陈中根	男	梁徐张巷村	1926	1944	1947	解放军某部战士	山东泰安因战牺牲
陈桂水	男	梁徐张巷村	1926	1949	1953	志愿军某部排长	朝鲜因战牺牲
钱松美	男	梁徐小江村	1926	1944	1945	新四军十一旅战士	盐城伍佑因战牺牲
杨宏宣	男	梁徐双墩村	1926	1944	1947	华东野战军司号员	山东临沂因战牺牲
曹香财	男	王石李野村	1926	1943	1947	华东军区五十一团战士	如皋石庄因战牺牲
钱申康	男	王石前时村	1926	1939	1949	华东野战军某部战士	渡江战役牺牲

续表

姓　名	性别	出生地	出生年份（年）	参加革命年份（年）	牺牲年份（年）	牺牲时身份	牺牲地点及原因
钱宏祥	男	王石吴野村	1926	1944	1949	二十九军八十五师战士	上海因战牺牲
张维本	男	王石后林村	1926	1946	1948	泰县警卫团战士	大泗小马庄因战牺牲
凌夕确	男	王石东一村	1926	1940	1947	华东野战军某团副排长	如皋县因战牺牲
梅达海	男	梁徐江村村	1927	1942	1943	姜南区游击连战士	运粮因战牺牲
徐近保	男	梁徐张联村	1927	1947	1948	解放军某部战士	涟水因战牺牲
杨朝义	男	梁徐邢家村	1927	1944	1949	解放军某部机枪连排长	因战牺牲
陶恒山	男	梁徐黄村村	1927	1944	1946	泰兴县独立团卫生科收容室战士	姜堰因战牺牲
吴广绿	男	王石东塘村	1927	1944	1946	泰县独立团战士	如皋营溪因战牺牲
曹福余	男	王石西官村	1927	1947	1949	华中野战军排长	上海吴淞口因战牺牲
林明基	男	梁徐坡岭村	1928	1946	1950	志愿军	朝鲜因战牺牲
陈履直	男	梁徐张巷村	1928	1945	1946	新四军五十九师战士	因战牺牲
钱如山	男	梁徐张巷村	1928	1945	1947	姜南区游击连战士	梁徐因战牺牲
鲍义和	男	梁徐同心村	1928	1943	1945	泰兴独立团班长	盐城伍佑因战牺牲
陆云鹤	男	梁徐梁徐村	1928	1946	1948	解放军某部战士	徐州因战牺牲
井德余	男	梁徐张联村	1928	1946	1948	姜南区张曹乡乡长	姜堰被捕牺牲
梁有雄	男	梁徐邢家村	1928	1940	1947	华东野战军某部机枪连排长	孟良崮战役牺牲
肖东元	男	梁徐黄村村	1928	—	1946	黄村乡民兵队长	王石因战牺牲
钱存虎	男	王石前时村	1928	1947	1947	华东野战军一纵某部班长	山东王店因战牺牲
许祥元	男	王石东一村	1928	1947	1949	泰兴县团执法队班长	泰县因公牺牲
陶恒宽	男	梁徐黄村村	1929	1943	1946	新四军老二团战士	海安雅周因战牺牲
钱宏乐	男	王石前时村	1929	1945	1947	华东野战军某部班长	山东王店因战牺牲
钱宏珠	男	王石前时村	1929	1945	1946	姜南区游击连战士	梁徐葛港因战牺牲
顾生本	男	王石东一村	1929	—	1947	东官乡民兵中队长	王石时庄因战牺牲
窦广法	男	王石东二村	1929	1945	1947	华东野战军某部通讯员	山东因战牺牲
卫家兵	男	梁徐梁徐村	1930	1946	1951	二十九军某部排长	如皋因公牺牲
洪佩福	男	王石李野村	1930	1943	1947	泰县十四团战士	大垳缪埭因战牺牲

续表

姓　名	性别	出生地	出生年份（年）	参加革命年份（年）	牺牲年份（年）	牺牲时身份	牺牲地点及原因
杨如水	男	王石东塘村	1930	1946	1952	志愿军某部通讯员	朝鲜平安县因战牺牲
林军贤	男	梁徐坡岭村	1931	1944	1948	华东野战军八纵营长	济南战役因战牺牲
王宝朝	男	王石前黄村	1931	1951	1952	志愿军警卫排战士	朝鲜因战牺牲
钱甫根	男	王石林野村	1931	1946	1947	泰县独立团战士	梁徐葛港因战牺牲
钱　泽	男	梁徐江村村	1932	1949	1953	志愿军	朝鲜因战牺牲
许　银	男	王石东二村	1938	1956	1957	〇一三七部队一支队战士	因公牺牲
钱宏友	男	王石前时村	1941	1960	1984	江苏军区警备营防化连战士	镇江因公牺牲
梁金玉	男	梁徐同兴村	1943	1965	1970	海军某部轮机长	福建因公牺牲
钱甫生	男	王石前时村	—	1940	1947	华东野战军某部战士	芦茅山因战牺牲
钱存祥	男	王石吴野村	—	1977	1979	五四二〇八部队四连班长	对越自卫还击战牺牲
陈升玉	男	王石东二村	—	1943	1946	华中野战军六纵一连战士	涟水因战牺牲
郑礼生	男	梁徐乡	—	—	—	—	《泰县志》中的名单，无详细资料
林忠周	男	梁徐乡	—	—	—	—	《泰县志》中的名单，无详细资料
周金福	男	梁徐乡	—	—	—	—	《泰县志》中的名单，无详细资料

艺海拾珍

梁徐有着深厚的文化积淀。不少梁徐籍的文化人，他们生于斯长于斯，怀着对家乡无比的眷恋，创作了不少歌颂家乡的美词丽句、反映家乡变化的书画和文学作品。

书法绘画

梁徐地区人文汇聚，他们创作了不少书法、绘画作品，绘画尤以郑奇、郑荣岭最为突出。

郑奇早年学画于著名画家董振宾。南京艺术学院研究生毕业后，作为董振宾的助手与学生，与董振宾合作或单独完成数部巨著。董振宾评他的画是："平中见起伏跌宕，淡中见丰厚率意而规规矩矩，景明祥丽、和穆、端肃。"2002年起，郑奇先后任南京航空航天大学、南京艺术学院美术学院教授、博士生导师。他的作品《八卦相错图》《阿尔泰山双松》《云雾山庄图》，大轴横幅上，有天有地，有泽有山，但又无天无地，无泽无山，天地交泰，山川通气，风云激荡，雷电相搏，不见何天何地。中西技法、古今技法交融相通。他是国内知名的画家之一。他创作画册有《21世纪优秀艺术家画集·郑奇》等。

作为学者，郑奇有对学术的独特理解，他坚持绘画本体学的研究，做出了自己独到的贡献。

郑奇的学术研究有如下几个特点：一、坚持以本体学研究为主要指向；二、宏观与微观相结合；三、史、论、术相结合。郑奇的学术贡献以"中国绘画学科建设"丛书最具代表性。

郑奇先生长期研究中国美术史论、中国书画鉴定，兼及美学、社会学、佛学研究等。尤其对中国绘画本体的研究。其主要代表著作有《中国绘画对偶范畴论》（与董欣宾合著）、《扬州八怪评论集》等。

郑荣岭是梁徐坡岭社区人。1963年出生，自幼受家庭文化氛围熏陶与感染，酷爱书画艺术创作，年轻时曾受郑奇先生指导。1982年入伍后，在部队期间也一直从事文化艺术工作，曾荣立三等功一次。退伍后，仍从事文化工作，继续书画艺术的创作和研究，尤为擅长画牡丹，他的作品笔墨洒逸，赋色妍艳，展现出独特的风格和极高的情趣。

郑荣岭先后任河北省长城书画研究会会员、江苏省泰州市美术家协会会员、江苏省泰州市花鸟画研究会理事、江苏省姜堰区书画艺术研究会理事、江苏省姜堰区中国画学会副会长、江苏省姜堰三水书画院副院长等职。

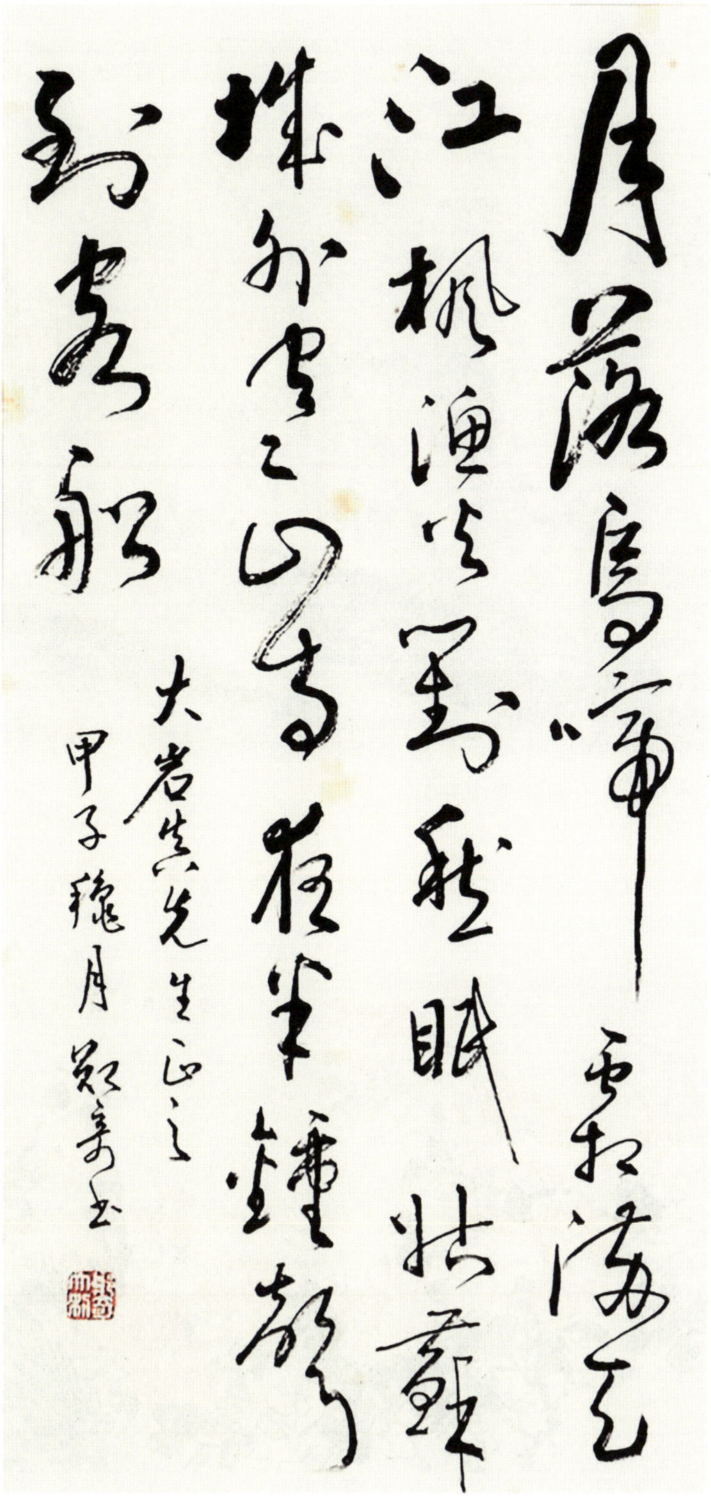

郑奇书法作品

郑奇作品《黄山朝晖雾中开》

郑荣岭作品《花开富贵》

对口快板

两老汉赞美新生活

郑荣树

甲乙（合）：两老汉，走上台，
对口快板说起来。
现在生活实在好，
因为遇上好时代。
甲：新时代，新生活，
祖国建设大步迈。
乙：新农村，新气象。
各位一一听我讲，
甲：一说如今穿衣裳，
针线活儿丢一旁，
不需买布去裁剪。
乙（白）：怎么办？
甲：自由市场逛一逛。
乙：现在人们要求高，
很少去逛小市场。
专卖店里品牌多，
生意兴隆销售旺。
要买就买品牌货，
千儿八百才算"洋"。
甲：你说现在洋不洋，
尽穿老样式，
新潮产品乞丐服，
洞洞眼眼穿身上，
点点滴滴露出肉，
又有气派又风凉。
乙：你说现在洋不洋，
全身装束变花样。
年轻妇女最流行，
外衣短来内衣长，
眼花缭乱追时髦，
无奇不有比漂亮。
甲：二说民以食为天，
现在吃喝求保健。
荤食佳肴吃多了，
富贵毛病把你缠。
乙（白）：为什么？
饮食既要讲营养，
"三高"又要往下降，
你要问我哪"三高"，

血压、血脂和血糖。
为了“三高”往下降，
严控饮食几道岗，
粗粮细粮搭配好，
鸡鸭鱼肉要限量。
乙：瓜果蔬菜是个宝，
适量使用油盐糖。
对照要求来进食，
香烟不吸酒少尝。
管好自己一张嘴，
身体健康寿命长。
甲：三说居住大变样，
告别大瓦五架梁。
很多人家住别墅，
屋面换上琉璃瓦，
室内花钱在装潢，
各家风格不一样。
乙（白）：老瓦房还不少啊？
甲：人家进城买了商品房！
乙：家家建起了卫生间，
不再使用茅坑塘。
室外方便改室内，
抽水马桶哗哗响。
村里垃圾专人管，
道路干净百花香。
甲：户户装上太阳能，
阀门一开热水淌，
每天洗澡有保障。
日光资源用不尽，
过去想也不敢想。
乙：管道煤气进村庄，
气瓶要进垃圾场。
煮饭炒菜多方便，
阀门一开火头旺。
省工省时又清洁，
做出饭来喷喷香。
甲：四说出行变化快，
自行车儿被淘汰。
电动车子家家有，
农民也有小轿车。
你看农村老奶奶，
电动三轮到处开。
走亲访友逛集市，
时代风景放光彩。
乙（白）：还有呢？
甲：还有变化听我讲，
轿车不再是梦想。
下班，周末，节假日，
村里小车排成行。
油门一踩走天下，
转眼工夫就到家。
小型货车惹人爱，
多装多运赚钱快。
乙：乡村道路硬质化，
水泥路面铺到家。
雨天就当晴天走，
没有泥水溅衣裤。
不管何时下乡来，
保你能穿绣花鞋。
甲：衣食住行不用愁，
从古到今不曾有。
中央会议发号召，

文化生活更上一层楼，
如今生活真甜蜜，
享受享受再享受。
乙：数字电视进万家，
坐在家中看天下。
不出门，如进城，
样样事情办得成。
智能手机功能大，
要办的事情全包下。
甲（白）：什么手机啊？
乙：手机、电视和电脑，
并在一起不得了。
听新闻，看报道，
买东西，找淘宝，
古今中外查资料。
购机票，买车票，
水电气费机上缴。
银行业务在家也能办得到。
甲：只在上面点一点，
电子图书就出现。
新华书店不要去，
手机上看书很清晰。
如果你想看电影，
按键选择如意片。
如果你想看大戏，
所有剧种任挑剔。
乙：现在手机是个宝，
功能多得不得了。
一机在手全都有，
分秒不离的好帮手。
“三机”快乐说不完，
再说“三机”还不全，
村村办起一中心，
娱乐项目数不清。
甲：文化中心热闹多，
农家书屋堆满书，
报纸杂志任你选，
器乐奏响快乐歌。
篮球、乒乓、羽毛球，
各类球类有玩头。
秋千跷板单双杠，
经常活动身子棒。
象棋、扑克和纸牌，
想要放松你就来。
乙：“三机”加上一中心，
满足需要真高兴。
如果感觉还不够，
全家单车去旅游。
北到漠河南三亚，
玩遍名胜在华夏。
正常进出港澳台，
不少农民去国外。
甲：远的到过澳欧美，
近的去了东北亚，
新马泰，东南亚，
非洲玩到撒哈拉。
看遍世界好风光，
快乐人生逛天涯！
乙：满足啦！满足啦！
今生今世满足啦！
满天欢喜是老爸，
半夜笑醒孩儿妈！

人生一趟没白来，

衣食住行乐开怀！

甲：要说的话儿实在多，

三天三夜说不完，

美好生活哪里来？

党的领导莫忘怀。

甲乙（合）：美好生活哪里来？

党的领导莫忘怀。

注：郑荣树2012年12月编稿，刊登在泰州市文化馆主办的《梅柳文艺》杂志第31期

方言小品

枉费心机

姚余德

人物：

父亲　70多岁　宝顺父（简称甲）

宝顺　50岁　（简称乙）

银花　50岁　（简称丙）

场景：

宝顺家，一张桌子上一部电话机，几张椅子。

丙：（拨电话）喂喂喂，红芳啊，怎的？找几个人到我家来搓两把过过瘾怎么样？什的呀？（生气地）没空拉倒，除呃你地球照样转。（接二连三拨电话总是忙音，气得将耳机狠狠一摔）倒了大霉，闲得无聊，想找两个人打麻将的，人毛都找不到一个。扫兴！

甲：（拎食品盒上）宝顺，宝顺啊……

丙：（开门，见父顿显不悦）我当格哪个的，你格小伙不在家。

甲：哦，他什的时辰家来啊？我想找他有点儿事的。

丙：他什的时辰家来？这很难说，说早马上到家，说晚能揪到半夜。你有什的事就直接同我说吧。

甲：哦……（关心地）我来查点你倈，现在的日子，还过得去吧？

丙：这个嘛，有什的过得去过不去的呀，过得去也得过，过不去还是要过，（对观众）听他口声好像是想找他家儿子要（捻钱动作）这个的。他是头癞蛤蟆想呃吃天鹅肉，想、得、美！

甲：你别误会，如果你倈真的困难，我的意思是……要、要……

丙：（打断父的话）要个屁！我倈现在穷得是连屁都没得一个，穷得差点夹棒，你就不要再死缠活等了。就是等到你格小家伙来，还是两字：没钱！有句话你一定要记住呃——

甲：什的话啦？

丙：人要脸，树要皮，再老再穷也要有骨气呀。

甲：（气愤地）你你你 ……

丙：当初你一个人搬到老房子里去住，我倈夫妻两个没少被众人骂。可这时间一长也就无所谓了，反正是顶了个不孝顺忤逆的骂名。（拿起拖把拖地，有

意把父逼到门口）对不起了，老人家，要是没得什的事，我忙格好呃还要出去有呃事。

甲：（气急）好，好，我走，我走。

丙：等格在，（拿起桌上食品盒）你自己拿家去慢慢补补身子。

甲：这是带把我呃孙子吃的。

丙：谢谢你，不稀罕。（扔到门口，随手关门）

（甲捡起食品盒苦笑一下，摇头叹气下）

丙：（侧耳听，开门看父已离去）这个老东西，见到他就恶心，下次休想再跨进我家大门一步，还想格要钱，哼。没门儿！你望望，才拖得亮净净的，又被他踏得一个脚印一个脚印的，讨厌！（继续拖地）

乙：（风风火火地上）银花，银花……

丙：（刚开门，乙一头闯了进来）怎的呀？出格什的事啊？

乙：银花，咱爸他……他……他中了！

丙：（惊慌地）啊！（旁白）不好，薄格汤，怕的是刚才被我气呃的，（对乙）那、那、那他现在人呢？

乙：在家的。

丙：（略镇静了一下）那现在咋弄？

乙：我就是家来同你商议的嘛。

丙：告诉你实话，你家老头子中了与我无分文关系，我可没得闲工夫服侍他。

乙：服侍？服侍什的？哎呀，我的姑奶奶，你搞呃错了啦，你以为他是中了的呀？

丙：不是中了暑就是中了风！活该！以后他才不出来冲魂嗳。

乙：不啦，我家老头儿好好的，你咒他什的呀？你情愿他中暑中风啊？难怪人家都骂我倈忤逆不孝。告诉你呀，老头儿中呃奖啊！

丙：中呃奖？中呃什的奖啊？

乙：昨个上午，老头儿闲得无聊也去摸奖，只花了十八块钱就中了个大奖，一百八十万呀！

丙：（半信半疑地）够是真的呀？

乙：还有假？我的一个朋友在现场亲眼望见老头儿领奖的。

丙：（拍屁股蹬脚）这下子完了，这下子完了。

乙：什的完了？

丙：刚才老头儿来呃的。

乙：来做什尼的？

丙：他问我倈日子够过得去，我还以为他想问我倈要钱的呢，我、我、我就把他轰呃走了。

乙：你误会他了，他那是不计前嫌，想送钱给我倈的，你咋能把他轰呃走呢？乍得你去弄吧！

丙：我哪晓得他中呃奖啊？（心急火燎地）宝顺，快点想个主意唦。

乙：想个什的主意呢？

丙：快想快想！（两人皱眉抓头搓手晃脑）

乙：想个什么主意呢？

丙：（豁然开朗）有了！

乙：怎呃弄？

丙：骗！

乙：骗？拉倒吧，老头儿的脾气你还不晓得？这下再想骗他的钱，恐怕是赖猫想奶喝——

丙：什的意思？

乙：痴心妄想！

丙：那现在怎呃弄？

乙：我也不晓得怎呃弄。

丙：（要威风地）不晓得怎么弄？好你个宝顺，你一天到晚只晓得吃，只晓得睡，到了这火烧眉毛时刻就成了堆狗屎。窝囊废！告诉你老实话，这回你不把这笔奖金弄到手，我绝没得好药搽你的癞头！

乙：姑老太呀，我确实没得这个能力啊，我哪有本事骗到他这个钱呢？

丙：不要说这么难听好不好？你哪不是他的真种？赶快去把他接家来呀，哄哄劝劝不就好了吗？

乙：那万一……

丙：（朝乙狠踢一脚）万一还万二倈，这回就看你的啦，今天不把老头子接家来，你也别想进这个门！

乙：这、这……好吧，我去试试看。

丙：还不快滚！

乙：是是是，滚滚滚！

丙：哎，这个老不死的只花十八块就中了一百八十万，你说气人不气人？（叹气）也罢！这叫牛吃稻草鸡吃谷，泥宕菩萨坐瓦屋，各人有各人的福。气煞格没得用，骗上哄上要下真功。等会儿老头子到了，我就买两瓶好酒，炒几个好菜，好好地招待招待，直把他喝得快快凹凹哼儿胡二的，不怕他不听话。这叫打足食塘，不愁上钩。（奸笑地）我得去准备准备。（下）

乙：（扶父上）爸您慢点，银花，爸来啦。

丙：哎，来啦。（热情地）爸，您老人家来了。爸不用换鞋，爸快快请进。爸您先坐，爸你请用茶。哟，瞧老人家都跑呃出汗了。宝顺，快拿块毛巾来给爸擦擦。

甲：我怎的感觉有点冷啊！

丙：冷？

甲：对呀，要不我这汗毛怎的都竖起来的？

乙：爸可能是够呃了。（递毛巾后去端茶）来，喝口茶。

丙：（夺过茶杯，嗲声嗲气地）爸，您先喝口茶歇格在啊。

甲：（接过茶杯）宝顺，你不是说要叫我来有事商量的吗？到底是什么事？快说，我还有事呢。

（乙丙二人对望，丙示意让乙先说）

乙：（极不自然干咳两声）爸，您……您最近身体还好吧？

甲：托你倈的福，这十年八年的还死不了。

丙：爸，说什的呆话的，凭您老这

身子骨呀，活到一百岁绝对是没问题。爸，从今以后我倈像对待您孙子一样对待您。

甲：我成了孙子了！

乙：（对丙吼道）你活说什的，什的孙子孙子的。

丙：我也不曾说错啊，你说我倈平时有什的好吃的不都省下来把儿子吃的？我徕的儿子不就是他老人家的孙子吗？说白了，就是像对待我倈儿子一样对待爸爸。

甲：我又成了儿子了！

乙：（责怪丙）你看你越说越不像人话，真是不会说话！爸，您老别生气，您也晓得她这个人没文化，不会说话，你就当她是放……（丙佯咳一声，乙吓一跳忙改口）其实她的出发点还是好的。

甲：好不好，我这心里有数啊。

丙：爸，我以前是有许多对不住您的地方，广同你玩敲，心情不好的时候。还经常扔碗掼筷子，惹您老生气。

甲：（朝观众大家）听见了，她心情不好，我就是个出气筒。

乙：爸，银花已经向您认错了，您就原谅她吧。

丙：是啊爸，您老别跟我这妇道人家一般见识了。再说您还是老党员倈，毛主席在世的时候多次说过，"不怕犯错误，改了就是好同志嘛。"

甲：我怎的听起来倒像是我犯了错似的？

丙：爸，我怎么会说您呢？是我倈的错啊。

乙：爸您就搬家来住吧，银花，把爸原来的房间收拾收拾，我给爸拿东西去。

丙：好好好！

甲：（摆手）算了，你倈不用再跟我玩术头了。人老了，也有许多让你倈看不惯的地方，搬出去住反而感到自由自在，你倈也省得烦心，就不打扰你们啦，没事我就走了。（欲起身，乙丙赶紧上前按住父）

丙：（着急的）爸，我绝对是真心的，不是图你的俩钱。

甲：（一愣）钱，什的钱？

乙：（干笑）啊，噢，银花她意思是说钱并不是重要的，最重要的是……

丙：哪个说钱不重要啦？俗话说："有钱能使鬼推磨，没钱你去同人家倒指头啊？钱不重要什的叫重要？世上那有个同钱葛格成呃仇的？"

甲：这话不要同我说，我已是半缺身下了土的人，我可没钱啊。

丙：（阴笑）爸，您就不用再给我倈演戏了，您摸了个大奖，这事都上了电视了，还能瞒得住谁呀？恭喜你呀爸。

甲：（旁白）果然是醉翁之意不在酒。不错，我是中了个大奖，本来我是想去献爱心的，不曾想到瞎猫儿碰到个死老鼠。

丙：哎呀爸，您老人家这次是讨饭

拾格个金馒馒儿，该走这狗屎运（自打嘴巴）哦，不不不，该走这财运。

甲：有句古话你俫要记住，善有善报，恶有恶报，一个心术不正没得爱心的人是不会有好报的。

乙：爸，今儿我俫接你家来住，一方面您年纪大了需要人照顾，最主要的是为了你的安全。

甲：为了我的安全？

乙：是啊，你想，通姜堰都晓得你中了大奖，社会上那些心术不正的人，肯定要打您的坏主意呀……

丙：就是，您要家来住那就安全了。

甲：这个你俫不用操心，我想过了，这钱我准备尽快地捐出去。

丙：我的个活菩萨吔，人家说的"高秧田，低秧田，肥水不落外人田。"家里的人不顾，你作什的怪呀？　（对乙）他要捐出去。

乙：什的呀，捐出去？

丙：（着急得带哭腔）您、您老人家这是何、何苦呢？您就是不为自己和我俫作想，也该为你那宝贝孙子着想啊，我俫更需要捐助呀！

乙：是啊爸，你孙子就要考大学了，我俫用大钱的地方太多太多了。

甲：孙子将来考上大学，做爷爷的到时多少会有所表示的。至于要我家来跟你俫坐，我看就不要枉费心机了，明天我决定搬到街道敬老院，你俫就不必操这份闲心啦。（悻悻地下）

乙：爸、爸……（转身气愤地）都怪你，要是你平时对爸好一点也不会弄到这一步！

丙：你不用说我，你也好不到哪儿。事到如今，就不要烧这个抱怨纸，

乙：哎！都是你这个……

丙：（霸气地）什的？重说一遍！

乙：不再多话，不再多话。

丙：（轻视地）嘿嘿，谅你不敢！

（双双鞠躬下）

注：该节目获2012年姜堰区文艺调演二等奖。

诗词楹联

诗词

徐顺明诗词五首

（一）

唐多令·惜父

何处合成愁？女儿心上秋。
好企盼，老父能长寿。
一跤摔断股骨头。
再不能，登高楼。
虽有护工顾，家人仍轮流。
病床上，耄耋枯瘦。
吟得伤感诗一首。
雨沾袖，恨悠悠。

（二）

武陵春·观梨蕊探头有感

东风吹来百花浅，梨蕊先探头。
负手喃喃叩东篱，笑看水东流。
人生短暂思无限，翰墨写春秋。
左手烟火右手书，余生复何求？

（三）

鹧鸪天·赞荷花

万竹园中飘清香，原是荷花展靓妆。
青盘玉杆池中立，一缕清魂水里藏。
陷淤泥、不染脏，惹出周公好文章。
意高性洁谁似汝，无意偏偏压众芳。

（四）

鹧鸪天·水仙离枝

春已到来百花迟，对面水仙欲离枝。
枝弯叶枯花凝泪，瓦罐翻空不见泥。
知音少、世所稀，三千悲喜向谁题？
思绪纷飞翩翩舞，提起拙笔落下诗。

（五）

南乡子·抗疫

夏蝉啸烈阳，如诉苍灵几风霜。
垂死新冠又抬头，狂狂。
搞得人间心慌慌。
坡岭志气强，党群一心斗志昂。
干部白衣齐上阵，忙忙。

确保村民皆无恙。

徐顺明，女，梁徐街道坡岭社区人，农民。

王建中诗词三首

（一）

西江月·水灾怨

雨水乘兴不停，满眼茫茫一片。
沟河路衢难分明。
秧苗不见头，农夫焦悴心。
水族漫游多欢畅，随意乱串无边。
渔夫望洋空怨天。
成年精喂养，一夜尽跑清。

（二）

寄语七夕

冥冥梦幻，岁岁七夕，千古鹊桥绝恋。
天庭法度毁良缘，留下了，生死情笃。
漫漫岁月，纷纷往事，万般世间情怨。
看破红尘旷世空，重情义，友朋多多。

（三）

七律·祝陆桂英百岁华诞

百岁千家万人念，岁月光阴争百年。
华美诗章祝长寿，诞辰寿糕列堂前。
热热火火放鞭炮，闹闹嚷嚷碰酒杯。
非常喜庆今朝见，凡民老太福无边。

王建中，原姜堰三中副校长。

陈金峪诗词三组

（一）游三峡大坝

辗转乘车大谷中，不知南北与西东。
群山高峻蔽天日，隧道幽深化幻宫。
路转峰回穿峡口，山欢水笑激流封。
攀登云岭看新景，漫步湖滨卧白龙。
激动心潮难息定，欢呼情境紧交融。
长江经久涛汹涌，转瞬平湖浪整容。
神女今朝何处在？尔闻坝下组机隆？
中华大地宏图展，领袖预言化彩虹。

（二）戊戌春游姜堰

（1）

春风骀荡暖洋洋，送我远行来故乡。
美景星罗迷醉眼，桃红梨白菜花黄。

（2）

久离姜堰暮朝想，好比孩儿恋爹娘。
难得又尝乡井水，内心甜蜜饮琼浆。

（3）

亲朋好友来相会，美酒佳肴话别长。
故里容颜呈巨变，梦成现实胜天堂。

（4）

晚游三水独行走，南北眺望灯火罗。
绿染星光绸彩舞，吾身顿觉在银河。

（三）欢呼神九发射成功

——献给航天科技工作者

两哥携妹入仙宫，宇宙神州友路通。
登月旅游诚不远，火星接吻定从容。
航天技术冠洲际，科学精英卓著功。
颗颗丹心青史照，甘流汗水化长虹。

杨元展诗词六首

（一）

浪淘沙令·赞防疫守卡人员

火伞当空张，冠毒犹狂。全民上阵筑城防。设卡雄关严锁钥，画野分疆。

日夜伴旻苍，人影成双。行程扫码不慌忙。驱疫镇妖春永驻，大众宁康。

（二）

抗击疫情

疫情凶又猛，万众胆犹寒。
政府一声令，城门半夜关。
白衣齐汇聚，疫使共逃还。
谁撼中国梦，神仙也枉然。

（三）

礼赞神舟十六号飞天

酒泉巨响起狂飙，十六神舟冲九霄。
明月登台迎雁塔，碧云跨水过虹桥。
千人待旦奏仙乐，三士飞天弹舜韶。
万众一心兴国运，苍穹倚剑在今朝。

（四）

烛影摇红·贺新春

满脸酡红，手持双喜灯笼照。门神剑戟保平安，总把新符袪。月季花红候鸟，看窗花、挂签窈窕。摇红烛影，莲花蒲团，香烟袅袅。

焰火隆隆，散发节日祥和兆。祝福微信满天飞，争抢红包笑。辞旧金鸡报晓。贺新春、元宵热闹。花灯似海，舞狮猜谜，华光闪耀。

（五）

满江红·观《为了和平》有感【新韵】

冷雨霏霏，十六寇、淫侵朝鲜。鸭绿江、阴云密布，硝烟弥漫。卅万雄兵星夜启，云山炮响惊敌胆。铁鸟飞、地下铁乌龟，毫无惮。

蒿燃火，身难撼。胸似铁，屏枪眼。巧插敌纵深，白虎头断。展翅雄鹰无不胜，金刚川轨金钢锻。上甘岭、赴死亦如归，和平捍。

（六）

庆祝建党百年

其一

鸦片战争蚀海内，炎黄后裔落沉沦。
南湖灯火山河照，京汉风云日月熏。
五四精神传万里，八一胆气满三军。
雪山草地何曾惧，黄土高原泣血魂。

其二

社稷岌岌黎庶苦，红船劈浪举高樯。
洪城枪响传千里，赣界镰挥震五洋。
赤水神兵浮梦幻，雪山仙杖映霞光。
百团横扫倭魂落，三役霆威蒋魄亡。
两弹腾空天下骇，一星翱宇世间狂。
中华伟梦寰球转，万众齐心奔小康。

杨元展，梁徐街道邢家社区人，梁徐中心小学教师。

林秀兰

抗日投杼林秀兰，毁家纾难赴危艰，
斗争不屈完高节，浩气长存天地间！

林秀兰，姜南区委委员、区妇抗会主任、民兵指导员。1947年正月初八，被反动富农告密，不幸被捕。受尽多种酷刑，至死不屈，正月十五日在西桥河南朱家舍被国民党杀害。

刘虎臣

巾帼英雄刘虎臣，抛锄革命献丹心，
怀仁堂上瞻光霁，举国知名娘子军。

全国女民兵英雄刘虎臣，泰县王石乡九东村人。1943年参加革命，同年入党。任林九大队民兵指导员。在解放战争中，她一家两人为革命献身。一次转移时，在滂沱大雨中，奔跑数十里，怀抱数月之女婴，竟被雨淋死。在白色恐怖中，毫不气馁，打击敌人。1951年8月赴北京参加“全国战斗英雄大会”。在怀仁堂与山东女民兵英雄孙玉梅等一同受到毛泽东主席等党和国家领导人的接见。

杨登英

人枪矢志共存亡，农妇藏枪斗虎狼，
宁舍姣儿枪不舍，甘丢性命不丢枪。

杨登英，王石乡人。1947年，为帮助姜南区武工队隐藏枪支、子弹，遭国民党酷刑，她坚贞不屈，使枪支、弹药未落敌手。

莫鹏程诗一首

鹤顶诗·归田圆梦

坡土沙沙盖银宝，前进茅庐藏忠贤。
隐居粮行操本业，士人看破红尘灭。
不想他日官场梦，老来自由逍遥命。
应适天时与地利，松柏葱绿壮年新。
归云有象躲明月，农夫无意放小舟。
心在曹营念乡土，乐与应松同线路。

注：1.“前进”大队后为“坡前”村。此为鹤顶诗，以坡岭“坡前隐士不老，应松归农心乐”为句首编写而成。郑应松，字不老，曾任梁徐建筑公司经理，早年退职回家。2.莫鹏程，先后任梁徐乡乡长、姜堰市政协主席等职。

缪荣株诗一首

我喜欢您那灿灿的一笑

——写给江苏爱心大使陈霞

我喜欢您那灿灿的一笑，
这笑发自内心，
是这样的清纯、甜美，
鲜花一样灿灿地开在我心梢。
好奇的我忍不住悄悄地问一声，
东塘村那呆塘水、薄糁儿粥，
怎就这样神奇，
养育了您这美人胎？
连我这老乡也感到自豪！

我喜欢您那灿灿的一笑。
谁知天有不测风云，
大学经贸系毕业后的您，

20岁花季一样的年龄啊，
上帝怎就开了一个天大的玩笑？
白血病魔缠上了您，
百思不得其解，
原来是父亲厂里的那些化工原料，
没有将您轻饶。
天将降大任于是人也，
上帝让您先饱尝一下，
人间痛苦的煎熬。
在那段漫长的
凤凰涅槃的日子里，
您的日记，
记录了脱胎换骨的分分秒秒。
磨难炼就了一颗大爱之心。
上帝怎能让一朵鲜花轻折？
台湾花莲青年小郑，
两岸髓缘将您的生命之舟系牢。

我喜欢您那灿灿的一笑。
您的重生，
家乡人家喻户晓。
多少人为您暗暗地祝福啊！
我和80岁的老父亲，
都成了您的粉丝。
父子俩骑车东塘采访，
去亲耳听一听您的传奇报告，
谁知楼空人去未遇到？

我喜欢您那灿灿的一笑，
一切都是缘分注定。
2003年6月14日上午，
就在您庆祝第二个生日的那天，
您开着车将邀请书送到。
花园酒家您生日宴会上，
我发表《陈霞日记》感言时，
有谁知，
那是我父亲突然去世的第三天，
我的心正在悲号！

我喜欢您那灿灿的一笑，
康复的您怎能忘记天使的责任？
从此您为白血病患者募集善款，
让受难苍生拥入您的怀抱。
您奔走，
您呼号。
您深知没有钱办不成大事，
于是您以爱心推动事业，
以事业支持爱心。
您去北京拜名师，
学习画论，
为的是建立陈霞文化艺术中心。
如今，北京、苏州、张家港、姜堰，
艺术中心发展势头，
如长江浪滔滔。

我喜欢您那灿灿的一笑。
为了大爱的事业，
您将终身大事一边抛。
如今我已耄耋之年，
倘若时光向青春时代倒转，
您便是我梦中的夏娃，
相帮您实现爱心事业的最终目标。

姑娘心中的白马王子啊，

何时敖包相会，

我盼着将一杯喜酒讨！

缪荣株，1944年1月生，梁徐街道岭家社区人。省作家协会会员、姜堰区作协副主席。

楹联

一身正气习武安天下

两袖清风读书定乾坤

横匾：御前侍卫府

此联为林桂荣老宅门楼对联，横匾上“御前侍卫府”五字为光绪皇帝题。

金鼎晓烟浮柏子

玉瓶春水浸梅花

这是晚清重臣钱桂森为江村钱忠林的祖母七十大寿题写的寿联

三朝旌表恩荣第

九世同居孝义门

横匾：郑氏宗祠

此联为坡岭郑氏宗祠大门对联。

草随爱日生书带

兰及春风兆笔花

横匾：书带草堂

此联为坡岭郑氏宗祠正厅对联。“书带草堂”为坡岭郑氏堂号。

干革命无私无畏

斗顽敌不屈不挠

此联为林秀兰烈士纪念碑上的对联。

茶熟酒香烟作友

笔耕墨竹纸为田

横批：年增一岁再饮三盅

注：此对联为郑桂婷先生所作；他曾任过私塾先生，中华人民共和国成立后一直在本乡及蔡官学校任教，他以此对联描述了他的一生。

丁酉新春楹联

陈金峪

上联：金鸡报晓五湖四海皆春色

下联：旭日东升万水千山尽曙晖

编后记

《梁徐街道志》编纂工作自2023年5月启动，经过初审、复审、终审、验收几个阶段，于2025年6月付印。这部志书的付梓，凝聚了多方心血与智慧，是集体协作的结晶，更是对梁徐历史文脉的深情致敬。

编纂地方志是一项浩繁的文化工程，既需严谨的治学态度，亦需深厚的乡土情怀。在街道党工委、办事处的高度重视下，党政主要领导全程关心、统筹协调，为编纂工作提供了坚实的组织保障和资源支持。泰州市党史方志办公室、姜堰区史志办的专家团队倾力指导，从框架设计、体例规范到内容审定，均给予专业建议，对全书进行通审，确保了志书的科学性与权威性。编纂团队更以“存真求实、秉笔直书”为准则，不辞辛劳走访乡贤耆老，夜以继日梳理档案文献，逐字推敲、数易其稿，终使散落的历史碎片连缀成章。

志书编纂过程中，我们始终秉持“以史为根、以民为本”的初心。从梁徐的建制沿革到经济发展，从民俗风情到红色记忆，从生态变迁到乡村振兴，我们力求以翔实的史料、生动的笔触，展现这片土地的厚重积淀与时代新貌。其间虽遇史料缺失、考证繁难等挑战，但编纂人员以“板凳甘坐十年冷”的定力，多方求证、反复校核，终使志书内容既具历史纵深感，又富现实生命力。

在此，谨向所有关心、支持《梁徐街道志》编纂工作的领导、专家、同人及社会各界人士致以诚挚谢意！在编写过程中各社区主动提供资料和图片，原梁徐中学王建中、锦宸集团陈希祥等积极提供编纂素材，您们的参与让这部志书更具温度与深度。

《梁徐街道志》的完成，既是对过往的总结，亦是对未来的期许。我们期待这部志书能成为传承文脉的载体、资政辅治的参考、凝心聚力的纽带，激励梁徐儿女在新时代续写更加璀璨的篇章。然因时间仓促、水平所限，疏漏之处在所难免，恳请读者不吝指正，以待后续补遗臻善。

编者

2025年6月